中国乡村社会大调查 China Rural Social Survey CRSS 项目系列成果

民族地区中国式现代化调查研究丛书 何 明 主编

乡村振兴融合发展的系统化思路

基于云南曲靖市沾益区的调查研究

余翠娥 袁娥 著

Systematic Approach to Integrated Development of Rural Revitalization

Based on the Investigation in Zhanyi District, Qujing,
Yunnan Province

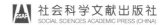
社会科学文献出版社
SOCIAL SCIENCES ACADEMIC PRESS (CHINA)

中国乡村社会大调查(CRSS)云南样本县分布图

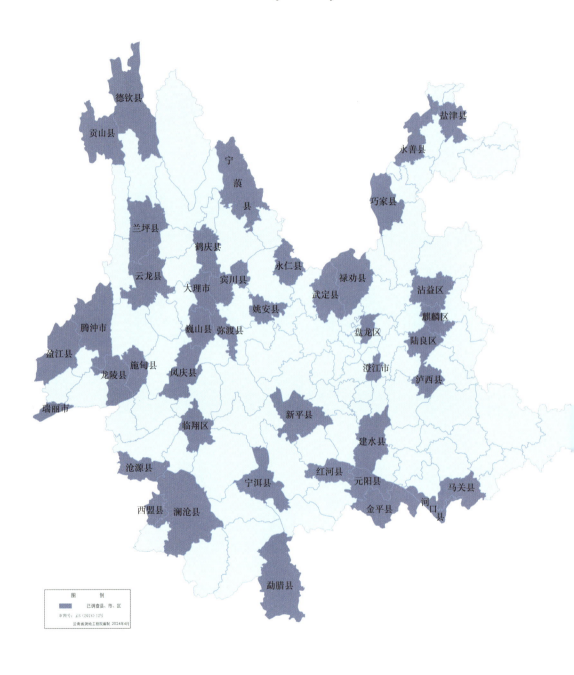

德钦县
贡山县
宁蒗县
盐津县
永善县
巧家县
兰坪县
鹤庆县
永仁县
禄劝县
沾益区
云龙县
大理市
宾川县
姚安县
武定县
麒麟区
腾冲市
巍山县
弥渡县
盘龙区
陆良区
盈江县
施甸县
澄江市
泸西县
龙陵县
凤庆县
瑞丽市
临翔区
新平县
建水县
沧源县
红河县
元阳县
马关县
宁洱县
河口县
西盟县
澜沧县
金平县
勐腊县

图　例
已调查县、市、区
审图号：云 (2024) 12号
云南省测绘工程院编制 2024年4月

中国乡村社会大调查学术指导委员会

"民族地区中国式现代化调查研究丛书"

编委会

总　序

中国近代的现代化进程，如果把发轫追溯到 1840 年鸦片战争催生的国民警醒，已有一百多年的历史。从近百年中国乡村研究的学术史看，我国学界很早就清醒地认识到，中国走向现代化的最大难题是乡村发展。在这一进程中，通过社会调查来深入了解现代化背景下中国乡村发展的道路和难题，一直是中国社会学、民族学、人类学的学科使命。事实上，自 20 世纪我国著名社会学家陶孟和首倡实地社会调查以来，几代学人通过开展乡村社会调查，对中国乡村社会的发展进程进行了长时间、跨地域的动态记录与分析。这已经成为中国社会学、民族学、人类学"从实求知"、认识国情和改造社会的重要组成部分。

云南大学作为中国社会学、民族学和人类学的起源地之一，为丰富中国社会的乡村调查传统做出了持续性的贡献。80 多年前，国难当头之际，以吴文藻、费孝通为代表的一批富有学术报国情怀的青年学者，对云南乡村社会展开了实地调研，取得了丰硕的学术成果，留下了"报国情怀、社会担当、扎根田野、自由讨论、团队精神、传承创新"的"魁阁精神"。中华人民共和国成立之后，云南大学全面参与了民族识别和民族大调查的工作，推动云南各民族融入中华民族大家庭的进程，积累了大量民族志资料。21 世纪初，云南大学又组织开展了覆盖全国 55 个少数民族的"中国民族村寨调查"，真实书写了中国少数民族半个世纪的发展历程及文化变迁。

党的二十大报告强调，"全面建设社会主义现代化国家，最艰巨最繁重的任务仍然在农村"。"仍然在农村"的认识，一方面是指，在我国人多地少的基本国情下，振兴乡村成为一个难题由来已久；另一方面也是指，乡村振兴的问题至今还没有得到根本解决，城乡发展的差距仍然较大，农业、农村和农民发展的"三农"问题仍然是中国实现现代化的艰巨任务。所以说，在我国经济社会发展的新阶段，调查乡村、认识乡村、发展乡村、振兴乡村，仍是推进中国式现代化的重中之重。

2022 年，为了服务国家"全面推进乡村振兴"和"铸牢中华民族共同体意识"的大局，落实中央《关于在全党大兴调查研究的工作方案》的文件精神，赓续魁阁先辈学术报国之志，云南大学又启动和实施了"中国乡村社会大调查"（CRSS）这一"双一流"建设重大项目。

本次云南大学推动的"中国乡村社会大调查"项目是针对云南省乡村居民的大规模综合社会调查。该调查以县域研究为视角，通过概率抽样的方式，围绕"产业振兴、人才振兴、文化振兴、生态振兴、组织振兴"以及铸牢中华民族共同体意识等主题对云南省 42 个样本区县进行了定量和定性相结合的调查。该调查以云南大学为主体，联合中国社会科学院、北京大学、复旦大学、华东师范大学、上海大学、西南大学、贵州省社会科学院、贵州财经大学、云南师范大学、玉溪师范学院、昭通学院等 15 家高校和研究机构，组成了 875 名师生参与的 42 个调查组，深入云南省 42 个区县的 348 个行政村、696 个自然村进行问卷调查和田野访谈工作。调查团队最终行程 7 万余公里，收集了 348 份目标村居问卷和 9048 份目标个人问卷，访谈地方相关部门成员、村干部和村民累计近千次。

在实际组织过程中，本次调查采用了"以项目为驱动、以问题为导向、以专家为引领"的政学研协同方式，不仅建立了省校之间的紧密合作关系，还设立了由我和云南大学原党委书记林文勋教授担任主任的学术指导委员会。委员均为来自北京大学、清华大学、中国社会科学院等高校和研究机构的社会学家、民族学家和人类学家，直接参与了调查方案设计、专题研讨以及预调研工作，充分保障了调查支持体系的运行。中国社会学会原秘书长谢寿光，卸任社会科学文献出版社社长后，受聘为云南大学特聘教授，以其多年组织全国性社会调查的经验，作为本次调查执行领导小组的负责人，具体组织实施了调查和成果出版工作。此外，为了便利后续的跟踪调查，更好地将学校小课堂延伸到社会大课堂、更好地服务于地方发展，本次调查还创建了面向国内外的永久性调查基地，并在此基础上全面推进全域调查基地建设、全面打造师生学习共同体，这一点在以往大型社会调查中是不多见的。

本次调查在方法设计方面也有一些值得关注的特色。首先，过去的许多大型社会调查以量化问卷调查为主，但这次调查着重强调了混合方法在大型调查中的应用，特别是质性田野调查和社会工作服务如何与量化问卷调查相结合。其次，这次调查非常重视实验设计在大型调查中的应用，对抽样过程中的匹配实验、问卷工具中的调查实验和社会工作实践中的干预实验都进行了有针对性的设计，这在国内的社会调查中是一个值得关注的方向。再次，与很多以往调查不同，本次调查的专题数据库建设与调查同步进行，从而能够及时地存储和整合调查中收集到的各种数据，包括但不限于问卷调查数据、田野访谈录音、官方数据、政策文件、实践案例、地理信息、照片、视频、村志等多种文本和非文本数据，提高了数据的共享程度、丰富程度和可视化程度。最后，本次调查在专题数据库建设过程中，开创性地引入了以 ChatGPT 为代表的人工智能技术，并开发研制了"数据分析与文本生成系统"（DATGS），在智能混合分析和智能文本生成方面进行了深入探索，这无疑有助于充分挖掘数据潜力。

本次调查的成果定名为"民族地区中国式现代化调查研究丛书"，这一定名全面地体现了本次调查的特色与价值，也体现了云南大学百年来在乡村社会调查中的优良传统，标志着云南大学乡村社会调查传统的赓续进入一个新的阶段。丛书约有 50 种，包括调查总报告、若干专题研究报告以及 42 部县域视角下的针对所调查区县的专门研究。作为一项庞大而系统的学术探索，本丛书聚焦于民族地区乡村社会的多个层面，翔实而深入地记录和分析了当代中国民族地区在迈向现代化的进程中所经历的变迁和挑战，描述和揭示了这一进程的真实面貌和内在逻辑，同时也为相关战略、政策的制定和实施提供了科学依据和理论支持。

本丛书研究成果的陆续推出，将有助于我们更加全面而深入地理解我国民族地区乡村社会转型和发展的多样性和复杂性，为民族学和社会学的发展注入新活力、新思想。期待本丛书成为推动中国社会学和民族学发展一个重要里程碑。

2023 年 10 月 31 日于北京

目 录

绪　论

党的十九大报告指出，农业农村农民问题是关系国计民生的根本性问题，必须始终把解决好"三农"问题作为全党工作的重中之重，实施乡村振兴战略。2018 年 1 月 2 日，国务院公布了 2018 年中央一号文件，即《中共中央 国务院关于实施乡村振兴战略的意见》。2018 年 9 月，中共中央、国务院印发了《乡村振兴战略规划（2018—2022 年）》，并发出通知，要求各地区各部门结合实际认真贯彻落实。乡村振兴的实施目的是坚持农业农村优先发展，按照产业兴旺、生态宜居、乡风文明、治理有效、生活富裕的总要求，建立健全城乡融合发展体制机制和政策体系，统筹推进农村经济建设、政治建设、文化建设、社会建设、生态文明建设和党的建设，加快推进乡村治理体系和治理能力现代化，加快推进农业农村现代化，走中国特色社会主义乡村振兴道路，让农业成为有奔头的产业，让农民成为有吸引力的职业，让农村成为安居乐业的美丽家园。乡村振兴的目标包含产业振兴、人才振兴、文化振兴、生态振兴和组织振兴五个方面，包括了经济、政治、文化和生态等多个层面，是综合发展、统筹推进的一体化社区发展模式。除此以外，融合发展不只是对发展目标进行综合性的概括，也是将乡村置于系统视角下综合考虑系统内外的资源整合和衔接，将乡村置于城乡一体化系统下综合考虑城乡融合发展的过程。

一　乡村振兴融合发展的理论与实践基础

（一）乡村振兴融合发展的理论基础

1. 类型学：从传统到现代的乡村社区发展

类型学既是一种理论，也是一种分类方法。类型学理论是对现实的社会关系进行高度抽象，确定出两个极端的类型，并将其置于连续统的两端，然后将现实的关系与这两个极端类型进行对照和比较，从而达到对现实关系在连续统中发展程度的科学认识（黎熙元，2007）。

（1）从共同体到现代社会

滕尼斯在《共同体与社会》一书中不仅提出了共同体（社区）的概念，也概括了欧洲社会从共同体到社会的变迁过程。滕尼斯从个人意志出发，认为社会转折阶段的两种理想状态可以用"社区"和"社会"代表，社会变迁则被认为是从社区到社会转变的一个过程（于显洋，2016）。社区是基于自然意愿、成员之间具有亲密联系的类型。在社区里面，人们对自己生活的地方具有高度的认同感。传统村庄是其代表。社会则是基于选择意愿的类型。在社会里面，成员之间更加重视法理和利益联系，相互的交往更加片面化。现代都市具有社会的典型特征。同时，社区也被认为是"人的意志完善的统一体，并把它作为一种原始的或者天然的状态"，是"活生生的"，而与之相对的"社会"则是"人工制品"（于显洋，2016）。因此，在滕尼斯那里，社区代表了以血缘亲情为纽带的联合体，而人类社会的发展趋势为"家庭和亲属—邻里—社会"，也就是说，社区与社会成为社会发展的一种连续体，社会发展的趋势就是由社区到社会的发展历程，在这一发展历程中由于不同群体、组织和个人等不同要素的互动不断增加引起了彼此之间关系的不断发展，从而形成了一个不断发展变化的社会（于显洋，2016）。

（2）从传统社区向现代社会转变的理性化解释

马克斯·韦伯从理性化的角度解释了从传统社区向现代社会转变的过程。韦伯认为社会结构从传统走向现代的过程是一个由"形式合理性"主导，"实质合理性"逐渐弱化和被取代的过程（于显洋，2016）。因此，在韦伯看来，传统社区向现代社会转变的最主要原因就是理性化程度不断提高。从社会行动的类型来看，情感行动、目的合理行动、价值合理行动和传统行动在现代化过程中有不同变化，不过，日益理性化是现代化过程的最突出表现。社会行动的理性化表现为目的和手段之间的逻辑关系越来越明确，理性成为最重要的支配方式。除此以外，韦伯对组织科层化以及资本主义发展的分析，也反映了社会结构日益理性化的特征。

（3）从"机械团结"向"有机团结"变迁

涂尔干从社会分工的角度提出了从"机械团结"向"有机团结"变迁的过程。涂尔干认为滕尼斯的从"社区"到"社会"的内生动力是社会分工。在他看来，社会分工的存在使得传统的以血缘亲情和宗教信仰等为纽带的机械团结瓦解，代之以社会分工产生的以"法理契约"为纽带的"有机团结"（于显洋，2016）。传统社区的经济方式普遍是"自给自足"，社区人员之间、社区与社区之间的生活习惯、思想观念和行为方式并没有太大的差异，所以彼此之间的联系大多是以一种"机械团结"的方式连接在一起的。但随着工业化、城市化的发展和进步，在新的经济、政治和文化的相互作用下，出现了一些新的政治、思想、文化，这些要素在社区中不断融合发展使社区交往方式由原来的"机械团结"转换到"有机团结"。此外，涂尔干还认为在从"机械团结"到"有机团结"的变迁过程中，原有的道德习惯和风俗习惯等因素会遭到破坏和瓦解，在新的制度未能建立和完善之前，会产生"失范"（于显洋，2016）。

无论是滕尼斯所述从共同体到现代社会、韦伯所述从传统社区到更具理性特点的现代社会，还是涂尔干所述从"机械团结"的社会到"有机团结"的社会，都是按照类型学的方式对社区发展从传统到现代的高度抽象，这些理论体系对乡村社会的现代化变迁形成了基础的理论解释。不过从理论层次来看，类型学理论偏于抽象的理想概念解释，对于乡村振兴的指导并不那么直接。

2. 区位理论：乡村社区发展中的空间问题

区位即"位置"，是指某一个事物所处的一个位置；同时，区位也指不同位置的事物之间所具有的联系（刘丽，2009）。区位在宏观方面是指不同城乡之间的一个实际的物理位置；在中观方面是指在乡村之间实际存在的物理位置；在微观方面是指在村庄不同居民住宅之间的位置。

农业区位论产生于19世纪20~30年代，1826年德国农业经济学家杜能的著作《孤立国》的出版标志着该理论的出现。当前学者关于农业区位论的研究主要涉及作用与启示、意义、杜能农业区位论、影响因素等方面，其中最有影响力的就是有关杜能农业区位论的研究。杜能在《孤立国》中假定有一个孤立国，它全是沃土平原，但与别国隔绝，没有河川可通舟楫；在这一孤立国中有一个城市，远离都市的外围平原变为荒芜土地；都市所需农产品由乡村供给，都市提供农村地区全部加工品（马兰、张曦，2003）。基于这一假设，杜能提出了农业产业分布的区位，他以距离都市的远近为划分依据，划分出6个环带，简称杜能环。第一环带距离都市最近，由此距离不断递增。第一环带是自由农作区，第二环带是林业区，第三环带是谷物轮作区，第四环带是谷草轮作区，第五环带是牧业区，第六环带是荒芜土地（马兰、张曦，2003）。杜能农业区位论主要从区位地租出发，提出农产品围绕市场呈环带状分布。杜能农业区位论的思想主要说明了农业土地利用类型和农业土地经营集约化程度，不仅取决于土地的天然特性，更重要的是依赖于其经济状况，其中特别取决于它到农产品消费地（市场）的距离（马兰、张曦，2003）。杜能农业区位论的理论模式，对革新我国当前的农业生产关系和市场调整具有重要的指导意义，能够为农业农村经济发展提供一些借鉴和思考。

近代区位理论始于20世纪30年代，德国的经济地理学家克里斯塔勒和廖什是主要代表人物（徐阳、苏兵，2012）。1933年，克里斯塔勒在《德国南部的中心地——关于具有城市职能聚落的分布与发展规律的经济地理学研究》一书中，将地理学的空间观点与经济学的价值观点结合起来，利用抽象演绎的方法创立了以城市聚落为中心，以市场原则、交通原则和行政原则等进行市场区域网络分析的理论（徐阳、苏兵，2012）。在克里斯塔勒看来，中心地就是指一个为周围区域的消费者提供商品和服务的地点。克里斯塔勒提出可以从中心地供给中心商品的量和中心地供给自身的中心商品的量两个方面评价中心地的重要性，这两个方面也被克里斯塔勒称为中心性。中心地的等级是由能够提供的货物和水平决定的。中心地的空间分布形态遵循三个原则：市场原则、交通原则和行政原则。在三个原则中，市场原则是基础，交通原则和行政原则是对市场原则的修正和补充（徐阳、苏兵，2012）。因此，克里斯塔勒的中心地理论是一种综合的、宏观的、静态的以市场为中心的区位论。基于此，也有学者提出要基于当前的科学技术工具对中心地理论进行一定的创新和探究。以往克里斯塔勒的中心地理论主要基于静态封闭理论，这种理论忽视了城市发展的动态性特征，没有考虑到"人地耦合系统分析"，而在现在这个快速发展的时代，社会转型、技术进步及其带来的城市与区域巨变，使得中心地的分布考虑的因素不仅包含市场、交通和行政，也包含人文、城市再重组和科学技术等（徐阳、苏兵，2012）。所以现在的中心地分布需要在考虑传统中心地理论的同时，也要利用现代网络技术和新思想对当前中心地分布进行分析和选择。

在社会学的社区研究领域，区位理论的系统论述形成于美国芝加哥学派。这一理论重点关注了社区发展中的空间分布，并借用生物学的观点解释了城市社区的空间格局及其相互依赖关系，这一理论借用生物学中的竞争、共生、继替等概念分析社区的区位现象。还有一些学者提出了都市区位的理论模型，包括伯吉斯的同心圆理论、霍伊特的扇形理论、哈里斯和厄尔曼的多核心理论等。后来的区位理论还加入文化、人口、环境等更多变量对区位现象进行综合的分析。

区位理论对于乡村振兴具有更加具体的指导意义。区位本身是乡村发展中必须考虑的一个因素，因其影响乡村社区的规划布局，也影响乡村社区资源获取的便捷程度。区位理论的重要启发在于，不同的乡村由于其区位差异必然需要探索不同的道路和发展模式。当然，从区位理论主要围绕地理空间来探讨社区的发展这一点来说，区位理论对乡村振兴的理论解释不够综合。

3. 系统理论：乡村社区发展的综合分析

所谓系统，是指"在一个因果脉络之中，各种要素或成分直接或间接关联的一个复杂体"（黎熙元，2007）。系统是由若干相互作用、相互依存的部分组合而成的具有特定功能的有机整体，或者说系统是要素、结构和功能的统一体。一般来说，一个系统包含许多子系统，同时又是一个更大系统的子系统，各个系统之间以及同一系统内各要素之间是相互联系、相互影响、相互制约的，其中一个要素变化，会引起其他要素的变化。系统的整体与各部分之间，不但有其脉络和特质，而且具有整体大于部分的总和属性（王佳，2019）。一切实体存在（人、家庭、邻里、组织等）都是一个系统，一个系统又是由其子系统构成的；一个系统会不断地与周围环境产生互动（万江红、张翠娥，2022）。

社会系统学派的代表人物巴纳德最早提出了协作系统的概念，指出要保持系统与外部环境的平衡。19 世纪末期，心理学界将系统理论的观点扩大运用在回应建构于单一因果关系的科学所产生的质疑上。福莱特则明确提出了管理的整体性思想，并将其运用到企业组织的管理当中，她把企业组织视为一个不断运动着的统一整体，指出管理必须着眼于系统整体内部的协调（刘建，2008）。之后这一系统性理论被广泛运用于管理学领域，系统分析法作为一种基本的分析方法用于解决项目的规划与管理问题。早在 1930 年，美国史密斯学院的 Hanki 就将系统理论引入了社会工作。如今系统理论和生态系统理论是在农村社会工作中经常用到的理论，在讨论案例时几乎都需要系统理论的考量。社会工作者在助人的过程中同样运用系统理论的观点，将助人这一过程分为资源输入、整合、产生、反馈与生产，注重过程的系统性与整体性，明确过程中的中介系统、服务对象系统、目标系统与行动系统，追求从系统外部获得所需的资源并保持系统内部的稳定运行。同时强调系统内子系统之间要有一定的互动性与互惠性，子系统之间要进行不断的调试，以保证其与系统目标的一致性。

系统理论是对综合系统及其子系统的一般模式、原则和规律进行研究的理论体系。系统理论认为，系统是由各部分要素组成的具有一定层次和结构并与周围的环境发生关系的复杂整体，这一整体功能的发挥取决于它的组成部分以及这些部分之间的相互关系。在系统理论的视角下，人类社会就是一个复杂的大系统，相互交叉、彼此渗透，形成一个错综复杂的网络，各系统之间相互联系、相互依存并相互作用。整体居于主导地位，对部分起着统率作用；同时，部分功能的发挥也会影响整体功能的发挥。这要求我们既要树立整体意识，看问题做事情要有全局观念，把握各系统之间的相互联系，促进系统整体作用的有效发挥，又不可忽视各子系统的作用，尤其是关键部分的效能，以关键部分的进步带动整体系统的发展。一个社会系统就是由不同的子系统组成、整体功能大于部分功能之和的社会组织，每个系统都与其他系统有着各式各样的联系，系统内部各子系统之间也都在相互作用。系统理论关注系统的整体性与完整性，同时又看到了各系统之间的关系，追求通过各系统间的协调发展，最大限度地发挥各系统优势，达到系统整体功能的有效发挥。

系统理论首先探讨了结构这一概念，将结构分为微观环境、中观环境和宏观环境三个层面并分析了这三个层面之间的相互关系。微观环境与作为个体的人关系最为密切，指个人日常生活中，可以直接发生互动，并对个人行为产生重要影响的社会和物质环境。中观环境介于微观环境与宏观环境之间，一般包括各类社会组织、机构、场所等。宏观环境指个体生长于其中的整个系统，包含政治、经济、文化、社会等，可以简单分为非正式的或原生系统、正式系统、社会系统。在系统理论中，事物之间的联系可以分为三种类型：输入、输出与反馈。输入是系统接受外部环境的刺激，输出是系统对环境刺激做出的反应，反馈则是系统将输出结果返回输入端，进一步调整和改进系统的行为。这三类联系类型相互作用，共同影响着系统的状态与发展。系统理论在各个学科领域都被广泛运用，在社会科学领域，常被用于分析经济、政治和社会等现象的相互作用和影响。系统理论强调对系统整体性的发挥，涉及各子系统之间的相互作用，是我们进行研究与探索的一种强大工具与框架。系统理论认为，人不是孤立的个体，而是动态的社会系统中的一分子，每个个体之间都是彼此互动、相互依赖、相互影响的。

持系统模式观点的社会学家把社会系统当作一个功能性的实体，一个社区也可看作一个系统。系统理论把社会看作由一系列相关部分组成的巨大体系，而把社区作为社会大体系中的一个社会系统来分析，社区可以被视为集中于某地方而又比较持久的相互作用的一个社会系统，一个由许多个人、群体、机构之间相互交往、相互作用构成的网络。这一学派的理论家，如帕森斯、霍曼斯和戴维斯等提出系统平衡（system equilibrium）的概念，把系统平衡作为社会系统运行的目标或理论境界。系统在平衡的状态时，系统内部各单位互动关系良好，没有冲突与紧张，各部门的功能也发挥良好（黎熙元，2007）。根据帕森斯的 AGIL 功能分析框架，作为一个独立的系统，应具备四大功能：①整合，将系统内部各项资源进行有效整合；②适应，保证系统本身能够满足外界环境变化的需要；③模式维持，保证系统能够确保自己的目标、认同感和过程；④目标实现，保证系统实现系统整体性目标。系统理论强调在促进与实现系统整体发展的过程中要重视系统的整体性，包括宏观、中观与微观层面，以及内外系统之间与系统内部各子系统之间的相互联系、相互作用。在促进实现内外系统间有效联动与内部各子系统间协调发展的基础上，进一步促进系统间的整合、适应与调节，明确系统的整体性、层次性、开放性与动态性。

系统理论是通过分析系统的构成、功能及其与外部环境的关系来揭示系统的特征及其运行规律的理论。社会系统理论强调社会系统影响其内部的个人和群体，而同时个人和群体又影响社会系统。因此个人问题的解决必须通过影响其相关系统的改变来实现（王佳，2019）。社会系统理论把社区作为一个社会系统来分析，把社区视为许多个人、群体、机构之间相互交往、相互作用的网络。社区日常生活总是通过社区里的社会关系网络来进行的。这些社会关系经过长期的发展，形成各种组织与制度，是构成一个社区的要素。这些要素相互依存、相互作用、相互交织，组成作为一个社会体系的社区结构（黄安永、叶天泉，2004）。

系统理论被广泛应用于社区发展实践。社区依靠各种制度及道德、风俗习惯规定各种地位、角色、阶层间的相互关系及人们的行为规范，规定社区生活中各个领域的相互关系及人们的行为规范（黄安永、叶天泉，2004）。在社区不断规范内部成员生活的同时，社区的发展也离不开人们的努力，二者之间是一个彼此关联、相互建构的过程。因此，我们也可以把社区发展的过程，看作社区中的人们以积极的行动来改造社区，使之更适合环境和满足人们的生活愿望的过程。进行社区研究必须从整体出发，关注社区与其周围环境的相关性，将社区置于它所处的环境之中，运用全面、联系与发展的辩证思维，把它们视为同一社会经济变化过程中的不同侧面，从实际出发，具体问题具体分析，客观探究其本质与特征，准确把握其发展规律。

（二）乡村振兴融合发展的社区行动实践

乡村振兴是采取行动改善乡村社区环境、推动乡村综合发展的过程。在有组织地推动社区发展方面，在学术界以及各个国家和地区的实践中已经形成了不同的模式，这些模式对于今天中国的乡村振兴具有或多或少的启发。

1. 社区发展实践模式演变

社区发展开始是第二次世界大战后，由联合国进行倡导的，从那开始这一理论逐渐被不同国家和地区的人民重视和倡导，也得到了很大的发展，从最开始的主要适用于许多贫困国家和发展中地区逐渐演变和发展为众多国家所普遍适用的一种模式。经过 70 多年的发展，社区发展理论在不同国家和地区得到了很多的探索和实践，形成了不同风格的实践样本，也出现了一批不同取向的社区工作或服务模式。

（1）从"需求为本"到"资产为本"的模式

20 世纪 60 年代，学生运动、民权事件和发展运动在世界范围内广泛兴起，使社区发展和社区组织得到了进一步的发展和完善，社区工作范围逐渐扩大，社区发展出现了一个黄金时期。1962 年，社区发展理论逐渐演变为一种社区发展模式，并被美国作为一种社会工作的具体工作方法，实现了社区发展理论和社区发展模式的有机结合（王思斌，2006）。与此同时，需求为本的理念占据当时的主要潮流，成为社区发展的基本指导思想。这种思想聚焦于居民的问题和需求，强调通过了解居民的具体问题，然后评估其需求进而为居民提供满足需要的服务。但这种理念视角很容易忽视居民自身存在的优势和资源，通常把居民看作一种弱势群体，不利于激发居民的潜能和资源以实现其自身及社区的发展。由于问题及需求本身的缺陷，学者们逐渐开始探索新的社区发展理念。社区发展的实践取向也由"需求为本"转向了"资产为本"。1993 年，学者 Kretzmann 与 McKnight 提出了"资产为本"的社区发展模式（Kretzmann and McKnight，1993）。"资产为本"的社区发展模式由"资产为本、内在取向和关系驱动"三个主要部分构成。"资产为本"是整个社区发展的核心，它关注的重点是社区的所有资产和能力，将社区资产作为出发点来激发社区发展的内生动力，调动社区所有资源与关键力量，发挥社区组织和机构的主导作用（梁阿妹，2017）。与问题及需求为本的视角相比，"资产为本"的视角更看重社区自身所拥有的实力和成就，主张更加积极而非消极地看待社区发展所面临的问题，目前这一发展模式得到了很多国家的认同和实践。

（2）"社区营造"模式

城市化的发展在一定程度上促进了社区营造的产生。闵学勤教授认为，通常当城市化进入中后期，作为中观层面的城市更新和作为微观层面的社区营造即会陆续登场（闵学勤，2018）。但结合具体社区营造的实践范本来看，不同国家和地区之间具有些许的不同，比如欧美、日本和中国的台湾。

早在 20 世纪 50 年代，欧美国家就先进行了社区营造的具体实践，并由此拉开了全球社区营造的序幕。20 世纪 60 年代，为了应对种族问题和"反文化"运动等一系列城市综合问题，美国逐渐开始兴起和发展社区营造这一社区实践模式，这时社区的建筑设计和公共空间的建造都被纳入社区营造。

20 世纪 60~70 年代，日本经济在得到快速发展的同时，由于大量劳动力向城市移动和聚集，许多乡村逐渐没落，许多具有独特文化气息的建筑也被破坏和摧毁，人们的精神难以找到可以依托的点。伴随着事件的不断演化和发展，人们开始逐渐强调对生活质量和生命质量的要求，不再仅仅关注经济发展；与此同时，民众自发组织了"历史街区保护运动"，并成立了很多专门的社会组织，组织市民参与到社区的开发建设中（范建红等，2020）。从这时起，日本逐步掀起了社区营造的潮流，在应对自然灾害和保护历史古建筑方面成效尤其显著。

20 世纪 90 年代初，中国台湾地区的"解严"等自由民主思想逐渐出现和发展，民间的社团也开始得到了大量的发展和完善，但由于一系列的原因，当时台湾地区的经济发展也不景气，面临着农村街区建筑破坏、文化建筑破损和文化传承逐渐断裂等困境。在此背景下，台湾地区提出了"社区总体营造政策"，随后又提出"新故乡社区营造计划"，开始发展具有地方特色的产业，如"空间营造、文化传统和地方产业"（冯山，2020）。台湾学界一般将社区营造分为营造空间、福祉经营、创发产业、深耕文史等四种类型（李敢，2018）。

总体来看，欧美地区的社区营造关注的焦点集中于"建筑改造、社区设计、公共空间"等人文宜居维度，而日本和中国台湾地区的社区营造，则主要是从因城市化而导致空心化的乡村或城郊地区开始的，关注点更侧重于"人文地产景"等多个方面，而不仅仅局限于基础设施等社区硬件的改造与人性化完善（冯山，2020）。

（3）"社会企业"模式

20 世纪 70 年代，中东石油危机所引发的世界经济危机在一定程度上也对欧美国家的福利产生了影响，并由此出现了一些福利危机。为了解决大量弱势群体出现的失业及就业福利不足问题，社会企业在欧美地区逐渐出现和发展。所谓"社会企业"，英国社会企业联盟（SEUK）给出的解释是运用商业手段，实现社会目的的组织（李庆等，2020），其主要目标是解决社会问题，实现社会福利发展。时立荣、王安岩（2019）在《中国社会企业研究述评》中总结道，社会企业具有如下特征：一是社会公益性；二是实体经营性；三是就业导向性；四是以解决社会问题为核心导向。李庆等（2020）在比较研究了英法美三国的社会企业后指出，以英法为代表的欧洲社会企业是一类具有劳动综合型的社会企业形态，其主要活动是帮助弱势群体实现就业，而美国的社会企业是帮助低收入群体和给非营利组织带来收入。

与欧美国家的社会企业相比，亚洲国家的社会企业具有很强的地域色彩，其中印度的社会企业就是一个典型的例子。由于城市化进程的加快，城市经济得到了快速的发展，但相应的农村地区或者偏远郊区的经济发展却受到了较大的阻碍，印度出现了很多贫民窟。在这些贫民窟，人们的生活条件十分艰苦，但在这些肮脏、拥堵、困难重重的地区却逐渐出现了社会企业的影子。例如，印度班加罗尔一家名为 Pollinate Energy 的能源公司研发出了"稻壳供电系统"，为上百万印度穷人提供了太阳能（库马尔，2014）。另外一家名为 Carvajal 的公司则发明了可以 24 小时供水的"自动取水机"（Water ATM），并通过培训加盟的形式，使加盟商拥有并运营这些自动取水机。① 社区营造不同于以往以问题及需求为本的方法，是一种挖掘自身潜力和资源，实现自身能力和发展的实践途径。在孟加拉国社会企业中最为出名的是"孟加拉乡村银行"，它是由穆罕默德·尤努斯创建的，是一家专门给因贫穷而无法获得传统银行贷款的创业者提供"小额贷款"服务的公司。②

2. 乡村发展实践

（1）国外的乡村发展道路

在现代化和城市化的发展过程中，每个国家都需要面对农村社会的变迁，对于如何积极推动乡村社会的发展，需要探索适合自己的道路。在这一过程中，国外形成了一些典型模式。

一是因地制宜型，以日本造村运动为代表。20 世纪 70 年代，日本政府片面重视发展城市工商业，使日本的城市化和工业化得到了快速的发展，但同时也使农村发展逐渐落后。为了实现城乡的协调发展，推进农村经济发展，在 1979 年，平松守彦开始提倡"一村一品"运动。这种模式实质上就是在政府引导和扶持下，以行政区和地方特色产品为基础形成的区域经济发展模式。具体做法主要有以下几个方面。第一，以开发农特产品为目标，培育各具优势的产业基地。在产业基地的建设上，注重因地制宜建立产业基地以发展相关产业。在产业基地的培育上，日本政府主要通

---

① Yefang：《印度社会企业创新方法解决贫民窟资源难题》，环球网，2013 年 11 月 28 日，https：//hope. huanqiu. com/article/9CaKrnJDbHs。

② 《孟加拉国经济史回顾：因"反贫困"而生的乡村银行》，"望春财经"百家号，2022 年 4 月 25 日，https：//baijiahao. baidu. com/s？ id ＝ 1731075641372089359&wfr ＝ spider&for ＝ pc。

过财政转移支付、建立农产品价格基金和加大农村基础设施投入力度三个方面来对产业基地进行培育。第二，以突破1.5次产业为重点，增加产品的附加价值。所谓"1.5次产业"，是以农、林、牧、渔产品及其加工品为原料所进行的工业生产活动，农产品的附加值通过这个生产活动得以增加。1.5次产业具有生产专业化、高效增值性和直接满足最终消费需求的特点。同时，在发展产业时注重对科学技术的运用，建立相关的研究中心来给予相关农业发展足够的支持和指导。第三，以开拓农产品市场为手段，促进农产品的流通。在日本农产品市场化的过程中，农协通过各种业务将全国经营的农户和市场统一起来，实现市场化发展。日本农协在原料采购、生产、流通和销售时都积极采取一系列的行为和活动实现农户经营者和市场两者之间的有序推进，如农协创办了"吉四六酱菜厂"以促进种植、生产、销售的一体化。第四，以培养人才为动力，开展多元化的农民教育。日本的教育供给具有多元化的特征，日本民众可以通过农业科技培训中心、高等农业院校、培训服务机构、农协、各级农业技术推广服务体系和农业改良普及系统接受相关的农业培训和服务。为了培养优秀的专业人才，日本政府为农民、渔民、家庭主妇，乃至上班族开设了许多补习班，帮助其获得足够多的专业知识和技能。第五，以创设合理的融资制度为途径，提供农业低息贷款。日本为了使农业发展拥有足够的资金保障，形成了政策性金融与农协金融的补充发展模式，通过这种资金补足的方式，可以为那些没有资金发展相关产业的农民提供足够的保障和支持，实现农业的健康良性发展。第六，以生活工艺运动为载体，促进农村文化建设。日本民众为了对传统文化和工业进行继承和发展，提倡"生活工业活动"，即由町民自己构想、自己描绘"明日的三岛町"。同时，民众也积极学习传统文化并将其运用于现代生活中，建立生活工业馆作为工业传承基地（陈磊、曲文俏，2006）。

二是自主协同型，以韩国新村运动为代表。20世纪70年代，韩国在国内重点发展工业经济，壮大城市发展，随着经济的不断发展和演变，韩国城乡两极分化、农村人口大量外流、贫富差距大等问题逐渐浮出水面。韩国政府为了改善城乡关系、推动农村发展、增加农民收入，决定在全国实行"勤勉、自助、协同"的新村运动。这是一种将政府努力支持与农民自主发展相结合的发展模式，同时也是通过低成本策略推动农村实现跨越式发展的典型模式。Seung-Mi Han 认为，新村运动对于实现农村现代化的作用主要在三个方面，即农村社区的启蒙（农民的心理革命）、农村生活条件的改善（村庄环境的改善、住房的翻新、电力的提供等）和农业经济的发展（基础设施的建设和农户收入的提高）（Han，1979）。农村发展关键在于社区，社区发展关键在于农民自身，只有实现农民自身的建设和发展，我们才能对社区发展做出进一步的规划和部署，充分调动农民的积极性和主动性使其自觉参与到社区发展的过程中，而不是一种消极被动的发展方式。同时，在对农民的心理进行建设时，我们也要注重对农民生存条件的改善，通过各种措施和福利制度为其提供良好的福利保障和发展条件。在新村的建设中，我们同样也要立足于社区经济的发展，只有通过经济的发展不断提高社区民众的收入，才能使民众有一定资金满足自身的物质和精神需求，实现心理、环境和经济的平衡发展和有机协调，避免出现发展不协调的困境。

三是循序渐进型，以德国村庄更新为代表。德国的乡村治理起步于 20 世纪初期，其中村庄更新是政府改善农村社会条件的主要方式，村庄更新经历了不同的发展阶段。1936 年，政府颁布了《帝国土地改革法》，这一法律的颁布使得德国农村自由发展的状态结束，开始步入村庄建设的轨道，德国由此开始对乡村的农地建设、生产用地以及荒废地进行合理规划。1954 年，村庄更新的概念被正式提出，在《土地整理法》中政府将保护农业和林业经济发展作为村庄更新的重要任务。1965 年巴伐利亚州也制定了州村庄发展规划。这一时期村庄更新的主要任务就是进行新村建设和完善基础设施两个方面。1976 年，德国在总结原有村庄更新经验的基础上，不仅首次将村庄更新写入修订的《土地整理法》，而且试图保持村庄的地方特色和独特优势，并以此为准则对乡村的社会环境和基础设施进行整顿和完善。20 世纪 90 年代，村庄更新融入了更多的科学生态发展元素，乡村的文化价值、休闲价值和生态价值被提升到和经济价值同等重要的地位，实现了村庄的可持续发展（常江等，2006）。德国村庄更新的周期虽然漫长，但是发挥的价值和产生的影响都是深远的，对于乡村治理来说，这种循序渐进的发展步骤更能使农村保持活力和特色。

四是综合发展型，以法国农村改革为代表。法国是一个经济高度发达的资本主义国家，其既是一个工业强国，又是一个农业富国。法国仅仅用了20多年就实现了农村现代化建设，这主要是因为法国政府采取了适宜的发展策略，积极有效地推进农村改革。法国农村改革主要包括两个方面的内容。一是发展"一体化农业"。所谓"一体化农业"，是指在生产专业化和协调的基础上，由工商业资本家与农场主通过控股或缔结合同等形式，利用现代科学技术和现代企业等方式，把农业与同农业相关的工业、商业、运输、信贷等部门联合起来，组成利益共同体。实行"一体化农业"能够将农业和其他不同的相关部门联合起来，通过多部门和组织共同提供资金和技术指导来带动乡村农业建设，实现对农业的支持和反哺。二是开展领土整治，通过国家相关法律法规帮助和支持经济欠发达地区的乡村，实现乡村社会资源的优化配置，以此加快乡村社会的现代化建设和缓解工业过度集中的问题。法国的农村改革主要从发展农村工商业，恢复发展农村手工业和大力发展农业、畜牧业三个方面同时推进，以实现农村地区的均衡发展（周建华、贺正楚，2007）。通过以上措施，法国西部农业地区在20世纪70年代实现了工业化，中部山区也基本实现了现代化。

五是城乡共生型，以美国乡村小城镇建设为代表。20世纪初，美国城市人口数量不断增加，城市中心过度拥挤，导致许多中产阶级向城市郊区迁移，极大地推动了小城镇的发展。再加上汽车等交通工具的普及、小城镇功能设施的齐全以及自然环境的优越，进一步助推了小城镇的成长和发展。美国小城镇的发展与政府推行的小城镇建设政策也有着密不可分的关系。城乡共生型模式以遵循城乡互惠共生为原则，通过城市带动农村、城乡一体化发展等策略来推动乡村社会的发展，最终实现工业与农业、城市与农村的双赢局面，以美国乡村小城镇建设为典型。美国是世界上城市化水平最高的国家，在乡村治理过程中，非常推崇通过小城镇建设来实现农村社会的发展。美国小城镇建设带动了乡村发展。1960 年，美国推行的"示范城市"试验计划的实质就是通过对大城市人口的分流来推进中小城镇的发展。在小城镇的建设上，美国政府非常强调个性化功能的打造，结合区位优势和地区特色，注重生活环境和休闲旅游的多重目标。直至 21 世纪，小城镇有着良好的管理体制和规章制度，能够对全镇的经济社会进行统筹监管，保证小城镇发展的有序与稳定。由于美国城乡一体化已经基本形成，因此，美国小城镇建设能够很好地带动乡村的发展。

六是都市农业型，以拉丁美洲和非洲为例。拉丁美洲的过度城市化现象非常严峻，其中阿根廷、智利和乌拉圭等国的过度城市化现象尤其突出。虽然从人口城市化发展上来看，拉美国家和欧美国家的差距并不是很明显，但拉美的经济发展水平远远不如欧美国家的水平。人口的过度城市化是建立在经济持续下行和大量农民破产的基础之上的，以至于农民不得不进入城市寻找生存机会（蔡建明、杨振山，2008）。20 世纪 60 年代，拉美的工业和城市并没有得到较好的发展，而是处于一个落后或者停滞的状态。比如墨西哥的两个半城市化地区自 20 世纪 70 年代以来人口飞速增长，增加了大量正式或非正式的定居点尤其是接纳了大批农民移民（Torres Lima and Rodriguez Sanchez，2000）。在这些地区很多地方已经完成了城市化进程，所以推进城市化的措施对其发展并不是很有利，要想实现其发展，这些地区就必须采取一些不同于其他地区的发展策略。比如墨西哥城在市中心区进行半工厂化的蔬菜和家禽饲养；在半城市化区内，如果离市区较近主要进行牛奶和肉类生产，较远的则以高密度、大规模的传统梯田生产为主，主要种植一些仙人掌、蔬菜和季节性作物（Torres Lima & Rodriguez Sanchez，2000）。非洲和许多第三世界国家对都市农业的关注很多起源于社会危机的出现和发展。在 20 世纪早期，古巴由于欧洲集团的解体和美国加强了对其的经济封锁，不得不采取新的措施发展农业以缓解资源短缺问题。很多发展中国家的都市农业发展处于真空状态，甚至一些地区的都市农业发展还受到政府政策的限制。

（2）中国的乡村发展实践

20世纪初，面对中国农村经济日益走向衰落的情况，一批知识精英从发展中国农村出发，开展了一场乡村社会改造运动。陶行知的乡村教育实验创办了晓庄师范、上海工学团等，他认为"乡村学校是今日中国改造乡村生活之唯一可能的中心"（陶行知，2022）。梁漱溟在山东邹平县开展的"乡村建设"试验，目的是把乡村组织起来，建立乡农学校作为政教合一的机关，向农民进行伦理道德教育，以实现社会安定；组织乡村自卫团体，维护社会治安；在经济上组织农业合作社，以谋求乡村的发展；移风易俗，建设文明乡村。他所创立的基层教育机关——乡农学校，替代了基层的行政机关，校长就是乡长，乡政府行政职员即为教员，政教合一，使社区学校化。其目的是用教育力量代替行政力量．用教育方法辅导人民自治，授以生产、卫生、公民等知识，完全按照学校形式重组乡村，推行乡村建设（社区建设）。晏阳初在河北定县开展"平民教育"实验，认为中国农村发展的问题，其要害是农民的"愚、穷、弱、私"，为了改进农民的生活方式和剔除这种劣根的文化心理，他有针对性地提出在农村施行四种教育："以文字教育救愚，以生计教育救穷，以卫生教育救弱，以公民教育救私。"（鲁洁，2001）

1949年以来，随着社会主义制度的建立，在全新的社会制度和社会结构背景下，农村社会在政治、经济和文化方面迎来了全新的局面，与之前截然不同的包括社会主义集体所有制之下的土地制度、农业税费制度、生产生活的社队管理体系、与城乡二元社会结构有关的生活特征等。随后以1978年开始施行的家庭联产承包责任制为起始，中央政府提出了多种不同的理论和实践模式，其中具有代表性的包括"社会主义新农村建设""精准扶贫""乡村振兴战略"等。改革开放以来我国乡村发展和振兴大体概括为五种路径或者阶段：第一种路径是家庭联产承包责任制和多种经营；第二种路径是乡镇企业带动；第三种路径是规模最庞大的劳动力流动；第四种路径是土地流转和农业规模化经营；第五种路径是城乡、产业融合与一体化发展（李培林，2023）。

二 研究方法和样本村概况

（一）研究方法

本书的调查地点曲靖市沾益区是"中国乡村社会大调查（云南）"（以下简称"大调查"）的 42 个样本县之一。按照大调查的统一安排，研究采取了定量与定性相结合的模式，一方面通过调查研究的方式收集样本村及样本家庭的基本情况，另一方面使用半结构化的访谈和非参与观察的方式深入了解县域以及村级层面的"五大振兴"情况。具体的资料收集方法包括问卷法、观察法和访谈法。

1. 问卷法

本书的调查问卷包括两个部分：个人问卷和村居问卷。研究按照多阶段混合抽样方式先在沾益区抽取了 6 个行政村，然后在每个行政村中随机抽取 2 个自然村，再在每个自然村抽出 13 个家庭户，最后在抽中的家庭户中用 CAPI 系统抽取 1 位受访者进行个人问卷调查，最终获得 156 份有效问卷。村居问卷是对抽取出来的行政村开展问卷调查，每个行政村完成一份综合的村居问卷，共获得 6 份有效村居问卷。

2. 观察法

进入村干部的日常工作情景、参与村民的日常互动才能看到语言之外真实的农村生活。本书的调查员深入样本村，做到吃住在村，因此观察的效果很好。小组成员通过参与观察的方式深入了解了样本村的基层组织运行情况、村民基础设施建设以及产业发展状况。

3. 访谈法

访谈法是定性研究中较为常见的一种资料收集方法，通过访谈能够深入了解乡村振兴的现状以及困境。本书的访谈对象包括以下人员。一是沾益区委负责乡村振兴的多个相关部门的工作人员。这部分的访谈有助于从政策制定和落实角度把握沾益区乡村振兴的现状和困境。二是 6 个样本村的村党组织书记、村委会主任以及扶贫干部。村党组织书记和村委会主任不仅对本村的基本情况有着深入了解，而且作为乡村政策的实践者，他们较为了解本村产业发展、组织运行的优势和痛处。扶贫干部非常熟悉本村贫困家庭，对他们的致贫原因以及相关帮扶措施比较清楚。三是致富带头人、合作社社长、企业家等人才。在村干部的推荐下，本书的调查员对每个村的相关人才进行了访谈。四是贫困户和部分村民。村民是乡村振兴的直接参与者和感受者，对他们进行访谈能够补充和验证村委的访谈资料。为了收集到更真实的资料，调查员在日常生活中以闲谈的方式，收集包括村民日常生活方式、对村委等组织的感受等资料。

多层次的访谈，使样本村的形象更为客观立体。熟人推荐式的访谈，使调查员更容易获得访谈对象的信任，更容易收集到信息，但是访谈对象会将调查员与村委联系起来，所以常常有所保留，因此多层次、多对象的访谈，有助于材料间相互印证，从而使样本村更加立体客观。

（二）样本的基本情况

1. 样本村情况

本次调查选取的样本村分别是德泽乡老官营村、炎方乡青山村、大坡乡土桥村、白水镇大德村以及菱角乡刘家庄村和菱角村。这6个村在乡村振兴的5个方面既有各自的特点又有其共性，具有很强的代表性。

在产业方面。第一，6个样本村都有过合作社、村集体企业因为经营不善而倒闭的经历。但是大德村把村集体企业外包出去，最终不仅保存了村集体企业，还实现了村民增收。第二，外出务工人员数量大，大量土地流转（见表0-1）。

表 0-1　样本村土地流转情况

单位：户

样本村	总户数	参与土地流转户数
老官营村	298	80
青山村	546	320
土桥村	567	104
大德村	810	198

续表

样本村	总户数	参与土地流转户数
刘家庄村	791	300
菱角村	888	500

在人才方面。人才振兴是乡村振兴的关键,而产业振兴又需要人才先行。第一,作为乡村振兴的领头羊村党组织书记的个人能力和社会资源将极大地促进乡村的发展。在菱角村村委的努力下,菱角村产业有着较快的发展趋势。第二,人口外流严重,乡村难以吸引人才。老官营村德庄庄园的创始人以及大德村党组织书记两人均是因为情怀才选择留在本村。第三,驻村干部兜底民生保障,助力乡村振兴。

在组织方面。第一,乡村基层党组织在制度建设、能力建设方面有待加强,存在政治生活随意、服务群众能力不足的问题。第二,乡村居民参与公共事务积极性不高,民主参与不足。

在生态方面。第一,村中水利等基础设施的建设以及村居环境的改善仍然是村中重要的工作任务。基础设施建设包括农田水利建设、乡村道路硬化等,村居环境改善主要是厕所改造和乡村垃圾治理。第二,乡村生态保护能够按照政策要求严格落实。

在文化方面。第一,仅大德村有彝族文化非遗传承①,其余样本村并无特色文化。第二,农村缺乏文化娱乐场所,村民文化活动缺失。

具体从每个样本村的情况来看,德泽乡老官营村位于云南省曲靖市沾益区德泽乡境内,在地理上主要属于半山半坝区,村委距最近的县政府约80公里,距最近的乡政府3.5公里。全村土地共48600亩,其中耕地713.5亩,2022年约80户村民参与了土地流转。老官营村共有5个村民小组298户1228人,其中彝族有30人。在产业方面,老官营村村民主要从事种植业和养殖业,本村农民合作社有2个,分别从事种植业和休闲旅游业;企业有

---

① 大德村有两位彝族文化非遗传承人,传承的主要文化包括彝族刺绣、文艺演出等。访谈时间:2023年2月12日。访谈地点:村民家中。访问员:李然、赵枝伟。受访者:大德村非遗传承人唐桂存、吴树花。

3 家，分别从事休闲旅游业和农产品加工业。截至 2022 年底村集体收入为 1778.14 万元。

炎方乡青山村位于云南省曲靖市沾益区炎方乡境内，在地理上主要属于山区，村委距最近的县政府约 40 公里，距乡政府 8 公里。全村耕地共 13474 亩，林地有 11363 亩，2022 年 320 户村民参与了土地流转。青山村共有 6 个村民小组 546 户 1994 人。

大坡乡土桥村位于云南省曲靖市沾益区大坡乡境内，在地理上主要属于山区，村委距最近的县政府 29 公里，距最近的乡政府约 10 公里。全村土地共 21000 亩，其中耕地约为 8600 亩，2022 年 104 户村民参与了土地流转。土桥村共有 5 个村民小组 567 户 2455 人，其中彝族有 33 人。在产业方面，土桥村村民主要从事种植业和养殖业，本村共有 2 个与种植相关的农民合作社和 1 个家庭农场。截至 2022 年底，村集体收入共 10 万元。

白水镇大德村位于云南省曲靖市沾益区白水镇境内，在地理上主要属于山区，村委距最近的县政府 23 公里，距最近的乡政府 13 公里。全村土地共 55000 亩，其中耕地约为 18700 亩，2022 年 198 户村民参与了土地流转。白水镇共有 7 个村民小组 810 户 3303 人，其中彝族有 705 人。

菱角乡刘家庄村位于云南省曲靖市沾益区菱角乡境内，在地理上主要属于半山半坝区，村委距最近的县政府 25 公里，距最近的乡政府 28 公里。全村土地共 30000 亩，其中耕地为 8897.3 亩，2022 年 300 户村民参与了土地流转。刘家庄村共有 6 个村民小组 791 户 3413 人，其中苗族有 20 人。

菱角乡菱角村位于云南省曲靖市沾益区菱角乡境内，在地理上主要属于山区，村委距最近的县政府 43 公里，距最近的乡政府 1 公里。全村土地共 48000 亩，其中耕地为 9174 亩，2022 年 500 户村民参与了土地流转。菱角村共有 8 个村民小组 888 户 3542 人，其中回族有 40 人。菱角村产业较为发达，村民主要从事种植业和养殖业，其中种植的产品获得了无公害农产品的认证，养殖的家畜、家禽获得了无公害和绿色认证。本村约 100 户村民从事农产品加工业、6 户从事乡村旅游业、2 户从事乡村新型服务业，有 2 个农民合作社，50 余家企业。截至 2022 年底，村集体收入共 2000 万元。

2. 样本村调查对象基本情况

本书在 6 个样本村中分别随机抽取 2 个自然村，再在每个自然村中抽取 13 户作为样本，最后回收有效问卷共计 156 份。调查对象的基本情况如表 0-2 所示：

表 0-2　调查对象基本情况 （ $n=156$ ）

单位：人，%

变量	类别	人数	占比
性别	男	99	63.5
	女	57	36.5
年龄	18~44 岁	35	22.4
	45~59 岁	84	53.8
	60~74 岁	37	23.7
受教育程度	未上过学	31	19.9
	小学 （含扫盲班）	73	46.8
	初中	35	22.4
	高中及以上	17	10.9
民族	汉族	148	94.9
	彝族	8	5.1
婚姻状况	未婚	11	7.1
	已婚	136	87.2
	其他	9	5.8

三　沾益区概况

（一）沾益区历史沿革与行政区划

1. 沾益之名

沾益之名，溯源古今。汉晋之时称宛温、宛暖；唐宋元时期名称多有变化，唐时称盘州，后蜀称西平，南宋属大理，元属摩弥部；元世祖改名沾益州，明清沿用。前清雍正五年，新设宣威州，才专名沾益州。1913 年，奉令改县，始称沾益县。①

1949 年新中国成立后，又多改其名。1958 年 8 月，沾益、曲靖两县合为曲靖县，机关驻沾益，11 月马龙县并入。1963 年 3 月，析龙马县。1965 年 8 月，曲靖、沾益分为两县。1983 年 8 月，合曲靖、沾益两县为县级曲靖市。1989 年，原县级曲靖市人民政府为实现地名标准化，在原有 16 条街巷的基础上，又新命名街、巷（道）9 条，更名 1 条。1997 年 5 月 6 日，撤销曲靖地区和县级曲靖市，设立地级曲靖市，市人民政府驻新设立的麒麟区城关镇文昌街。曲靖市设立麒麟区和沾益县；麒麟区辖原县级曲靖市的城关、三宝、越州、东山 4 个镇和环城、珠街、沿江、茨营、潇湘、西山 6 个乡。1998 年 1 月，沾益县级机构开始运转，沾益县治地位正式恢复。2016 年 4 月 1 日，国务院对云南省人民政府提交的《关于撤销沾益县设立曲靖市沾益区的请示》做出了批复，同意撤销沾益县，设立曲靖市沾益区，以原沾益县的行政区域为沾益区的行政区域。2016 年 6 月 1 日，正式撤县设区，挂牌成立。

2. 沾益区行政区划

沾益全区辖龙华、西平、金龙、花山 4 个街道，盘江、白水 2 个镇，德泽、菱角、炎方、播乐、大坡 5 个乡。共有村委会（社区）134 个，其中村委会 89 个，社区 45 个，村（居）民小组 1047 个。

2022 年末，全区总人口（常住人口）为 40.44 万人，比去年增加 0.39 万人。其中城镇常住人口 19.86 万人，占总人口比重（常住人口城镇化率）的 49.11%（见表 0-3）。全年人口出生率为 6.68‰，死亡率为 6.85‰，人口自然增长率为-0.17‰。11 个乡镇（街道）中，常住人口超过 5 万人的有 2 个，3 万~5 万人的有 5 个，2 万~3 万人的有 3 个，少于 2 万人的有 1 个。其中，人口居前 3 位的西平街道、龙华街道、大坡乡合计人口占全区总人口的比重为 41.00%。

---

① 《沾益县志稿》，第 134~138 页。

表 0-3　沾益区 2022 年人口数及构成

单位：万人，%

指标	年末数	比重
全区总人口	40.44	100.0
其中：城镇	19.86	49.1
乡村	20.58	50.9
其中：男性	20.97	51.9
女性	19.47	48.1
其中：0~15 岁	7.41	18.3
16~59 岁	26.08	64.5
60 岁及以上	6.95	17.2
其中：65 岁及以上	5.13	12.7

至 2021 年，沾益区有彝族、白族、傣族、壮族、苗族、回族、傈僳族、拉祜族、佤族、纳西族、瑶族、藏族、景颇族、布朗族、布依族、阿昌族、哈尼族、锡伯族、普米族、蒙古族、怒族、基诺族、德昂族、水族、满族、独龙族等民族分布。

（二）沾益区位特点

1. 交通要道

沾益区位于云南省的东部，曲靖市的中部，地跨东经 103°29′~104°14′，北纬 25°31′~26°06′。东与富源县相邻，南与麒麟区、马龙区接壤，西与寻甸、会泽两县毗邻，北与宣威市交界，沾益区东西最大横距 73 公里，南北最大纵距 64 公里，总面积 2814.9 平方公里。

沾益区是水陆交通要地，被称为"入滇锁钥"。境内有沪昆高速公路、曲胜高速公路、杭瑞高速公路等高速公路，以及国道 320 线和省道 207 线等公路干线，形成了较为完善的公路交通网络。沾益区还拥有连接昆明、贵阳等城市的铁路。此外贵昆铁路、贵柏铁路、沪昆高铁和 320 国道、326 国道、宣天公路贯穿南北，中缅油气管道、西南成品油管道穿境而过。曲靖北站是中国铁路昆明局集团有限公司管辖的铁路车站，也是沪昆高速铁路上的站点。沾益区由此成为滇黔川桂粤区域重要的交通枢纽和人流物流集散地。①

2. 珠江源头

珠江源位于曲靖市沾益区，是中国第三大江——珠江的发源地，有"一水滴三江，一脉隔双盘"之称。

珠江发源于沾益马雄山，流经大坡、菱角、德泽三个乡镇。珠江源是珠江的正源，也是国家重点风景名胜区。这里的风景以山水自然景观为主，同时也有一些人文景观，如珠源禅寺等。珠江源的水源非常丰富，这里有"一水滴三江、一脉隔双盘"的奇异景观。"一水滴三江"指的是，在珠江源的源头，一滴水会分别流入南盘江、北盘江和牛栏江，形成三条不同的河流。"一脉隔双盘"指的是珠江源的源头所在的马雄山，将南北盘江分隔开，形成两个不同的流域。

首先，珠江源是中国南方的重要河流之一，珠江源的水资源对于整个珠江流域的生态环境和经济发展都具有非常重要的影响。其次，珠江源是一个非常美丽的景点，具有独特的自然风光和丰富的生态资源。这里的森林茂密，生物多样性丰富。最后，珠江源也是国家级森林公园和国家水利风景区，是休闲、度假、运动、科考的好去处。

（三）环境和资源概况

沾益地处珠江源头的南、北盘江分水岭多山地带，地貌以滇东高原丘陵为主。最高点为菱角老黎山，海拔 2678 米，最低点为德泽热水村牛栏江河谷，海拔 1650 米。较大的山有马雄山，东北—西南走向，是南、北盘江和牛栏江的分水岭，珠江的发源地。

沾益区全年气候温和，降水充沛，干湿季分明，属低纬度高原季风气候。年平均气温为 16.3 ~ 18.6℃，极端最高温为 33.1℃，极端最低温为 9.2℃，年日照时数为 2098 小时，日照率为 47%，全年无霜期 255 天，年均降雨量 1002 毫米，每年 5 ~ 10 月降水量占全年降水量的 89%。

---

① 《投资优势》，曲靖市沾益区人民政府网，2024 年 4 月 25 日，https://www.zhanyi.gov.cn/news/74/9720.html。

2022 年，沾益区累计降水量为 931.4 毫米，与历年（30 年平均值 914.9 毫米）同期相比增加 16.5 毫米或 2%，与去年同期相比偏少 28.0 毫米或 43%；1~12 月全区各乡镇平均累计降水量为 926.3 毫米，与历年（10 年平均值 958.3 毫米）同期相比偏少 32.0 毫米或 3%。沾益区冬季降水量偏少，气温起伏波动较大，阶段性低温天气明显；春季降水量偏少，气温特高（突破历史极值），雨季开始期正常至偏晚，干旱突出；夏季气温偏高，降水量偏少，降雨时空分布不均匀，局地暴雨洪涝灾害突出；秋季气温略高，降水量偏少，10 月"阴雨寡照"天气突出，月日照时数为 74.3 小时，较历年同期平均值偏少 38.2 小时，德泽出现过 1 次 7 天左右的秋季连阴雨天气。

沾益区共有 7 个土类，23 个土属，56 个土种，2 个变种，土壤覆盖面积为 2632 平方公里，占土地总面积的 92.32%。主要土壤类型为红壤，占土地总面积的 74.8%，紫色土和水稻土分别占 9.9% 和 5.0%，黄棕壤占 1.7%，石灰岩土占 0.1%，冲积土占 0.8%，沼泽占 0.08%。①

沾益区的主要森林植被类别有湿润常绿阔叶林、落叶阔叶林。具体来说，有云南松、华山松、滇油杉等优势树种，并有国家二级保护树种黄杉林，国家二级保护植物中国蕨、扇蕨，国家一级保护动物黑颈鹤、黑鹤，国家二级保护动物斑羚、穿山甲、灰鹤、林麝等珍稀动植物。矿产资源有煤、磷、铁、矾、钼、镍、铅锌、石灰岩、白云岩、黏土、建筑用沙等数十种。其中，煤、磷、石灰岩储量大，品质好，煤储量为 5950 万吨（D级），磷矿工业储量为 12574.08 万吨，远景储量为 17117.61 万吨，石灰岩遍布各乡镇。水资源年径流量为 10.4 亿立方米，水能蕴藏量为 13.25 万千瓦。主要河流南盘江、北盘江，属珠江水系，牛栏江属金沙江水系，径流总面积为 2187 平方公里。全区共有蓄水工程 470 座，其中市管中型水库有花山、白浪、西河 3 座，库容总量 13203 万立方米；小（1）型水库 19 座，小（2）型水库 107 座，坝塘 341 座。总库容为 24603 万立方米，兴利库容

① 《自然地理》，曲靖市沾益区人民政府网，2024 年 3 月 12 日，https://www.zhanyi.gov.cn/index.php/news/zygk/9719.html。

17798 万立方米，区管水库、坝塘共蓄水 6440 万立方米，占蓄水计划的 102%。

沾益区历史悠久，早在新石器时代就有人类在此繁衍生息，具有丰厚的历史文化和民族文化。其中文化遗产主要包括可移动文物 309 套，不可移动文物 83 处；省级非物质文化遗产代表性传承人 1 人，市级非物质文化遗产代表性项目 9 项，分别是炎方卡居跌脚舞、炎方法洒苗族芦笙舞、沾益苗族纺织、沾益彝族刺绣、沾益区民间彩绘画、沾益洞经音乐、沾益白水酸菜、沾益辣子鸡及沾益小粑粑。列入市级非物质文化遗产代表性传承人名录 5 人，分别是戏曲艺人邱文华、根雕艺人陶建生、苗族芦笙舞传承人马明辉、沾益洞经音乐传承人洪进财及沾益小粑粑传承人刘春华。①

（四）沾益区经济社会发展情况

1. 脱贫攻坚情况

沾益区在脱贫攻坚方面采取了多项措施，成果显著，基本达到脱贫出列摘帽标准。

沾益区共有建档立卡贫困乡 1 个、贫困村 43 个、贫困人口 5313 户 19738 人，贫困发生率为 5.79%。截至 2020 年，实现了 1 个贫困乡和 43 个贫困村出列，4496 户 17192 人脱贫，剩余的 817 户 2546 人也达到了"两不愁三保障"脱贫标准。总体来看，全区脱贫攻坚成效显著。另外，2015 年以来，累计投入中央、省、市、区财政专项扶贫资金 27925.09 万元，其中，区级整合各类扶贫资金 4825.19 万元；各级投入资金从 1362.37 万元增加到 6914.03 万元，年均增长 81.51%。②

值得关注的是，沾益区相关文件表明，农业产业增收提档升级、提升劳动力技能等不断提高脱贫人口工资性收入、生产经营性收入……截至 2022 年 11 月，全区投入中央、省级衔接推进乡村振兴补助资金 3161 万元，

① 《沾益民族传统文化的瑰宝》，曲靖市沾益区人民政府网，2020 年 8 月 27 日，https://www.zhanyi.gov.cn/news/bmdt/14734.html。
② 《决胜脱贫 | 沾益的成绩单和脱贫故事》，搜狐网，2020 年 6 月 4 日，https://www.sohu.com/a/399885884_319417。

实施巩固脱贫攻坚项目 96 个，4133 户 4537 人得到产业帮扶，4841 户 9059 人得到就业帮扶，3603 户 7406 人得到低保、特困供养、临时救助、残疾人补贴等综合性保障，2126 户通过盘活资产（土地流转、入股分红等）拓展增收渠道增加收入。研究出台了"1+3+2+8+1"系列配套文件，进行资源统筹，实现全区 5319 户 19746 名贫困人口全入社、产业全覆盖，保障 739 户兜底户增收。① 沾益区的脱贫攻坚绩效有效地助推了乡村振兴的发展。

另外，沾益区在脱贫攻坚的过程中探索出许多模式。沾益区扶贫产业持续发展，形成以康恩贝、博浩等为代表的产业扶贫联合体帮助扶贫；整合项目资金建设大德生猪扶贫养殖小区的模式；以人才大户带领发展养蚕产业为代表的人才引进模式；以区农林投为代表的党政主导模式……众多模式都对扶贫工作起到重要的作用，有助于带动就业，增加产能，提高经济发展水平。由此可见，沾益区的脱贫攻坚工作成效显著。

2. 经济发展

沾益区在特色农业以及多种产业结合发展的基础上，经济持续且稳定地发展。

从《曲靖市沾益区 2022 年国民经济和社会发展统计公报》来看，根据地区生产总值统一核算初步结果，2022 年全区实现地区生产总值 395.50 亿元，比上年增长 7.6%。其中第一产业增加值为 59.84 亿元，比上年增长 5.1%；第二产业增加值为 170.99 亿元，比上年增长 10.8%；第三产业增加值为 164.67 亿元，比上年增长 5.7%。三次产业结构为 18.2∶40.0∶41.8。人均 GDP 达 98274 元，比上年增长 7.7%。全年民营经济增加值实现 212.64 亿元，比上年增长 8.0%，占地区生产总值的比重为 53.8%。曲靖市沾益区统计局 2022 年度收入合计 3844965.36 元。与上年相比，收入合计增加 320849.55 元，增长 9.16%。②

---

① 《曲靖市沾益区人民政府扶贫开发办公室部门 2020 年度部门决算公开》，2021 年 11 月 3 日，曲靖市沾益区人民政府网，https://www.zhanyi.gov.cn/news/czys/22648.html。
② 《曲靖市沾益区 2022 年国民经济和社会发展统计公报》，曲靖市沾益区人民政府网，2023 年 5 月 31 日，https://www.zhanyi.gov.cn/news/gmjjyshfzgh/41654.html。

2023 年上半年，沾益区的生产总值为 164.47 亿元，生产总值的增速为 5.9%，① 沾益区在上半年各县区生产总值中位居全市第三。2022 年沾益区全区实现地区生产总值 395.50 亿元，比上年增长 7.6%，2023 年沾益区全区实现地区生产总值 425.75 亿元，按不变价格计算，比上年增长 7.8%。②

由上述数据可见，沾益区经济持续发展，各方面在不断进步。沾益区的发展规划抓住了科技革命和产业变革的机遇；同时还大力拓展城市的发展空间，针对"烂尾楼"重新改造升级，让其发挥应有的价值。切实提升城市建设质量不仅促进了经济高质量发展，还带动了沾益区就业机会的增多、劳动者报酬的增加以及居民生活质量的提升，这些直接促进了社会稳定发展。除此之外，沾益区向着经济高质量发展的方向前进可以推动产业结构优化升级、发展新兴产业、提高产品质量和技术含量、激发经济持续发展的动力。

3. 产业状况

沾益区蕴藏着许多商机，在发展中结合自然条件优势，产业特色突出。

沾益区经过多年的努力，通过农业、工业、服务业、旅游业等相结合的方式，引进外来企业发展，初步形成了煤化工、电力能源、冶金、建材、生物资源加工五大特色工业产业，以烤烟、万寿菊、蚕桑、药材、蔬菜、啤酒大麦、畜牧业等为主的农业特色产业和以旅游业为龙头的第三产业。沾益区正发展成为云南省重要的煤化工基地、电力能源基地和特色农产品生产加工基地，成为珠江源山水园林城市、滇东北重要的物流仓储基地和国内知名的珠江源旅游胜地。沾益区已经建成全国最大的万寿菊生物基地，另外烤烟也是沾益区重要的支柱产业。

据《曲靖市沾益区 2022 年国民经济和社会发展统计公报》，沾益区全年全部工业增加值实现 149.36 亿元，比上年增长 10.6%，对经济增长贡献率为 35.4%，拉动增长 4.8 个百分点。其中，规模以上工业增加值比上年增

---

① 《2023 年 1—6 月曲靖各县区 GDP 表现，麒麟区总量第一，富源表现稳定》，"宝盒观天下"百家号，2023 年 10 月 13 日，https://baijiahao.baidu.com/s? id = 1779558576023218496&wfr = spider&for = pc。

② 《曲靖市沾益区 2023 年国民经济和社会发展统计公报》，曲靖市沾益区人民政府网，2024 年 4 月 28 日，https://www.zhanyi.gov.cn/index.php/pub/description/45461.html。

长 19.3%，规模以下工业增加值比上年增长 0.2%。全年规模以上工业总产值完成 424.78 亿元，比上年增长 34.7%。① 沾益区经济的发展与沾益区多样的特色工业有很大关系。

沾益区的花山工业片区，建设于 20 世纪 70 年代，两个厂，一条街，数万人，盛极一时。然而，2008 年，"金融海啸"爆发，煤化工产业遭受重创，以煤化工产业为主的花山工业片区处于困境，走入低谷。企业员工被迫分流，曾经人群聚集的城市成了空巷，整个片区陷入萧条。②

花山工业片区是沾益区的重要工业基地，曾经的花山工业区，逐渐走向衰败，污染周边环境，技术落后。10 年时间里，花山工业片区完成转型，构建了现代化企业体系，成为沾益区经济发展的支柱。

花山工业片区主要包括有机硅、新型煤化工和新能源电池产业。其中，有机硅项目建成投产一年后盈利颇高，这个项目以曲煤焦化的甲醇为原材料，引进了 6 家企业进行高附加值产品的生产，项目规模不断扩大。此外，花山工业片区还建成了云能硅材 40 万吨有机硅一期、索通云铝 90 万吨阳极炭素项目二期等重点项目，初步形成了有机硅新材料、新型煤化工、新能源电池产业集群。

花山工业片区正在建设年产 20 万吨磷酸铁及 5 万吨锂电池回收项目，分三期建设投产，二期 10 万吨磷酸铁计划 2024 年 12 月建成，三期 5 万吨锂电池回收项目预计 2025 年 12 月建成。项目建成投产后，将为曲靖市新能源电池产业发展增添新活力。在花山工业片区，还有许多其他重要的工业项目正在进行或已经投产。在环保方面，花山工业片区在煤炭燃烧过后脱硫，引进其他企业生产硫黄，在燃烧产生的二氧化碳的基础上接着制作食品，充分利用废弃物。除此之外，花山工业片区还进行污水处理、水质改造，不断尝试新能源材料，秉持可持续发展的理念，致力于成为绿色、低

---

① 《曲靖市沾益区 2022 年国民经济和社会发展统计公报》，曲靖市沾益区人民政府网，2023 年 5 月 31 日，https://www.zhanyi.gov.cn/news/gmjjyshfzgh/41654.html。

② 《奋进新征程 推动新跨越｜曲靖沾益花山工业转型迎来"山花"烂漫》，"云南网"百家号，2023 年 10 月 12 日，https://baijiahao.baidu.com/s? id = 1779537718409887819&wfr = spider&for = pc。

碳、环保企业。

沾益区白水镇的曲靖康庄肥业有限公司（简称"康庄肥业"）主要进行有机肥、生物肥料、水溶肥料、土壤调理剂、有机无机复混肥料和其他肥料等的生产，同时它还是典型的绿色企业。在粪污收集池内，液体粪肥接着进行发酵处理，粪肥车把处理达标后的液体粪肥装运到田间地头的各个加液口，为粪肥还田做足准备，发展经济的同时保护了生态。

沾益区工业基础雄厚，农业产业特色鲜明，第三产业发展空间广阔，是国家新型工业化产业示范基地、全国最大的万寿菊种植加工基地、全国生猪调出大县、全省十大蚕桑核心基地县之一、全省首批高原特色农业示范县、全省首批"云药之乡"，沾益区的产业协同发展水平显著提升。

4. 公共事业发展状况

在公共交通建设方面。根据《曲靖市沾益区 2022 年国民经济和社会发展统计公报》，2022 年末沾益区公路通车总里程为 3446 公里，铁路总里程为 141 公里，11 个乡镇 135 个行政村已基本实现村村通，通建制村公路（一村一路）硬化率、通客车率、通邮率均达 100%。全年公路客货运输总周转量为 25.92 亿吨公里，比上年增长 28.5%。全年共接待游客 230.58 万人（次），比上年增长 32.9%。旅游综合收入为 19.87 亿元，比上年增长 1.4%。2022 年末全区规模以上固定资产投资（不含农户）比上年增长 18.3%。其中第一产业投资比上年增长 14.5%；第二产业投资比上年增长 1.1%（其中采矿业投资比上年增长 66.3%；制造业投资比上年增长 2.0%；电力、热力、燃气及水的生产和供应业投资比上年下降 9.7%）；第三产业投资比上年增长 34.4%（其中交通运输、仓储及邮政业投资比上年增长 34.1%；水利、环境和公共设施管理业投资比上年增长 45.7%）。[①]

沾益区加强城市规划设计，推进基础设施建设，促使城市知名度和影响力大幅提升。在沾益区，公共交通的优化和提升是推动交通和地区发展的重要手段，包括公交、地铁等公共交通方式。沾益区加大对公共交通的

[①] 《曲靖市沾益区 2022 年国民经济和社会发展统计公报》，曲靖市沾益区人民政府网，2023 年 5 月 31 日，https://www.zhanyi.gov.cn/news/gmjjyshfzgh/41654.html。

投入力度，提供更加便捷、舒适的出行环境，不仅是对交通行业发展的支持，还带动其他产业，如旅游业、餐饮业等的发展。

在文化教育方面。沾益区 2022 年末全区共有各级各类学校 246 所。其中普通中学 21 所（高级中学 4 所、完全中学 3 所、初级中学 12 所、九年一贯制学校 2 所）、中等职业学校 2 所、教师进修学校 1 所、完全小学 97 所、特殊教育学校 1 所、幼儿园 124 所（公办 51 所，民办 73 所）。另外，全年落实国家资助政策并依托国家财政资金资助学生 124572 人（次），下达资助资金 6453.79 万元；倡导社会捐资助学并接收 19 万元用于家庭经济困难学生资助；争取励耕计划资金 25 万元，资助特困教师 23 人；全区 125 所义务教育阶段学校纳入营养改善计划。① 一些公共文化建设，如图书馆、文化馆（站）、博物馆、美术馆、乡镇（街道）文化站、行政村（社区）文化室等公共文化设施网络体系设置率非常高，建有图书馆 1 个，11 个乡镇（街道）均建有综合文化站，135 个村（社区）建有基层综合文化服务中心，建成 5 个乡镇（街道）及 9 个村（社区）历史文化陈列馆。② 沾益区的文化发展水平在逐步提高，可以满足当地群众基本文化需求，同时，教育水平的提高和文化设施的建设保障了人民群众的基本文化权益，沾益区提供各类文化服务，如图书馆、文化馆、博物馆等公共文化场所，以及电影、电视、网络等多媒体服务，使人们能够在空闲时间享受丰富多彩的文化生活。

在公共卫生方面。2022 年末沾益区共有医疗卫生机构 233 个，其中公共卫生机构 3 个，医疗机构 230 个。医疗机构分别为区医院 1 个、区医院分院 1 个、民营医院 4 个、监狱医院 2 个，乡镇卫生院 7 个、街道社区卫生服务中心 4 个，村（社区）卫生所（站）128 个，门诊部（所）83 个。全区共有卫生人员 2486 人，卫生技术人员 1963 人。③

---

① 《曲靖市沾益区 2022 年国民经济和社会发展统计公报》，曲靖市沾益区人民政府网，2023年 5 月 31 日，https://www.zhanyi.gov.cn/news/gmjjyshfzgh/41654.html。
② 《曲靖市沾益区 2022 年国民经济和社会发展统计公报》，曲靖市沾益区人民政府网，2023年 5 月 31 日，https://www.zhanyi.gov.cn/news/gmjjyshfzgh/41654.html。
③ 《曲靖市沾益区 2022 年国民经济和社会发展统计公报》，曲靖市沾益区人民政府网，2023年 5 月 31 日，https://www.zhanyi.gov.cn/news/gmjjyshfzgh/41654.html。

第一章　沾益区乡村振兴的基本现状

第一节　产业振兴的特色与实践

一　沾益区推进产业振兴的内在要求与优势所在

（一）沾益区推进产业振兴是加快乡村振兴的题中之义

2019 年发布的《国务院关于促进乡村产业振兴的指导意见》明确界定了乡村产业以农业农村资源为依托、以农民为主体、以三产融合发展为路径的内涵。由于产业振兴旨在实现产业兴旺和生活富裕（杨玉珍、黄少安，2019），更多研究在产业兴旺或中国特色产业发展（张红宇，2018）的话语下解读产业兴旺，也有学者指出理解产业兴旺不能脱离小农户经营和老人农业（贺雪峰，2018）。从"现代农业产业体系形成，三次产业融合发展，农业农村经济发展活力旺盛"的导向性解读过渡到学界深刻具体的不同研究，第一产业高质量发展、农产品有效供给，三次产业融合、特色农业产业发展，依托村"情"、发挥农业多功能性，建成业态类型丰富、绿色发展的强农（业）、富（农）村、惠（农）民的现代农业体系是学界对乡村产业振兴内涵认识的主流表达。

从对乡村产业振兴的理论研究来看，不同的学科有着不同的侧重点。有学者关注农业生产主体的利润最大化、农产品供求平衡以及农业发展与食品安全问题（黄季焜，2018）；有学者注重探索乡村产业振兴中涉及跨组织边界的多重跨越问题（吴彬等，2022）等。

当前，我国农业农村发展进入全面推进乡村振兴、加快农业农村现代化建设新阶段。党中央对全面推进乡村振兴做出了系统的战略部署和行动安排。习近平总书记在党的二十大报告中指出，要"加快建设农业强国，扎实推动乡村产业、人才、文化、生态、组织振兴"。乡村振兴首先是产业振兴，实施乡村振兴战略需要先激活乡村的经济价值（刘学锋等，2023）。习近平总书记提出，实现乡村振兴战略要从产业振兴、人才振兴、文化振兴、生态振兴、组织振兴五个方面着手，其中产业振兴被放在了首位。

作为追赶型国家，中国面临城市快速发展与乡村转型缓慢等各种难题（胡月、田志宏，2019）。在城乡发展不平衡和乡村发展不充分的背景下，中国农业农村资金大量外流且存量不足（张琛、孔祥智，2021）。同时也伴随大量乡村人才外流。但在未来很长时期仍有大量的农民扎根乡村（李实等，2020），这些人依然是相对贫困人口的主要来源，他们的发展成为需要直面的时代"考题"。乡村振兴关键在于产业振兴，而抓住"钱、地、人"等环节促进产业振兴也已成为共识。

云南省农业农村厅强调，要通过东西部协作巩固拓展脱贫攻坚成果，进一步促进乡村振兴。具体措施包括组织农村劳动力，特别是脱贫人口转移到省外就业、在省内就近就业和在东部帮扶省市稳岗就业；确保帮扶资源向国家乡村振兴重点帮扶县倾斜支持；畅通流通环节、有效对接消费帮扶；等等。同时，选派党政挂职干部和专业技术人才到东部交流学习，培养乡村振兴干部人才；关心、关爱东部挂职干部和专业技术人才，为东部挂职干部提供必要保障，确保其主要精力用于东西部协作工作；提出有针对性的帮扶需求、规范管理和使用财政援助及社会帮扶资金，积极推进帮扶项目实施；等等。

沾益区政府为全力巩固拓展脱贫攻坚成果，重点加强对特色产业的帮扶。建立稳定的利益联结机制，实现产业帮扶在范围上全覆盖。聚焦打造"绿色食品品牌"，建设高端食品基地，全面强化大产业、大基地、大项目、大企业支撑，补上技术、设施、营销等短板，加快推进绿色蔬菜、优质水果、新兴花卉、道地药材等特色主导产业发展，扩大生猪、肉牛养殖规模，支持带动脱贫人口持续增收的龙头企业、合作社发展，促进产业转型升级，以产业高质量发展带动脱贫人口获得持续稳定的增收。计划到 2024 年，发展绿色蔬菜 7 万亩、产量达 16 万吨，优质水果 1.018 万亩、产量达 1.035 万吨，新兴花卉 1.55 万亩，道地药材 0.74 万亩、产量达 0.323 万吨；出栏生猪 45 万头，肉牛 1.95 万头。推进产业帮扶政策措施由以到村到户为主向以到乡到村带户为主转变，加大政府的招商引资力度，引进龙头企业，持续培育壮大新型经营主体，建立健全龙头企业绑定合作社、合作社绑定脱贫农户的"双绑"利益联结机制，确保有产业发展意愿和条件的脱贫户及"三类监测对象"产业帮扶"双绑"覆盖率达 100%，不断提高脱贫人口家庭经营性收入（菱角乡党政办公室，2022）。

在全力巩固拓展脱贫攻坚成果的基础上，沾益区全面推进乡村振兴，大力推进乡村发展。以产业振兴带动乡村振兴，大力发展富民惠民产业，持续推进"一村一品"创建，充分发挥品牌效应。大力开展"三品一标"认证，深入推进农业品种培优、品质提升、品牌打造和标准化生产提升行动，着力打造一批具有菱角元素的特色区域公用品牌、企业品牌和产品品牌，增加绿色优质农产品供给。持续推进农村三次产业融合发展，拓展农业多种功能、挖掘乡村多元价值，大力推进农产品加工、休闲农业、农村电商等产业发展。加快发展壮大集体经济，促进农村消费提质升级，增加集体经济就业容量，持续促进农民就地就近就业创业。同时，注重可持续发展，深入推进农业农村往绿色化方向发展。

为更好地将巩固拓展脱贫攻坚成果同乡村振兴有效衔接，沾益区坚持以"一区一业、一村一品"为实施乡村振兴战略的重要抓手，以行政推动、项目带动、科技引领为重点，着力建基地、扶龙头、创品牌、增效益，加快农业产业结构调整，促进农产品种植特色化、规模化、专业化、标准化，为乡村振兴赋能，有力推动沾益区经济社会高质量发展。截至 2021 年 12 月，已形成以中药材、蔬菜、蚕桑、花卉、林果、畜牧等 6 个特色优势产业为主的绿色产业体系。大坡万寿菊、盘江蚕桑、花山蔬菜、炎方中药材、九龙坝米等"一村一品、一村一产业"农产品基地规模逐渐扩大，各村提质扩面，适度规模经营，推动现代农业发展，根据季节性及市场需求，发展本村特色产业，转变发展方式，带动群众致富增收，深入贯彻新发展理念，坚持绿色发展的理念，把"绿水青山转化为金山银山"。

沾益区政府为实现产业帮扶全覆盖的目标，全面建立起农民专业合作社绑定农户、龙头企业绑定农民专业合作社的利益联结机制。到 2025 年实现对有产业发展条件及意愿的脱贫户和农村低收入家庭产业帮扶全覆盖，以产业发展促进农民以就业保增收，推动农业产业高质量发展，确保不发生规模性返贫。加大政府的财政支持力度，用好脱贫县涉农资金统筹整合政策，进一步提高涉农整合资金用于促进产业振兴发展的比重，重点支持推广良种良法，建设完善产业振兴基础配套设施，提升农产品储存技术手段。加大全产业链开发力度，促进产业链延长，形成完善有力的产业链发展体系。云南省乡村振兴局 2022 年统计数据显示，2022 年涉农整合资金用于产业发展的比重不低于 50%。有序落实集体土地支持政策，88 个脱贫县每年安排新增建设用地计划指标 600 亩，专项用于巩固拓展脱贫攻坚成果和乡村振兴，不得挪作他用。① 农村集体经济组织兴办企业或者与其他单位、个人以土地使用权入股、联营等形式共同举办企业的，可以依据《中华人民共和国土地管理法》第六十条规定使用规划确定的建设用地。单位或者个人也可以按照国家统一部署，通过集体经营性建设用地入市的渠道，以出让、出租等方式使用集体建设用地。在充分保障农民宅基地用益物权的前提下，农村集体经济组织可通过出租、入股、联营、合作等方式，依法盘活利用空闲农房及宅基地，按照规划要求和用地标准，改造民宿民俗、创意办公、休闲农业、乡村旅游等农业农村活动体验场所和住宿、餐饮、停车场等旅游接待服务场所。

在新的时代背景下，沾益区政府以巩固拓展脱贫攻坚成果接续促进乡村振兴为行动目标，抓住产业振兴这一关键环节，从不同角度、不同方面积极探索新模式、新方法，运用新技术、新手段，结合当地实际情况，全面分析当前发展形势，具体问题具体分析，加快走出了一条符合沾益区实

---

① 《巩固拓展脱贫攻坚成果同乡村振兴有效衔接政策问答》，云南省乡村振兴局内部资料。

际的新时代乡村振兴新路子，围绕"三农"问题，大力推动农业深入转型升级、农村全面发展进步、农民切实获益增收，实现农业强、农村美、农民富，在新时代下以"三农"目标的实现促成乡村振兴事业的发展。

（二）沾益区推进产业振兴是发挥地区优势的必然要求

以产业振兴带动乡村振兴，需要沾益区站在新的历史起点上，立足本地区实际发展情况，结合当前发展形势，抓住当下发展机遇，明确自身发展定位，把握好未来的发展趋势。把良好的区位优势、资源优势、生态优势、产业优势，转化为发展优势，特色鲜明突出，持续做大做强高原特色现代农业，走出一条适合自己、发展自己的特色乡村振兴之路。

沾益区是珠江源头第一城，是曲靖的北大门、珠江源大城市北部新区，面积有 2814.9 平方公里，至 2024 年人口有 44.85 万人，辖 4 街道 2 镇 5 乡，属低纬度高原季风气候，森林覆盖率为 48.65%，年平均气温为 16.3～18.6℃，全年无霜期 255 天，年平均日照时数为 2098 小时，年均降水量为 1002 毫米，土壤以偏酸性的红壤、沙壤为主。主要河流有属珠江流域的和北盘江，属长江流域的牛栏江。2016 年 6 月 1 日，沾益撤县设区，区委、区政府提出了建设产城融合发展示范区、珠江源生态文化旅游新区、滇东区域综合交通枢纽的发展定位。

区位交通优越。沾益区东邻富源，南连麒麟、马龙，西接会泽、寻甸。北与宣威毗邻，距省会昆明 150 公里，距贵阳 360 公里。沪昆高铁、贵昆铁路、贵柏铁路、曲胜高速、宣曲高速、曲靖东过境高速、沾会高速、寻沾高速、宣天一级穿境而过，富沾高速、富宣高速正在规划建设。素有"入滇锁钥""入滇门户""入滇第一州"之美誉。

产业特色鲜明。沾益区工业基础雄厚，农业产业特色鲜明，第三产业发展空间广阔，是国家新型工业化产业示范基地、全国最大的万寿菊种植加工基地、全国生猪调出大县、全省十大蚕桑核心基地县之一、全省首批高原特色农业示范县、全省首批"云药之乡"。

沾益区把实施乡村振兴战略作为做好新时代"三农"工作的总抓手，把"党建引领发展、以经营的理念突破发展、盘活资源撬动发展、以人民为中心保障发展"的思路贯穿工作始终，立足沾益区自身良好的工农业基础、资源禀赋、区位优势，在城乡融合发展的制度设计和政策创新上想办法、求突破，在乡村振兴大战略中破好题、起好步，力求走出一条符合沾益区特色的乡村振兴道路。

聚焦产业振兴，促进农业高质高效发展。沾益区盘江镇云南煜欣农林生物科技有限公司，专注于本地区的中草药种植项目。经过 8 年时间的成长，该公司中草药种植基地规模不断扩大，公司种植中药材面积达 1500 亩，种植培育的中药材已有滇黄精、冰球子、茅苍术等 10 多个品种，基地还成立了王晓院士专家工作站，发展成为云南最大规模的滇黄精连片育苗基地，每年培育滇黄精种苗 5000 万株。沾益区生物资源开发技术推广站站长吕德芳自豪地说："沾益区中药材产业经过 20 年的打造，与各大中专院校、科研单位合作，先后成立 3 个专家工作站，授权发明专利 4 项，实用性专利 37 项，建有龙头企业 3 个，品种以当归、银杏、红豆杉、滇黄精为主，面积稳定在 20 万亩左右。"

沾益区西平街道九龙社区，在促进乡村振兴的进程中，将特色产业与田园风光有效兼顾、相辅相成、相互促进、共同发展。九龙社区距城区有4.5 公里，辖区面积有 4.2 平方公里，农业人口有 1689 人，是一个典型的城郊村改居社区。原先村庄人居环境杂乱，村内基础设施落后，社区整体发展规划不明确。基于当地发展的实际情况，立足于一系列的探索性实践，在创新思维的指导下，坚持可持续发展战略，九龙社区走出了一条城乡融合、农旅协调发展的新路子。环境好了，来"农家乐"旅游的人自然也多了。截至 2021 年 8 月，九龙社区共盘活 50 亩农村闲置土地，建设 200 亩农场，盘活荒山建设半山酒店，改造空闲房 4 户，带动发展庭院经济 22 户，从业人员 150 余人，户均年净收入 7 万余元。[①] 通过这样的创新发展机制，当地农村闲置资源得以盘活，产生了良好的经济效益与社会效益，让老百姓在家门口就能创业、就业，实现脱贫致富、持续增收。

---

① 《【基层】建画里乡村 留梦里乡愁！曲靖市沾益区高起点擘画乡村振兴新画卷》，"珠源先锋"微信公众号，2021 年 8 月 3 日，https://mp.weixin.qq.com/s/R64ihcejLaGmc3LBwHsbgA。

九龙社区产业发展是沾益区促进乡村振兴的一个典型案例。沾益区始终坚持"质量兴农、效益优先、绿色导向"三个原则，紧紧围绕农业生产链条，加大土地流转和高标准农田建设力度，打好"产品+品牌+企业+基地"组合拳，以市场为导向，推动农产品加工率、商品化率不断提升，通过促进粮经饲统筹、种养加一体、农林牧渔结合、三次产业融合，发展新产业新业态，利用数字经济手段、以数字经济服务实体经济发展，推动农业产业全面转型升级，让农业有文化说头、景观看头、休闲玩头，让农民有更多赚头。

沾益区菱角乡大德村近五年来，以党建为引领，围绕乡村振兴、人居环境整治、脱贫攻坚工作的大局，积极落实调整农村传统种植生产模式，大力发展工业大麻、烤烟种植业、食用菌种植业、生猪养殖业，推动生猪养殖合作社的建设，为村民开辟了新的增收途径，对推动经济平稳较快发展发挥了重要的作用。利用党的惠农惠民相关政策，兴修水利，解决小黑石头、哈拉益村吃水难的问题，深入开展"村容村貌"集中整治工作，新修通村道路15公里、村内道路6公里，定点垃圾焚烧点1个，新修乡贤文化广场面积有2万余平方米、安装体育器材1组。大力促进本村的彝族文化建设，新建农家书屋2所，藏书近千册，安装无线广播器材10组，电视线路改造99%以上，在3个村民小组打造人居环境亮点，壮大集体经济工作走在全镇前列，改善了村内居住环境，同时成立了村级矛盾调解领导小组，组建并成立了村级防火防汛工作应急队伍，为保障村民生产生活和国有林地财产做出了较大贡献。

二　沾益区大力推进产业振兴取得成效

（一）以政府作用的有效发挥保障乡村产业振兴

1. 健全乡村产业发展新机制

全面推进乡村振兴，关键在于发挥产业振兴的核心带动作用，产业振兴的稳步推进离不开乡村产业发展机制的创新与完善。在新的时代发展背景下，各地政府应秉持创新精神与超前意识，充分挖掘本地区特色与优势，提高统筹全局与战略谋划的能力，完善顶层设计，创新发展机制，积极探索符合自身、有效激活内生动力的乡村振兴之路。

10 年以来，沾益区坚持走"中心城区+特色城镇+美丽乡村"的城乡融合振兴之路，做好顶层设计与战略谋划，把乡村振兴发展战略、发展规划融合起来，实施全域规划，推进"多规合一"，优化完善"一张图"，实现"乡村人文生态"统筹推进。科学编制试点示范建设规划，发挥地区优势，坚持"一村一策"、先规划后建设、一张蓝图绘到底，在把握整体性与全局性的前提下，围绕各乡镇（街道）的自身特点和实际，进一步精准定位乡镇（街道）发展目标，大力培育各具特色的乡村振兴试点示范样板：针对龙华、西平、金龙 3 个主城区街道，强化产业集聚、人口承载和辐射带动能力，大力推进产城融合发展。针对花山、白水 2 个产业聚集区，大力推进新型工业化发展。针对盘江、炎方、播乐、大坡、菱角、德泽 6 个传统农业型乡镇，坚持因地制宜、突出特色，有效拓展农业农村多种功能，释放出农村发展的巨大潜力。11 个乡镇（街道）129 个村委会 991 个村民小组均完成了村庄规划编制，乡村建设规划许可和村庄土地规划建设专管员覆盖率达 100%。①

2022 年，菱角村健全乡村产业发展新机制，加快产业结构调整，壮大集体经济。按照"三联三争"工作要求，抓实产业发展，促进集体经济持续增长。大力发展"企业+公司+合作社+贫困户"模式，与博浩公司联合发展万寿菊种植，流转土地 1000 亩，收益 10 余万元；流转土地 300 亩种植百香果，收益 2 万余元；流转土地 1000 亩种植魔芋，收益 10 余万元；与养殖大户合作养殖蛋鸡 1 万余只，村集体投入扶贫资金 20 万元，收益 8 万元。2022 年壮大村集体经济 30 余万元（沾益区菱角村党总支书记，2022）。

大力发展现代化农业，以市场为导向，顺应市场发展趋势，满足多样化的市场需求。扬长避短，因地制宜发展山上经济、林下经济，夯实产业根基，聚力打造特色优势产业，加强产业项目库建设，紧盯健康发展的优

---

① 《曲靖沾益区十年奋进乡村振兴结硕果》，曲靖先锋网，2022 年 7 月 14 日，https://zswldj. 1237125. cn/html/qj/2022/7/14/78f549ed-d19a-477f-bcd6-f35249855a7a. html。

势产业，落实项目推进"三项制度"，充分发挥菱角村土地优势、资源优势、产业优势，积极争取投资项目，引进龙头企业，进行产业结构优化调整，推动产业项目良性持续健康发展，带动群众增产增收。

2. 营造乡村产业发展良好环境

实现乡村产业振兴，必须以良好的发展环境为前提和基础，产业振兴取得的发展又将会为乡村环境的进一步改善提供动力与保障，二者密不可分，相互影响、相互作用。

乡村振兴取得的发展成果，理应由人民群众共享。近年来，沾益区各乡村人居环境的改善便是最为直观有力的体现。沾益区花山街道花红园小区，居民住房布局规划合理，村居自然环境得到妥善保护，村内公共基础设施配备完善，人民生活水平显著提高。党的十八大以来，沾益区加快推进美丽乡村建设，着力打造精品线路，实现串珠成链，形成了点上有特色、面上成规模、整体大变化的美丽乡村建设格局。全区乡村渐渐脱去了以往的"旧衣裳""脏衣裳"，群众的物质生活水平得以提高，人文素养得到提升，精神文化需求逐步满足。农村变成了景区，民居变成了民宿，田园变成了乐园，乡村旅游产业在阡陌间崛起，百姓在发展中受益，真正尝到了绿水青山就是金山银山的甜头，乡村振兴获得了更多可持续发展的动力与活力。

10年来，沾益区人民政府及各级基层治理组织聚焦农村人居环境脏、乱、差、臭等较为突出的老大难问题，精准施策，攻坚克难，全面推进污水、厕所、垃圾"三大革命"，农村人居环境整治行动持续开展，农村面貌实现"大变样"，农村品质得到"大提升"。2023年11月，沾益区991个村庄已有676个实现生活垃圾设施覆盖，设施覆盖率达74.86%。针对农村生活污水，推广使用"户小三格化粪池初步处理+村大三格厌氧发酵池收集处理"，实现就近就地资源化利用的模式。全区991个自然村，已完成治理561个，治理率达56.61%，完成收集处理的188个，收集处理率达18.97%。已完成卫生户厕改建59418座，覆盖率达70.9%，行政村所在地卫生公厕实现全覆盖，较大自然村卫生公厕改建完成172座，覆盖率达

61%。全区共有保洁员 1599 名，收取保洁费 776 万元。近些年来，沾益区聚焦乡村绿化美化，成功打造省级绿美乡镇 1 个、省级绿美村庄 2 个、区级绿美村庄 100 个。①

3. 打造乡村产业发展名片

目前我国已经进入新发展阶段，各级政府在新发展理念的指导下，深化供给侧结构性改革，适应社会主义市场经济发展形势，促进经济高质量发展，满足人民群众多层次、多样化的消费需求，解决我国当前发展中存在的不平衡、不充分问题。在产业振兴推进过程中，乡村立足于自身优势进行发展的同时离不开以市场为导向，以满足人民群众对美好生活的向往为目标，借助当前新兴技术手段、大众媒体平台等加大宣传力度，打造乡村产业发展名片，利用"品牌效益"，促进产业振兴成果提质升级。

近年来，炎方乡秉着"产业为根、基础在村、核心在人的理念"，大力发展农村集体经济，努力建设美丽乡村，不断加大招商引资力度，着力推进特色产业发展。炎方乡还注重龙头企业带动，大力发展红豆杉、银杏、滇黄精等规模种植，在产业兴旺上阔步前行，谱写乡村振兴的新篇章。

曲靖市撒缘康为民生物科技有限公司，2020 年经政府招商引资在炎方乡青山村成立。公司以高原特色中药材滇重楼、滇黄精种植为主，以"党支部+公司+工厂+合作社+基地+农户"的集成体为生产主体，结合现代中医药"大健康"理念，打造集休闲观光农业、药膳养生食疗、未病先治等于一体的现代经营企业。公司计划用 3~5 年时间建成集高原特色中药材规范化种植区、休闲观光农业区、建设完善的产地农特产品初加工体系、滇黄精系列特色产品生产和销售于一体的农旅融合产业示范园。当前，公司与云南大初食品有限公司合作，研发、生产并已成功上市的产品有滇黄精生片、滇黄精生粉、滇黄精荞麦挂面、滇黄精茶、滇黄精露酒等。2021 年 12 月至 2022 年 4 月，共加工鲜滇黄精 100 吨，产品有滇黄精生片 2 吨、滇黄精生粉 2 吨、滇黄精荞麦挂面 50 吨、滇黄精茶 5 吨、滇黄精露酒 20000

---

① 《聚合力 抓重点 破难题 云南曲靖沾益区"四推"整治提升农村人居环境》，"珠源先锋"微信公众号，2023 年 11 月 28 日，https://mp.weixin.qq.com/s/ZShd9tJgEuI5lT0aRXjdbA。

瓶，产品总值为 600 万元。一是较直接地提升了滇黄精生产中的附加值。二是在很大程度上使药农产有所归，让他们能够放心种植，减轻心理负担。三是形成了产业链，提高了企业自身免疫力和抗风险能力，确保了产品本身和种植业持续发展。

炎方乡坚持党建引领发展，不断擦亮"珠江正源·生态炎方"名片，依托"珠江源"金字招牌和便捷的交通优势、独特的区位优势以及丰富的资源优势，按照"东作农田西花园、南植金豆北果香"的产业发展布局，全力推动特色产业品牌建设，积极探索经济发展新路子。

炎方乡坚持"一村一品、一村一特"的发展方向，通过"党支部+合作社+农户"模式，组织村集体和群众以土地、资金、劳动力入股，因地制宜发展滇黄精、白及、石斛等中药材 6000 余亩，引导群众种植万寿菊 3000 亩、玫瑰 2000 亩，栽培蚕桑 1700 亩、水果 2000 余亩、刺梨 3000 亩，拓宽群众增收渠道，发展壮大集体经济，实现了"支部有作为、群众得实惠、集体增收入"，为顺利实现奋进新征程推动新跨越三年行动目标奠定坚实产业基础。

4. 激发乡村产业发展活力

"不破不立"，万事万物要想获得真正的发展，离不开对自身进行辩证否定。辩证否定，既不是全盘否定，也不是全盘肯定，是在保留原有事物合理因素的基础上，进行创新性的突破，推陈出新，获得真正意义上的发展。产业振兴的推进过程亦是如此，要想产业真正获得振兴，必须进行转型升级，适应现代化经济的发展需求，激发乡村产业发展的活力正是深化产业转型发展的内在要求之一。

沾益工业园区花山片区，是曲靖市最老的工业基地之一。该工业园区位于花山湖畔，不远处就是 320 国道，区位优越，交通便利，距今已有 50 多年的历史，是曲靖人最为久远的工业记忆。1971 年，一批工程技术人员来到沾益花山的一片荒坡，打下了第一根桩，挖出了第一铲土，拉开了花山工业基地建设的序幕。经过 10 多年的开拓，一个工业小镇诞生了。20 世纪 90 年代末，花山迎来了最辉煌的时刻，集镇常住人口不到 1 万人，流动人口却超过 5 万人，3 平方公里的集镇上挤满了 300 多家餐厅、旅馆。然而，正当花山的煤化工产业蓬勃发展之时，2008 年，"金融海啸"爆发，煤炭、石油等资源的价格暴跌，大批煤矿厂倒闭，下游的煤化工产业板块也遭受重创。以煤化工产业为主的花山工业难逃厄运，危机重重。

发展中产生的问题必须靠发展来解决。花山是曲靖煤化工产业发展的重镇，如何重振花山工业一直是曲靖市委、市政府的重要议题。2018 年 1 月 2 日，按照省委、市委要求，沾益区委、区政府领导来到园区现场，专题研究花山片区产业发展情况，提出了重振花山老工业基地，打造"国家级高新技术产业开发区核心区"的战略目标。市、区决策者提出，新一轮生产要素优化重组和产业转移为花山发展提供了新的机遇，必须调整煤化工产业结构，大力发展新型煤化工和精细化工产业，实现传统工业向新型工业体系的战略转移和升级。

现如今，花山片区入驻企业 340 家，其中规上企业 21 家、上市公司 3 家，索通云铝 90 万吨阳极炭素、云南能投 40 万吨有机硅、德方纳米 2 万吨补锂剂等大项目和好项目纷纷入驻，有机硅新材料、新能源电池、新型煤化工等产业集群快速发展。2021 年工业总产值突破 200 亿元；实现地方公共财政预算收入 4.2 亿元，撑起了沾益区财政收入的半壁江山。①

花山片区引进的企业，与其传统煤化工企业的产品互为"食物链"。这是一个可以不断延展的产业链条，也是花山片区焕发生机的"复活链""成长链"。花山片区区位优势突出，历经几十年的建设，水、电、路、环保等基础工业设施完备，原有企业与引进企业可以实现资源共享。花山片区及周边园区原有企业以前需要外出寻找市场的产品，现在也因为一些新企业的进入，可以实现就地消化，产生了巨大的产业化"集聚效应"。

5. 探索乡村发展可持续路径

产业要想发展，离不开创新；要想一直发展，离不开可持续路径的探索。在当今新时代的发展背景下，越来越多的企业意识到可持续发展的重

---

① 《一个老工业基地的"凤凰涅槃"——沾益工业园区花山片区转型升级记》，"曲靖融媒"微信公众号，2022 年 8 月 30 日，https://mp.weixin.qq.com/s/j_QK12K-01YV5-QtlqEo9Q。

要性，也在越来越积极地探索可持续发展的可能路径。

近年来，曲靖市沾益区依托珠江源头地理优势，找准农业和旅游融合发展的切入点，坚持特色创新、高质量发展，聚焦"生态+农业+旅游"深度融合，围绕生态产业化、产业生态化，将二者有机结合、相互发展、相互促进，有力促进了乡村振兴、农民增收。

炎方乡青山村位于珠江源风景区沿线，宣天一级公路穿境而过，交通便利，气候适宜，地势平坦，土壤肥沃，是发展蔬菜、中药材、果树等绿色产业的优良之地，加上沾益区优良的营商环境，通过深入考察和走访，撒爱梅和家人最终决定把公司落户在炎方乡青山村。曲靖市撒缘康为民生物科技有限公司负责人撒爱梅向采访者表示："我们之所以选择在炎方乡发展中药材产业，是因为它主要位于珠江源头马雄山脚下，这里的生态环境比较好，有利于我们中药材的种植和发展，加上这里的营商环境比较好、民风比较淳。"

曲靖市撒缘康为民生物科技有限公司于 2020 年 3 月正式于青山村落地，基地以"党支部+公司+合作社+基地+农户"的模式带动农户增收致富。滇黄精产业园辐射青山村 3 个村民小组 260 多户，年用工量为 5 万余人次，务工费 400 余万元，土地流转费每年 48 万元，每户年均增收 2 万余元，其中建档立卡户 18 户，务工年增收 36 万元，流转土地 86 亩，年增收 6 万元。[①]曲靖市撒缘康为民生物科技有限公司负责人撒爱梅在访谈时表示："第一期目前已完成 500 亩的滇黄精标准化种植示范基地，第二期预计建设年加工量在 1000 吨左右的加工厂，第三期以康养农业为主用三到五年的时间打造集种植、加工、农业技术培训、科普教育、休闲农业观光于一体的农旅观光园。"

曲靖市沾益区地处珠江源头，近年来，围绕"生态美村庄美产业特农民富集体强乡风好"的目标，当地依托珠江源风景区源头文化和 10 万亩红豆杉、5 万亩银杏，建设农旅文融合发展先行地，打造寻源、探源、观杉

---

① 《沾益：生态产业齐发展 农旅融合有奔头》，"沾益新闻"微信公众号，2022 年 9 月 13 日，https://mp.weixin.qq.com/s/dDJyorz7wHBOi-AcVGfmYw。

林、赏杏海的天然氧吧，建成集旅游、康养度假、农业观光、农耕文化、特色民宿等于一体的特色康养地，将生态文明建设与乡村振兴有效结合，立足生态优势，探索发展林下经济、绿色生态农业，擦亮"生态屏"，下活"产业棋"，不断激发发展活力，使生态受保护，林业增效益，农民增收入。

（二）以企业高质量发展助力乡村产业振兴

1. 奖励引导地方优势特色产业做大做强

产业的发展，离不开政府的支持与引导，在推进乡村振兴的进程中，政府对于当地特色优势产业的扶持至关重要，适当的奖励与合理的引导能有效助推地方优势特色产业更好地、可持续地发展。

沾益区菱角乡刘家庄村是烤烟、蔬菜等传统农业种植及光伏清洁工业和现代农业融合发展的聚居提升类村庄，通过示范点创建，打造全区乡村振兴示范村、乡村治理示范村。全村以传统种植业和农旅融合产业为基础，村域南部利用水田主要发展稻田观光、荷花种植、休闲农庄、蔬菜水果采摘园等农旅融合产业，村域北部主要发展烤烟种植、玉米种植。

截至 2022 年，刘家庄村在培育好传统产业即烤烟、玉米、万寿菊、蔬菜的基础上，引进华能光伏、若谷农业等优质项目，规模化流转土地 6240 亩，土地流转率达 40.7%，其中华能光伏发电项目（一期，二三期正在规划中）2300 亩，阿特斯光伏 470 亩（荒山），若谷农业公司种植蔬菜 800 亩，泽耀农林公司种植万寿菊和蔬菜 500 亩，上海江渝粮食专业合作社种植葵瓜 500 亩、小夹豌豆 600 亩、羊肚菌 50 亩、魔芋 300 亩、辣椒 500 亩、花菜 220 亩。农户通过流转土地、到产业基地务工增加收入，户均增收 2540 元，2022 年村集体经济突破 159 万元。①

刘家庄村光伏产业项目，实行农光互补策略，光伏板下方发展特色果蔬（万寿菊、蔬菜）种植和中药材（川续断、滇黄精、滇重楼，当归和云黄连等中草药）种植及双苞菌、松茸、香菇种植。

为更好地发展集体经济，壮大地方优势特色产业，助力产业振兴发展，

---

① 《刘家庄文字材料汇总》，刘家庄村委会内部资料，2023 年 2 月 9 日。

2022 年刘家庄村财政拨款收入为 1568.76 万元，其中本年收入为 1568.76 万元。本年收入中，一般公共预算财政拨款为 1568.76 万元。沾益区菱角乡 2023 年度中央财政衔接推进乡村振兴补助资金（刘家庄村规划）合计补助 164.1 万元，用于产业振兴。①

2. 扶持龙头企业发挥带动与转型作用

实现产业的转型与升级是一项系统性的工程，一朝一夕、单凭某一主体的力量都是不可能完成的。这就需要政府发挥好主导作用，当地龙头企业发挥好带头作用，村民发挥好主体作用，多方通力合作，共同发力，助力乡村产业振兴向纵深方向发展。

近年来，大德村引进云南湘菊农业发展有限公司流转了 200 余亩土地种植迷迭香，同时动员村组干部和农户带头种植 200 余亩，实行"企业+基地+农户"的发展模式，企业统一提供种植嫩苗、专业技术指导、保底收购价，免去种植户运输售卖的后顾之忧，实现了种植、收购、初加工"一条龙"发展。

"通过引进种植企业，带领大德的老百姓种植迷迭香，将土地资源充分利用起来，为大德村的老百姓增收增产，发展本地农业。"大德村党总支书记张爱仓如是说。

据了解，迷迭香是一种香料植物，可以广泛用于制作香料、香水等，具有一定的市场发展前景。此外，迷迭香具有耐旱、抗病性强、少虫害、易种好养、见效快、一次栽种可多次收获的生长特性，每亩产值可达 4000 余元，农户种植成本低、收效快。2023 年，大德村流转土地种植的 200 余亩迷迭香，除了每亩土地流转资金收入外，还带动 100 余名村民就业，每人每年增加就业收入 4500 元。下一步，大德村将动员更多农户参与迷迭香种植，盘活土地资源，增加经济收入，走出一条特色产业助力乡村振兴之路。

3. 引导符合市场需求的过程创新

实现乡村振兴，产业兴旺是关键。近年来，沾益区以市场需求为导向，

---

① 《刘家庄文字材料汇总》，刘家庄村委会内部资料，2023 年 2 月 9 日。

积极利用当地的气候资源和区位优势，加快产业结构调整，让鲜切花产业扮靓乡村振兴路，促进农民群众增收致富奔小康。

每年的六七月份，沾益区大坡乡耕德村的30亩花棚里，百合花进入花期，工人们就会进行采摘。基地负责人冯小飞说："我们这个花的品种是帕拉佐，对比其他百合花该品种的独到之处就是，花苞发泡微微有点上色，就可以采收，拉到斗南供不应求，最好的可以卖到八九块一枝，正常都是四五块一枝。"

耕德村作为大坡乡乡村振兴示范点，充分发挥党总支的引领作用，聚焦产业发展，盘活当地闲置土地资源，引进专业种植户，培育引导当地群众因地制宜发展鲜切花产业，助推乡村振兴持续向好发展，让更多的群众享受到鲜切花产业带来的甜头，种出"花样"致富路。基地负责人冯小飞说："这个百合花我们采掉一季，源源不断地下种，就能源源不断地卖花，每天能够保证有三千枝鲜花拉到斗南销售，反正一年下来，我们除了其他的生产投资，挣20多万没有问题。"

近年来，沾益区紧紧抓住鲜切花相较于传统盆栽花卉，具有市场需求量大、生产周期短、病虫害风险相对较小、利润较高等特点，积极调整产业结构，大力发展鲜切花种植产业，深挖特色农业产业发展潜力。截至2022年6月，全区种植鲜切花710亩，其中金龙街道350亩、龙华街道160亩、炎方乡200亩，年产鲜花4000万枝以上，鲜切花产值超过3000万元。①

4. 给予适当政策倾斜助力发展进程加速

近年来，沾益区白水镇坚持把壮大提质村级集体经济作为促进乡村产业振兴的有力抓手，通过平台联建、项目带动、利益联结等方式，加快村集体经济发展。2022年全镇村集体经济收入600余万元，村均46万元，所有村都有自主经营收益。

政府利用镇村两级平台公司作为集体经济发展的主抓手，着力破解资金、资源瓶颈，打通融资、销售、项目渠道，有效形成工作合力。因村制

---

① 《【乡村振兴看沾益】系列报道（三）沾益做强鲜切花产业 为乡村振兴锦上添"花"》，"沾益发布"微信公众号，2022年6月23日，https://mp.weixin.qq.com/s/BGiXYzegRPSpT9FIqM8pHQ。

宜，科学编制产业发展规划。大力发展现代新型农业，中心槽子一勺达片区基础设施相对完善，要加大招商引资力度，引进龙头企业，发展现代规模农业；在国道沿线和园区周边地区，结合"三联三争"工作，发展订单农业；在马场槽子一岗路一下坡片区，主要加强基础设施建设，改善农业生产条件；在大德片区，充分利用猪场和曲靖康庄肥业有限公司，盘活周边闲置土地和坝塘，发展循环农业。

由镇党委统筹，白水镇积极探索"党建作引领、支部有作为、党员起作用、集体增收入、群众得实惠"的富民增收新路径。大德村党总支通过探索"分公司＋合作社＋贫困户＋龙头企业＋项目"的资产收益产业扶贫模式，整合多方资源，依托温氏龙头企业，建设占地35亩，全欧式现代化、高效化、标准化生猪养殖小区，全力做好项目建设推动村集体经济壮大、促进贫困户增收、逐步增强村级经济实力。以生猪养殖小区为依托，逐步延伸产业链，建设蔬菜种植基地、林果基地，由集体经营，农户以土地入股分红。2020年，生猪养殖合作社与温氏集团签订合作协议，将养殖小区委托温氏集团经营，每年收取委托费用48万元。

由政府主导引进企业，镇村两级整合闲置资源、资金入股项目建设，建成后以托管租赁的方式由企业组织经营取得收益并按股进行分红。比如白水乡村旅游服务中心由镇公司主导，7个村级分公司入股参建，总投资为739.7万元，总建筑面积为3847.8平方米，2022年8月建成运营。2022年租金收益为83.2万元，各级公司入股分红为40.49万元。以村级分公司为主导，建立"村集体＋企业＋合作社＋农户"的合同订单联农模式，村集体与企业商定收购价格，企业提供技术保障，合作社发动农户按合同种植特定农产品，统一销售。例如，中心村通过村内飞乐种植农民专业合作社与昆明银顺农业科技有限公司合作，签订辣椒合同订单，保底价3.8元/公斤，打造辣椒"种植—收购—加工"产业链，实现辣椒种植600余亩，带动辣椒种植户88户，户均增收8000元。通过平台联建、资源联合、利益联结，基层党支部争红旗、党员干部争标兵、农民群众争积分的方式推动集体资源入股，实现集体增收覆盖所有贫困户。2022年，白水镇村级分公司实现利润 206 万元，其中用于扶贫开发 65.9 万元。

三 沾益区推进产业振兴的特色

（一）结合当地特色发展优势产业

产业振兴是乡村振兴的关键与核心。一系列的实践证明，发展特色产业不仅是贫困人口脱贫的实现路径，也是推动乡村发展进步的重要方式。自脱贫攻坚以来，特色产业更是发挥了战略支撑作用，为巩固拓展脱贫攻坚成果、构建长效脱贫机制奠定了扎实基础。但从立足全面推进乡村振兴战略、加快农业农村现代化的新阶段角度，乡村产业发展还处于比较初级的阶段。该阶段的主要特征是产业基础薄弱、资本投入不足、技术和人才匮乏、资源配置不甚合理等（乔彦斌、龙粤泉，2022）。未来很长一段时期内，产业振兴仍要将挖掘、发展与完善特色产业布局作为重点。

精准谋划产业规划是提升乡村产业振兴发展成效的前提。产业振兴的前期谋划，应结合乡村的各种资源要素，从村庄实际情况出发，进行科学合理、重点突出的产业规划设计。这一规划，既要体现顶层设计，又要因地制宜、具体问题具体分析，灵活开展。在制定促进乡村产业振兴方案时，应在五大振兴思想的指导下，坚持新发展理念、系统理念，运用辩证思维与创新思维等科学思维（南铭扬、陈军，2023）。

完善乡村产业振兴的相应制度体系建设是发展得以稳步推进的基础与保障。在乡村产业发展进程中，既需要整体性地设计制度体制、治理框架和运行机制，也需要关注在具体实践中形成的政策制度与治理模式，这样才能进一步巩固拓展脱贫攻坚成果，也才能更好地接续乡村振兴的目标。（胡月、田志宏，2019）。

发展乡村特色产业，既需要现代科技手段的支撑，又离不开该地区的自然资源、土地、生态环境、劳动力等要素结构的不断优化调整，产业转型势在必行，要积极推动特色产业往组织化、专业化、市场化方向发展（刘学锋等，2023）。在推进乡村产业振兴的进程中，应警惕"精英俘获"问题的出现，应构建多元利益共同体，培育多产业，促成多领域联动，满足多主体的利益需求。（张琛、孔祥智，2021）。

沾益区菱角村加快产业结构调整，壮大集体经济。通过与企业、公司合作的方式推进万寿菊、百香果、魔芋等产业的规模化种植，通过与养殖大户合作的方式扩大养殖蛋鸡的规模。村委会积极推动土地流转，既促进了产业发展，也增加了村集体收入。下一步，菱角村还将大力发展现代农业，根据市场需求因地制宜发展山上经济、林下经济，夯实产业根基，聚力打造特色优势产业，加强产业项目库建设，紧盯健康发展的优势产业，落实项目推进"三项制度"，充分发挥菱角村土地优势，争取投资项目，进行产业结构调整，推动产业项目良性发展，带动群众增产增收。

（二）引进外地企业助力产业转型

在推进乡村振兴的进程中，产业振兴起到了至关重要的作用，可以说是压舱石。自党的十九大报告提出乡村振兴战略以来，在政府的引导和推动下，全国各地乡村产业百花齐放，力求成为各地乡村经济的增长点，从中央到地方都积极探索依托地方资源推动农村经济、带动村集体和村民双增收的可行路径，通过改变政策、制度和市场等外部环境，调整企业、农民和社会组织的收益，整合政府、企业、社会、农民的优势，形成发展合力，已成为推进乡村产业振兴的一种趋势（巴沂晋、李晴，2022）。

"新经济竞争学"提出了产业聚集的概念，即在相同的地域、相同性质的经营主体参与并运行同一个产业，逐步形成主导产业和服务于主导产业的延伸产业的聚集，可形成较强的产业聚集竞争力。基于竞争优势理论，乡村产业振兴在发展中需从产业选择、政府作用、企业经营、产业聚集等角度综合考虑，形成优势产业群，以提升竞争力（钱忠好、牟燕，2020）。基于布迪厄的场域理论（Bourdieu & Wacquant，1992），在产业振兴中，资本下乡不仅仅是资金投入，而是在城乡要素市场中，将人才、技术、营销理念、商业经营方法等优质要素带到农村，改变传统小农经济，构建具有较强市场竞争力的农业生产和经营体系，为产业振兴提供强大的助推力。

沾益区大德村积极借助引进企业助力当地产业转型，推动产业振兴。一是温氏养猪。2017年引进龙头企业温氏集团，建设大德生猪养殖小区，年出栏 6000 头，带动农户 12 户 60 人流转土地 32 亩，价格为 500 元/亩，共增收 16000 元，每年带动 1500 余人次务工，价格为 80 元/（人·天），共计 12 万元。集体经济增收 48 万元/年。二是康庄肥业。2018 年引进曲靖康庄肥业有限公司，带动农户 10 户 50 人流转土地 50 亩，价格为 800 元/亩，共计 4 万元。集体每亩 50 元，共计 2500 元。每年带动 800 余人次就近务工，价格为 100 元/（人·天），共计 8 万元。三是人工菌。2020 年回引本村优秀人才孙买方在海子头创立云南拓新农业科技有限公司，引进人工菌种植，共建设大棚 20 个，集体流转土地 18 亩，价格为 800 元/亩，共 14400元，村集体入股 12 万元，每年收入 2 万元，镇级公司入股 25 万元，每年收入 5 万元。每年带动 800 余人次务工，价格为 100 元/（人·天），共计 8 万元。四是迷迭香。2022 年引进云南湘菊农业发展有限公司种植迷迭香，带动农户 61 户 300 余人种植 240 亩，每亩产值 3000 元，共计带动农户增收 72万元。流转土地 160 亩，价格为 850 元/亩，集体收入为 100 元/亩。从种植、中耕管理、收割，共带动 1000 余人就近务工，价格为 100 元/（人·天），共计 80 万元。盘活了大德村腐殖土加工厂，每年租金 6 万元；成立老年活动中心，每年租金 8000 元。五是养牛场。2022 年引进了云南京福农业有限公司，发展养牛产业，带动农户 7 户 35 人流转土地 32 亩，价格为 850元/亩，共计增收 27200 元，每年带动 800 余人就近务工，价格为 100 元/（人·天），共计 8 万元。下一步带动农户种植青贮饲料 1000 亩，预计农户每亩增收 1500 元，共计 150 万元。六是特色蔬菜。2022 年引进蔬菜种植户，带动农户 70 户 350 人土地流转 196 亩，价格为 500 元/亩，共计增收9.8 万元。集体每亩 300 元，共计 5.88 万元。每年带动 1600 余人次就近务工，价格为 100 元/（人·天），共计 16 万元。[①]

（三）适应市场化趋势满足消费需求

推动我国社会主义市场经济体制进一步完善，需要充分发挥市场在资源配置中的决定性作用，助力我国经济高质量发展。在推进乡村振兴，尤

---

① 《大德村委会产业发展概况》，大德村委会内部资料，2023 年 2 月 28 日。

其是产业振兴的进程中，同样不可忽视市场这一决定性因素，以市场为导向、顺应市场趋势、满足市场需求、重视消费变化，在产业振兴的产品供给中深化供给侧结构性改革，以满足市场化需求，更有效地带动乡村产业振兴出成果。

"农忙过后我每天都会来这里干活，一天能挣 100 元，一年下来也能有4000 元左右的收入，活也不累，也能顾家，还能学点技术，明年我也打算种几亩。"五拐村前来务工的村民张玉梅笑着说。49 岁的姜泽魁是五拐村的村民，以前他和妻子靠外出务工维持生计，一年来奔波不已，收入却不多。后来在村委会的鼓励与引导下流转村里 70 亩土地进行花卉种植，其中种植向日葵 50 亩，建有 6 个连体大棚种植玫瑰 20 亩。"我们种植的玫瑰主要是观赏性玫瑰，粉色的叫戴安娜，白色的叫蜜桃雪山，这两种玫瑰颇受市场欢迎，贵的时候每枝能卖到 2 元，每亩产量大概在 1 万枝，一年可收 5 次，平均下来每亩能有 4 万元到 5 万元的收入。"玫瑰种植基地负责人姜泽魁说。

近年来，炎方乡党委、政府始终坚持把产业发展作为乡村振兴战略的支撑，持续加快农业产业结构调整和招商引资步伐，推行"企业+集体+农户"模式，培育了不少新型产业，培养了一大批致富能手，利用闲置土地资源和便利的交通条件，补短板，强优势，大力发展绿色农业、品牌农业、质量农业。2022 年，炎方乡已发展滇黄精 2000 余亩、蔬菜水果 8000 余亩、白及 1000 余亩、鲜切花 4000 余亩。[①] 多种特色农业产业的发展，实现了农业增效、农民增收。下一步，炎方乡将紧紧围绕"奋进新征程 推进新跨越"三年行动目标要求，引导农产品走特色化、品牌化、高端化路线，大力发展农业观光园、农事体验和采摘游等项目，把土地增值收益这块"蛋糕"做大做好，推动农业和旅游业深度融合，积极打造农旅文融合发展示范乡，促进乡村振兴。

（四）延长产业链推动可持续发展

乡村振兴战略的实施为乡村经济发展带来了新机遇。在众多产业振兴

---

① 《曲靖市沾益区炎方乡 2022 年度巩固脱贫攻坚成果工作报告》，炎方乡政府内部文件，2023 年 2 月 9 日。

的路径中，通过乡村旅游落实乡村振兴兼具物质与精神振兴的优势特征，具有以乡村旅游产业振兴带动乡村产业振兴、人才振兴、文化振兴、生态振兴的内生逻辑。

党的十八大以来，中央对于乡村振兴战略不断出台重量级政策文件，提出大力推进乡村振兴。习近平总书记在农村进行考察时对乡村振兴战略做出重要指示："要坚持乡村全面振兴，抓重点、补短板、强弱项，实现乡村产业振兴、人才振兴、文化振兴、生态振兴、组织振兴，推动农业全面升级、农村全面进步、农民全面发展。"① 结合新时代党和国家推进乡村振兴战略的众多举措，可见乡村旅游不仅是乡村振兴背景下发展乡村地区经济的重要抓手，还是立足旅游供给侧的结构性改革要求。乡村振兴的本质是"良好环境+美好生活"，而恰好乡村旅游产业的建设发展能够将环境保护与经济发展有机结合，准确把握二者的同步性与融合性发展特征（汤兆，2022）。

近年来，我国旅游企业积极推动以"文化+旅游"为主要模式的乡村全域旅游产业战略发展，统筹布局农村"农产品加工业、乡村特色产业、乡村休闲旅游业、乡村新型服务业"生态空间，着力打造以"产业兴""生态绿""生活美"为目标的乡村振兴示范典型（乔彦斌、龙粤泉，2022）。

地处德泽乡西北面的老官营村，是沾益区、会泽县、宣威市三县五乡的咽喉要道，距乡人民政府3.5公里，位于沾会高速德泽出口处，区位优势明显。辖老官营、大石头、山背后、三家村、大凹子5个村民小组292户1238人，下设5个党支部，有党员75名。总面积为4.86平方公里，其中耕地面积有713.5亩，林地面积有3315亩，地处地热河谷槽区，左水冲小河、车务河穿境而过，平均海拔为1860米，年均气温为18℃，年降水量为1000毫米。近年来，老官营村党总支以党建为引领，夯实组织保障，抓实队伍建设，完善基础设施，优化治理体系，发展休闲产业，为生态休闲老官营建设奠定了良好基础。

---

① 《乡村产业振兴面临的挑战及其对策》，人民网，2019年8月29日，http://theory.people.com.cn/GB/n1/2019/0829/c40531-31323954.html? ivk_sa=1024320u。

老官营村因地制宜培育和发展优质稻米、玉米等传统农作物，逐步发展西瓜、红提、葡萄、人参果、雪莲果、甜脆柿子、绿色无公害蔬菜、核桃、板栗和黑山羊、黄牛、土鸡、生猪、淡水鱼等特色种植和养殖产业。依托 3A 级旅游景区德庄庄园，强化农产品推广、宣传和营销，带动农业产业发展，打造集农家乐、采摘游于一体的乡村旅游产业。2018 年以来分别承办了两届稻米尝新节、一届亲水节，展示了德泽淳朴的风土人情，使广大游客感受"农旅融合示范乡、温泉康养小镇、牛栏江生态安全重要屏障节点"的独特魅力，更好地享受农家休闲时光、品味乡村特色美食、体验别样乡村风情。

（五）数字经济赋能农村实体经济

农为邦本，本固邦宁。国家提出实施乡村振兴战略，是进入新时代对"三农"问题的深刻把握，民族要复兴，乡村必振兴。与此同时，当今世界正在经历新一轮科技革命，数字经济正成为世界经济发展的重要方向（赵小凤，2023）。数字技术与传统生产要素相融合，可以通过算法优化传统生产要素的配置效率，提高包括土地、技术等其他生产要素的边际生产率（程欣，2023）。今天的中国，数据要素潜能正在不断释放，我国 2020 年数字经济核心产业增加值占 GDP 比重已达到 7.8%，到 2025 年预计将提高至 10%。加快培育新的要素优势，加快推进农业现代化正当时，数字经济的发展为乡村产业振兴提供了新思路，乡村振兴开始进入新局面（朱晓哲、马恒运，2023）。数字经济赋能，让产业更智慧、场景更生动，助力乡村产业振兴行稳致远，其意义重大。

沾益区大坡乡土桥村委会土桥下村的蓝莓种植示范基地，不仅给当地村民创造了许多就业机会，也促进了当地数字经济的融合发展。村民根据蓝莓生长习性，引入数字化管理，采用滴灌、防氮布、高温膜和数字化管理设备等先进高效农业设施，实现水肥一体化、智能模块化，通过水肥一体化管道施到肥基盆里，采用智能控制技术控制滴灌量，保证蓝莓的生长环境和鲜美品质。近年来，沾益区以高端食品基地建设为主线，以大项目带动产业化发展，大力实施招商引资，依托当地自然生态资源优势，积极优化农业产业结构，引进蓝莓种植，扩大小浆果产业，通过"公司+合作社+农户"的产业模式，推广现代种植技术应用，推动农业产业规模化、标准化生产，着力打造一批效益高、前景好、可持续的农业项目，全面推进沾益区农业转型升级、产业发展。

目前，沾益区共种植蓝莓 2500 余亩，分别位于盘江镇、花山街道、德泽乡、大坡乡，在拓宽农民增收渠道的同时走出了一条生态振兴、产业兴旺、百姓富裕的绿色发展之路。

（六）产业发展基础设施同步推进

乡村基础设施的建设与完善，是保障乡村振兴持续推进，促进产业振兴有效发展的基础性工程。没有基础设施的保障，发展便无从谈起。基于稳固基础设施发展起来的产业，能够在将来更好地发挥其对基础设施的反哺作用。例如，菱角乡刘家庄村和块启村在大力推进乡村振兴，尤其是产业振兴的过程中，始终坚持同步完善乡村基础设施。

在村庄建设规划方面。一是对刘家庄村和块启村内老旧住房和生产用房进行拆除，提升村容村貌，展现新村风貌。二是深入贯彻农村建房联审联批制度，合理规划农村集中建房，建设农村建房示范点，统一标准、统一外观、以点带面，打造现代农村新貌。

在老村更新方面。经梳理村内共可拆除腾退宅基地 2610 平方米，共可更新 150 平方米宅基地 12 宗，并严格按照"统规自建"要求进行建设，其余村民使用原宅基地拆旧建新必须按照统一风貌、符合村庄规划的原则进行建设，逐渐解决有新房无新村的问题。

在新村建设方面。按照村庄规划，块启村共预留宅基地 5 块，共计10425 平方米，该部分用地为旱地，由区自然资源局解决耕地占补平衡指标及新增建设用地指标，共可新增 150 平方米宅基地 47 宗，由村集体建设基础设施后，统筹按照有偿分配使用，并严格按照"统规自建"要求进行建设。

在农村生活垃圾治理方面。配置 20L 垃圾桶 230 个，3 方勾臂式垃圾箱8 个，勾背车 1 辆，压缩车 1 辆，小型中转站 1 座。

在农村生活污水处理方面。各户建设三格式化粪池，对生活污水进行预收集处理，再利用吸粪车将预处理的污水转运至污水终端进行处理。化粪池建设，全村共 230 户，需建设并安装 1.5 方化粪池 230 座。

在公共基础设施方面。村内道路硬化 3600 米，均宽 3.5 米，厚 0.2 米，使用 C30 商品混凝土，共 2520 立方米。新建沟渠 4000 米。建设村民活动广场 1 个，占地约 1500 平方米；建设小游园 3 个，占地约 3000 平方米。

在"三化"工程方面。墙体美化，需粉墙刷白约 1000 平方米，绘制墙体文化 1000 平方米；对剩余建筑采用吊挂绿植等方式进行绿化装饰；村内建设村庄规划公示栏一块；村庄亮化，群众居住较为集中的通村及村内道路约 5000 米，按照 50 米间距需安装路灯 101 盏。

（七）重视民生确保产业持续惠民

持续推进乡村振兴，要坚持以人民为中心的发展思想，贯彻落实新发展理念。归根结底，我们的一切发展与进步都应依靠人民、为了人民、发展成果由人民共享。在推进产业振兴的进程中亦是如此，村民作为推动经济发展的主体性力量，既要充分激发人民群众参与到建设中来的积极性与主动性，最终取得的发展成果也应真正造福人民群众。只有站在最广大人民的立场上、切实维护最广大人民群众根本利益的产业，才能称得上是一个"好产业"。

刘家庄村以前是个"荒山村"，村里大部分年轻人外出打工，留下老人在家种地。老人年老力衰，守着大片的土地心有余而力不足，久而久之，土地便成了荒地。2021 年，菱角乡引入农业光伏产业项目，第一期工程就放在刘家庄村。菱角乡乡长张靖介绍，菱角乡农业光伏发电项目是"十四五"期间沾益区首个开工建设的新能源项目，该项目在不改变土地性质的情况下，在土地上层建筑太阳能光伏组件，地面上种植农作物或经济作物，形成"上面发电、下面种植、科学开发、综合利用"的农光互补模式。这种模式提高了土地的综合利用率，把菱角乡的偏坡地、荒地都变成了致富增收的宝地，实现了生态效益与经济效益的双赢。

增加农户家庭收入。从图 1-1 中各样本村 2022 年人均纯收入来看，在沾益区大力推进乡村振兴的进程中，人民生活水平得到显著提升，各样本村人均纯收入均未低于 10000 元。从各样本村的差距来看，菱角村 2022 年大力推进产业振兴成果显著，对本村经济发展做出了较大贡献，经济发展活力强劲。刘家庄村村民崔木先承包了 60 多亩荒地用于种植万寿菊，万寿菊进入盛花期后，崔木先一家人忙不过来，雇了 8 名村民帮忙采收万寿菊。"以前这些荒地用来种玉米，每亩产值最多 500 元，而现在种了万寿菊后，每亩产值能有 1500 多元。"崔木先说。2022 年，他家 60 亩万寿菊获得了 9 万余元的收入。

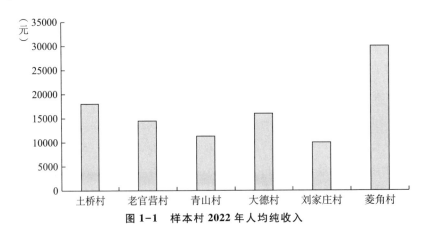

图 1-1　样本村 2022 年人均纯收入

拓宽农户增收渠道。65 岁的村民陈加光提起采收万寿菊的收入："以前，我们老两口只能放放牛、种点粮食，就没有其他收入了。现在，我们有空就来采花，既不耽误放牛种地，我们俩一天还能拿到 300 多元的工资。"

惠及周边群众。万寿菊产业也惠及了周边县市区的群众，47 岁的高客芬是宣威人，听说刘家庄村招收万寿菊采收工人，便约着几名同村妇女一起来到刘家庄村务工。"我们要等花期过了再回家，估计来这一趟能挣个四五千块，"她指着花海中的老人说，"跟我们一起来的那个老人 80 多岁了，手脚比我们还快，她一天就能挣 200 多元呢！"

完善村庄基础设施。一年时间不到，刘家庄村的集体经济已经突破了百万元。2300 亩的土地流转服务费 120 余万元，劳务用工服务费 10 万余元，预计 2022 年村集体种植的万寿菊产值为 30 余万元。刘家庄村取得百万元村集体经济收入后，将村集体经济收入用于村庄的基础设施建设，在村里修起了硬化道路，实施了绿化、亮化工程，疏通了房前屋后的沟渠，村庄面貌焕然一新。

（八）乡村精英作用有效发挥

在我国经济发展与乡村振兴战略持续推进的大背景下，在血缘、地缘范围内彼此高度熟悉、高度认可的乡贤能人成为乡村产业发展的重要依托。能人是乡村中的"魅力型权威"，因其具备故土乡情和"人杰"特质，比较容易获得农户的信任而跟随他们行动。同时，乡贤能人凭借自身意识和能力能够与政府和农户形成"政府—能人—农户"链条，依托项目带动农户发展，使政府手中的惠农资源与农户拥有的人力资源产生联动，耦合二者的发展目标（柳颖、陈静，2022）。关于能人带动的功能逻辑，法国社会学家布迪厄有着清晰的解释：能人并非通过强迫、威胁来施加影响，而是借助道德谴责与象征权力（Bourdieu，1996）。

乡贤能人往往具备洞察市场变化的现代思维，能够率先发现潜在利润，引领农村产业经营方式的变革与创新。贺雪峰认为，将国家资源下乡与农民组织能力提升结合起来，有利于提高乡村治理水平（贺雪峰，2021）。

沾益区刘家庄村现任党总支书记何忠华，兼任菱角乡政府执法大队队长，2021年11月开始担任刘家庄村党总支书记。刘家庄张副书记表示，何书记来到刘家庄村后为村民做了许许多多的实事，最为突出的便是引进了华能公司的光伏产业项目，充分利用当地优势，开发光伏产业，同时推广种植万寿菊，为村民带来了实实在在的好处。

光伏项目推进初期，由于村民不了解"农光互补"项目，大多不愿把土地流转给公司。"以前村里也有企业来投资项目，不过没做多久就撤资了，农民因此受了损失，就不敢再接受投资项目了。"何忠华说。为了打消村民的顾虑，刘家庄村决定采用"光伏+乡政府平台公司+农业+农户"的合作模式，由村级分公司兜底出资向村民流转2300亩闲置的荒地、偏坡地，再将这些土地以每亩950元的价格租给华能清洁能源（曲靖沾益）有限公司建设光伏项目。项目建成后，再以每亩30元的价格从公司手中租回土地，转租给村民、外来承包者种植大豆、蔬菜、万寿菊、牧草、辣椒等粮食与经济作物。同时，在项目建设过程中需要大量用工，为满足企业用工需求、帮助农民增收，菱角乡牵头搭建了务工组织平台，由村级分公司组织农村富余劳动力参与项目建设。项目建设以来，共组织了2万余人次进行务工。

菱角村李书记在访谈中表示："村中的土地都是先由村委会统一从农户手中流转，流转过来之后又把企业招进来，再由村委会统一把土地流转出去。这样做的原因主要在于如果不事先把农民手里的土地统一以村委会名义流转过来，农民自己进行流转极大可能会出现土地'一文不值二文'的问题，用很少的钱便把土地流转出去了。这样企业方发了财，而村集体却无法获得收入。更为重要的是，农民也无法通过这样的流转方式获得实质性的收益。因此，通常是村内'两委'班子先按照公开程序与村民对接商定统一的标准价格后，再由村委会去找企业进来。"

第二节　人才振兴的特色与实践

一　沾益区人才振兴面临的困境

（一）基础条件落后，本土人才外流严重

调研小组在沾益区的人口调研结果显示，所调研的6个村庄空心化、老龄化严重，人才流失的情况严重。改革开放以来，随着城镇化、工业化步伐的加快，城乡人民生活水平明显提高，但城乡差距和城乡二元结构等问题依然存在。

首先，随着城镇化进程不断推进，城市与乡村的差异越来越大，城乡社会资源配置失衡，当下乡村多以传统的农业生产为主，产业结构单一，导致乡村经济发展滞缓，高质量就业岗位少，人才发展环境落后，乡村原有人才缺乏用武之地，只能去城市寻求更好的发展，且村里的教育条件有限，要想在学业上有所发展，只能离开乡村。

其次，农民依靠种植和养殖所获得的收入难以满足家庭所需，而城市

拥有丰富的教育资源、较高的医疗水平和便利的交通、发达的信息等优越条件，对农村人才产生虹吸效应，因此青壮年劳动力大规模地选择外出，流向大城市就业，从而导致农村劳动力大量流失，老人和小孩成为乡村的常住人口，致使乡村人才流失严重。

最后，部分乡村人才进入城市后，逐渐适应城市生活，并且在已有的基础上获得了更高的生活水平，很少再返回乡村，加之发达地区和城市的"人才引进"政策，吸引乡村的优秀人才，更是大大降低了乡村人才回流家乡的意愿。

总之，乡村本土人才在城市优越的环境、充足的资源、优越的薪酬等条件的"拉力"和本土乡村各种基础性条件相对落后的"推力"的共同作用下，纷纷选择离开乡村，进入城市，再加上城市高水平教育、医疗、养老服务等"稳流"政策的不断优化，使得人才大量流向城市的同时，也倾向于将家庭一起搬迁进入大城市，造成了乡村人才"空心化"状况，增加了乡村本土人才回流难度。

（二）人才结构失衡，培养体系有待完善

沾益区人才结构失衡主要体现在专业结构失衡、年龄结构失衡和文化层次结构失衡三大方面。

首先，乡村人才的专业结构失衡。留守在家乡的大部分人，文化素质较低，仍以第一产业——传统种植养殖业为主，从事第二、第三产业的经营管理型人才偏少，对当前的互联网、电商、旅游等行业了解不够透彻，无法实现农业和三次产业的融合发展，造成发展资源的浪费。缺乏具有现代农业化意识与技术的新型人才、从事农村科教文卫体方面的专业技术人才以及公共服务人才，具有较高乡村治理能力的乡村基层组织管理型人才更加稀缺。部分村的干部缺乏领导能力，容易产生畏难情绪、故步自封，依然遵循传统农业的发展模式，不能全面把握乡村振兴战略的目标和理念，对乡村振兴战略贯彻实施不到位，这就使得乡村振兴缺乏强有力的"领头雁"。

其次，乡村人才的年龄结构失衡。目前愿意留在沾益区建设乡村的干部人员以及农村实用人才平均年龄在45岁，其中"85后""90后"的占比极少，这些人员普遍存在年龄偏大、技术水平落伍、接受新鲜事物能力较慢及发展视野狭隘等问题，部分干部遇到新问题依旧用以前的落后手段来解决，导致农村发展缓慢甚至倒退，难以实现乡村的可持续发展。

最后，乡村人才的文化层次结构失衡。在调研中，调研组发现沾益区 6 个乡村的基层干部大部分受教育水平在高中或以下，很少有接受过对口农业正规教育的人才，也几乎没有接受过专业的长期的乡村治理培训的人才，具有本科学历的人员多为外调的驻村干部。由于乡村的贫穷落后，很多青壮年外出务工，学有所成的农村大学生毕业后考虑到后续发展、居住条件等要素很少会选择进入乡村任职，大多选择去更有发展前景的现代化大城市生活，进一步造成了乡村难以引进后备优秀人才，也难以发展有能力的后备基层干部的局面，部分文化水平偏低且年龄较大的村干部只好硬着头皮上，他们以安于现状、因循守旧、缺乏激情和热情的传统发展观念在进行着创新发展，如此结构下的乡村人才队伍缺乏创新与活力，较难满足时代发展需求，最后导致农村发展缓慢。

加之当前乡村存在人才培养机制不健全、人才评价激励机制不完善等问题导致乡村人才大量流失，对乡村振兴的质量与效率产生了较大影响。调研队所调研的 6 个村庄均由于缺乏资金投入，对人才队伍建设心有余而力不足，无法给予乡村人才完整化、精细化的培育，对在乡村基层干实事和做贡献人才的考核、评价、奖励机制等不及时不到位，使其无法获得和个人贡献相匹配的认同感和成就感，久而久之造成引进来的乡村人才缺乏工作动力、迷失工作方向，扎根乡村的意识逐渐淡薄。

长远来看，目前沾益区的人才结构无法适应农业农村现代化发展的客观要求，不利于乡村振兴的可持续发展。

二　沾益区推进人才振兴的举措

（一）以农业现代化为基础，形成正确的人才引育意识

人才是最宝贵的资源，是加快建设农业强国的基础性、战略性支撑。人才引育过程中只有形成正确的思想意识，才能够以正确的方式引进人才、

培育人才。沾益区根据农业的未来发展趋势，在进行人才引育过程中需要将农业现代化发展作为重要的基础内容，结合各个村庄的实际情况和农业的具体发展需求引进管理人才、经营人才以及技术人才，在人才引育过程中针对不同产业、领域进行人才选择。为了进一步解决农村发展缺人才，缺发展引路人、产业带头人、政策明白人等带来的发展乏力问题，沾益区政府坚持本土培养和外部引进相结合，用乡村广阔天地的发展机遇吸引人，用乡村田园宜居的优美环境留住人。着力培养一批乡村人才，重点加强村党组织书记和新型农业经营主体带头人培训，全面提升农民素质素养，育好用好乡土人才。同时，积极引进各类人才，如有序引导大学毕业生到乡、能人回乡、农民工返乡、企业家入乡等，为他们创造机会、畅通渠道、营造环境，帮助解决职业发展、社会保障等后顾之忧，让其留得下、能创业。同时加大对乡村基层干部的培育力度，有计划地把重点培养的党政干部人才和专业技术人才放到农村去，让他们在一线担当作为、锻炼成长。通过多方面努力，着力打造一支沉得下、留得住、能管用的乡村人才队伍，强化全面推进乡村振兴、加快建设农业强国的智力支持和人才支撑。

（二）大力推动产业振兴，壮大集体经济，提高人才待遇

在偏僻地区工作的人才生活、交通成本较高且农村文化娱乐活动较少，生活相对单调，人才处于"职业倦怠"的现象尤为严重，与此同时，政府对人才资金投入不足，城镇依靠财政拨款，村级财政靠转移支付，整体人才投入偏低。但是，在现代社会中薪酬是影响人才队伍稳定性的关键因素，特别是基层队伍工作内容烦琐，需要投入较大精力，如果薪酬水平仍然处于较低的水平会影响人才工作的积极性。因此沾益区针对村干部需要根据其服务职能给予基本工资，同时分析在服务过程中所产生的经济效益，按照一定比例下发绩效奖励。

在如何提高人才待遇方面，在访谈过程中调研组了解到沾益区各个村的书记均提及了村集体经济的增收，集体经济是农村的主要经济形式，沾益区不同村庄根据自然环境特点、区位优势、资源优势以及市场供需选等，充分分析目前适合的农作物种植体系，因地制宜发展自身特色产业，并由此衍生专业的农产品加工模式、农产品服务业、旅游业等，在精准扶贫的政策下发展当地经济，建立合理的发展模式，村级领导班子通过找准切入点，开发特色产业、成立专业合作社、建立种养基地、推进农业产业化等措施形成"一村一品"的发展格局，并且积极探索"党建+企业+基地+农户"的合作经营模式，引进优势企业发展带动村级集体经济，实现村集体和企业共同发展，促进村级集体经济实力的增强。只有当集体经济壮大，就业岗位不断增加，农民实现增收后，村集体才有富裕的经费进行村庄建设，从而提升对人才的待遇，给予基层干部相应的绩效奖励、根据贡献发放年终奖等，提升工作积极性、留住人才。

（三）讲好乡土乡情乡愁，形成"乡贤+"治理模式

近年来，沾益区依托血缘、亲缘、地缘，通过老乡会、乡贤会等社会组织，深挖在外人才资源，建立在外人才资源库，引导、鼓励各行各业在外成功人士回乡投资创业，为家乡建设出谋划策、保驾护航。积极挖掘、培育乡贤资源，探索实践"乡贤+"模式，充分发挥乡贤在招商引资、创新驱动、乡村治理等领域的积极作用，因地制宜出台了一系列选才、引才、育才的措施，有效地激发出人才创新活力。以新时代乡贤培育为着力点，坚持强化党建领导、完善平台搭建、坚持资源共享、深化优势互补，为乡土人才发展提供了干事创业的广阔天地，通过凝聚人才发展合力，为地方持续高质量发展和扎实推进共同富裕注入内生动力。例如，菱角村党支部书记兼村委会主任的李现友，就是当地乡贤回村任职的一个典型。返乡后李现友充分发挥人熟、地熟、村情熟的优势，为家乡发展带来了充足的资金、全新的发展理念和畅通的渠道，千方百计地为村民致富搭桥铺路。他将多年积累的管理方法与规章制度引入基层治理之中，并积极邀请村内外致富能人、产业精英等担任村"两委"干部，同时对大学生、优秀学生等进行资助与奖励，以乡愁为纽带，打好"感情牌"，让更多青年学子树立起建设家乡的故乡情怀。

沾益区围绕乡贤资源，搭建乡贤和群众间的共富桥梁，凝聚人才力量，将乡贤的个人理想和事业抱负融入乡村振兴发展中，积极宣传乡贤返乡后带头建设的典型事迹和突出成绩，形成专题故事或专题新闻，通过基层宣传展板积极传播，为乡村青年群体做出示范，吸引更多的乡村人才返乡参与乡村建设，激发乡村人才队伍发展的内生动力；同时弘扬乡贤文化，发挥乡贤文化的教化功能，引导村民共同学习科学技术与文化理论，推动乡村地区整体精神风貌提升。

（四）建设生态宜居乡村，打造产业下乡良好人文环境

沾益区大力改善人居环境，建设生态宜居乡村，通过对村民的规范引导，增强维护公共环境卫生观念，通过修改完善村规民约等方式，积极引导村民自觉做好庭院内外清洁卫生，鼓励村民通过栽植花木等开展庭院绿化，利用农村的荒地、放弃地①、边角地等自发开展村庄绿化，引导村民摒弃乱丢垃圾、乱倒污水、私搭乱建、乱堆乱放等陋习。对破坏村庄环境的行为加强批评教育和约束管理，引导农民自我管理、自我教育、自我服务、自我监督，村庄是由一家一户组成的，只有每家每户的环境好了，村庄整体面貌才能好。同时通过改善农村教育、就业、医疗、基础设施等，不断优化乡村人才环境，营造良好的创业氛围，为人才搭建干事创业的平台，将各类人才吸引到"两委"班子中来，为其提供充分的展示平台，提高自我价值感和归属感，通过生态环境、创业环境、居住环境等的改变吸引各类人才返乡创业，重视人才、关心人才，解决乡村人才在生活上的问题，使其专注于乡村发展建设工作，激活农村的创新活力，打造人与自然和谐共生的生态宜居乡村，从而增强对城乡资本和城乡人才的吸引力，既有利于解决农村土地资源闲置问题，也有利于提升乡村资源和土地资产价值，实现乡村的可持续发展。

三　沾益区人才振兴特色经验与效果

（一）依靠生态环境的改善，吸引人才返乡创业

通过人居环境整治、加强生态建设，让乡村望得见山、看得见水、记

---

① 放弃地为沾益区菱角村的地方特色描述，意为由于长期不合理堆放垃圾、杂物、排放污水等受到污染被村民认为无法使用所"放弃"的土地。

得住乡愁，能吸引更多人才返乡。生态环境的改善，不仅引来了人，还吸引了资本。老官营村人居环境整治，重点落实基础设施建设、生态环境保护，改善老官营村居民的人居环境，吸引本土人才回来打造德庄庄园，发展乡村旅游业，全面带动了餐饮、住宿、交通、服务等相关产业的快速发展，促进了农民增收富裕，推进了老官营村的全面发展。菱角村、大德村等其余村庄建设的第一步也是以改厕项目、垃圾治理和污水治理为主要内容的人居环境整治，在消除农村厕所粪污、生活污水和垃圾带来的环境脏乱差的这一过程中，村民的思想意识也在逐步提升，主动维持良好的卫生环境，逐步适应和融入现代生活方式。

一方面，农村基础设施和社会服务逐步完善，农民在农村也能享受到和城里一样的生活，农民工愿意返乡，年轻人愿意留下，外面的人才也能吸引过来。另一方面，农村人居环境改善提升了农村营商环境，为吸引人才、资金和资源，促进农业产业发展和农村经济繁荣，发挥了极大的作用。

（二）弘扬乡贤文化，激励精英回流兴村

"最甜不过家乡水，最浓不过故乡情"，乡贤历来是我国乡村社会中的重要群体，在传统乡村治理中发挥着独特的作用。随着乡村振兴战略的实施和推进，新乡贤也成为我国乡村人才队伍的重要组成部分，地方的政策性引导、乡贤自身的乡土情结和乡村发展面临的现实难题，都为乡贤回归提供了充分的条件。沾益区以乡土、乡情、乡愁为精神纽带联结乡贤群体，菱角村通过"发出一封公开信、开展一次动员会、组织一次乡贤座谈、开展一轮实地走访、建一个微信群"等方式，扎实做好动员宣传工作，通过微信群广泛发布《致广大菱角村外出公职人员及乡贤的一封公开信》，以浓浓乡情呼唤游子，激发在外公职人员的"反哺情怀"。充分发挥网格员力量，全面动员定点帮扶单位人员和菱角籍公职人员、专业技术人员、务工经商人员、乡贤能人投入"干部规划家乡行动"中，为规划家乡建言献策。以村委会为单位，成立联络站，各村立足村情实际深入排查、摸清底数、逐一联系、综合研判，排查在外公职人员及乡贤400余人。建立在外公职人员人才信息库，成立以村为单位，以回乡干部、乡贤、村民代表为组员的规划编制组，完善云南省"干部规划家乡行动"信息系统，动态管理干部信息。利用国庆、春节等节假日，召集回乡干部、乡贤进行交流交谈，群策群力、集思广益，共同勾画出一幅生态宜居、山美水美生活环境美的美丽画卷。

"乡村振兴，既要塑形，也要铸魂。"沾益区始终将乡风文明建设作为全面推进乡村振兴战略的重要内容，以社会主义核心价值观为统领，发掘典型事迹，传承家风家训，充分发挥乡贤的榜样示范和宣传引领作用，积极引导广大群众崇德向善、见贤思齐，为乡贤回归营造良好的人文环境，同时也为新乡贤精英的培育打下良好基础。

（三）立足乡村实际，盘活乡土人才资源

"让愿意留在乡村、建设家乡的人留得安心，让愿意上山下乡、回报乡村的人更有信心，激励各类人才在农村广阔天地大施所能、大展才华、大显身手，打造一支强大的乡村振兴人才队伍。"习近平总书记不止一次地强调乡村人才队伍建设的重要意义（中共中央党史和文献研究院，2019）。

沾益区针对现阶段乡村振兴背景下，行业引领人才不足、整体发展缺乏带动力的问题，立足于乡村实际发展情况，致力于营造对人才培养足够重视、尊重和服务人才成长的良好氛围，对内深挖专业技术人才，着力培养本土人才队伍，充分发挥村干部"领头雁"作用，着力培养新型职业农民。对外开门引才，在"引、用、育、留"各环节中不拘一格选用实干争先、成绩突出的优秀人才，让人才源源不断流入乡村，为乡村全面振兴注入强劲动力。不断加强乡村人才"爱农业、爱农民、爱农村"的思想教育，增强乡村人才的归属感和荣誉感，使其更积极地投入乡村建设中，为乡村振兴贡献出自己的力量。

乡村振兴和发展离不开人才的支撑，沾益区面临发展瓶颈时，求真务实、创新创造、主动求变，以本地人才为基础，构建本土人才资源库，优化环境吸引外来人才，发挥人才互补互助的优势，赋能乡村振兴，充分意识到"乡村越发展，人才需求就越强烈"，多措并举盘活了沾益区乡土人才资源，通过人才振兴为乡村振兴"造血蓄能"。

第三节　文化振兴的特色与实践

文化振兴是"铸魂"工程。所谓"铸魂"，就是对人的生活状态、精神气质进行塑造，这离不开文化的作用（曹立、石以涛，2021）。社会系统既包括人类创造的社会结构、政策制度以及大众传媒，也包括与个体有关系的文化氛围和价值观念。社会生态系统理论特别强调，人的行为必须放在以下几种情境中加以了解和研究，即知识和信仰的文化背景、价值观和行为规范以及人种、宗教和职业等（库少雄，2014）。

相对于经济、政治而言，文化是人类社会的精神活动及其产物，优秀文化能够对人的实践活动、认识活动和思维方式产生积极影响，促进人的全面发展。习近平总书记强调，"要推动乡村文化振兴，加强农村思想道德建设和公共文化建设，以社会主义核心价值观为引领，深入挖掘优秀传统农耕文化蕴含的思想观念、人文精神、道德规范，培育挖掘乡土文化人才，弘扬主旋律和社会正气，培育文明乡风、良好家风、淳朴民风，改善农民精神风貌，提高乡村社会文明程度，焕发乡村文明新气象"[①]。

乡村振兴战略贯穿我国社会主义现代化建设的全过程，也为农村发展指明了方向。由于乡村文化发展具有经济、社会、政治和生态的多重面向和价值（吴理财、解胜利，2019），党和国家都非常重视乡村文化振兴。在我国政府部门出台的各项战略规划中，乡村文化振兴也多次作为重要目标被反复提及。《乡村振兴战略规划（2018—2022 年）》提出，"推动城乡公共文化服务体系融合发展，增加优秀乡村文化产品和服务供给，活跃繁荣农村文化市场，为广大农民提供高质量的精神营养"[②]。我国已经充分认识到文化振兴在乡村建设和发展中的重要作用，并将乡村文化振兴置于乡村振

[①]《【践悟方法论】大力推动乡村文化振兴》，人民论坛网，2024 年 4 月 7 日，http://www.
rmlt. com. cn/2024/0407/699606. shtml。

[②]《中共中央 国务院印发〈乡村振兴战略规划（2018—2022 年）〉》，中国政府网，2018 年 9
月 26 日，http://www. gov. cn/zhengce/2018 - 09/26/content_ 5325534. htm? tdsourcetag = s_ pc-
qq_ aiomsg。

兴战略的突出位置。

改革开放以来，随着城市化进程的加快以及市场经济的快速发展，农村的生产生活方式发生了重大改变。农村大规模的人口流动、人才的加速流失，使得传统的乡土结构受到冲击，乡村文化也逐渐呈衰落之势。但随着乡村振兴战略的实施，乡村文化迎来了新的发展机遇。在乡村振兴战略的带动下，沉淀在乡土社会的传统文化有了复兴再造的可能，一方面可以满足乡村居民的日常文化需要，另一方面可以在传统乡土文化的基础上进行文化创新，进一步满足人们的文化需求，扩展乡村文化的生存空间。乡村振兴战略是一项长期性的战略，乡村文化振兴也是一个缓慢的、持续的过程，在此过程中必须尊重文化发展规律，通过有效的政策引导、经济支持、人才培育等方式，使传统乡土文化焕发新的时代色彩，最终繁荣乡村文化，形成良好乡风。沾益区在近年的乡村振兴实践中不断探索，结合地方实际与发展特色，形成了独具地域特色的文化振兴路径。

一 沾益区文化振兴的特色

（一）文化惠民，保障文化民生

党的十七大首次提出文化惠民工程，这是一项惠及全国人民、普及大众文化的工程。2018 年，《中共中央 国务院关于实施乡村振兴战略的意见》指出，加强农村公共文化建设，健全乡村公共文化服务体系，深入推进文化惠民，公共文化资源要重点向乡村倾斜。① 2021 年 3 月 8 日，文化和旅游部、国家发展改革委、财政部三部委联合出台《关于推动公共文化服务高质量发展的意见》，再次强调加大政府购买公共文化服务力度。② 党的二十大报告也强调要健全现代公共文化服务体系，创新实施文化惠民工程（习近平，2022）。沾益区积极响应国家政策，促进公共文化事业发展，推

---

① 《中共中央 国务院关于实施乡村振兴战略的意见》，中国政府网，2018 年 2 月 4 日，http://www.gov.cn/zhengce/2018-02/04/content_5263807.htm。

② 《文化和旅游部 发展改革委 财政部关于推动公共文化服务高质量发展的意见》，中国政府网，2021 年 3 月 8 日，http://www.gov.cn/gongbao/content/2021/content_5602033.htm。

进全区公共文化服务体系建设和旅游公共服务建设,深入实施文化惠民工程,统筹推进基本公共文化服务标准化、均等化。

近年来,结合中央、省、市文化惠民政策,沾益区不断加强乡(镇、街道)文化站、村级综合文化服务中心硬件设施建设,在宣传教育服务群众、丰富群众文化生活、提高群众文化素质、增强民族凝聚力、坚定文化自信等方面发挥了重要作用。调研组进入的6个村庄都以村委会党群服务中心为依托,建设了新时代文明实践站、志愿服务站、农家书屋等硬件设施,为群众开展文化活动提供了场所。其中大德村在白水镇党委的支持和配合下,建设了村史馆,在村民家里收集了许多彝族文化特色展品,将这份厚重的彝族文化、迷人的彝族风情代代相传(见表1-1)。

表 1-1　样本村文化设施

单位:个

样本村	可进行集体文娱活动的广场	村文化站 (指室内的供村民开展文体活动的娱乐室)	村图书馆 (农家书屋等供村民看书的地方)	村史馆
土桥村	0	0	1	0
老官营村	4	2	2	0
青山村	3	2	1	0
大德村	1	1	1	1
刘家庄村	0	0	1	1
菱角村	4	1	1	0

除此之外,沾益区还积极开展文化惠民系列活动,进一步丰富沾益区人民群众文化生活,普及文化艺术,满足人民群众更高层次的精神文化需求。沾益区文化和旅游局指导各乡(镇、街道)文化站组建文艺队伍,每年开展至少1次全方位艺术培训工作,组织文化志愿者"进校园"开展艺术辅导工作。同时培养适合基层文化工作的文化管理人才、文化建设人才,积极发展公共文化服务和文化建设工作志愿者,提升基层服务软实力。据调研组在6个村庄的调查,每个村都会配备专职的文化管理员,负责组织开展文明旅游宣传、文化文艺志愿服务活动,依托文化设施、旅游景区、街道(乡镇)综

合文化服务中心、医院、学校等场所常态化开展志愿服务活动。

沾益区在加强公共基础文化设施建设的同时也开展了丰富多彩的群众性文化活动，在不断满足人民群众对文化生活新需求的同时提升了人民群众的文化获得感和幸福感，进一步提高了公共文化服务供给质量和水平。不仅如此，这些活动也让文化艺术走进了人民群众的日常生活，充分发挥了文化艺术作品鼓舞人心的正向作用，进一步营造了热烈、和谐的文化氛围，为乡村文化振兴打下了坚实基础。

（二）铸魂强农，加强政治引领

乡村振兴，既要塑形，也要铸魂。要坚持物质文明和精神文明一起抓，提升农民精神风貌，培育文明乡风、良好家风、淳朴民风，不断提升乡村社会文明程度。①沾益区始终坚持用习近平新时代中国特色社会主义思想武装教育农村干部群众，以社会主义核心价值观为引领，以培育新时代新农民为着力点，突出思想道德内涵，组织实施"铸魂强农"工程，积极推进新时代文明实践中心建设，弘扬时代新风，凝聚起乡村振兴的强大精神力量。

调研组在进入村庄时发现，基本上每个村的党总支会成立由村党总支书记任组长的精神文明建设领导小组，签订目标责任书，建立长效工作机制，确保事事有人抓，使精神文明建设取得成效，农民得到实惠。自"普法强基补短板"专项行动开展以来，沾益区紧紧围绕普法强基工作任务，紧盯普法宣传重点人群，深入调研分析短板弱项，明确宣传内容和方式，结合地方特点制定普法宣传工作清单，全面激活全区普法队伍力量，以"五强化"为着力点，统筹推进"普法强基补短板"专项行动走深走实。

党的二十大召开以来，沾益区及时谋划部署党的二十大精神宣讲工作，第一时间组建宣讲团，深入机关、企业、学校、农村、社区、两新组织等一线开展宣讲。同时通过线上宣讲、文艺宣讲等方式扩大基层宣讲覆盖面和影响力，以实际行动带动全区广大党员干部群众学习宣传贯彻党的二十

---

① 《中共中央 国务院关于实施乡村振兴战略的意见》，中国政府网，2018 年 2 月 4 日，https://www.gov.cn/zhengce/2018-02/04/content_5263807.htm。

大精神。为确保宣讲"全覆盖"，各乡镇（街道）因地制宜寻找会少数民族语言的党员干部或驻村工作队员，组建少数民族宣讲队，深入少数民族村寨用少数民族语言开展宣讲，帮助少数民族群众准确理解党的二十大精神。

（三）文化传承，培育文明风尚

曲靖市沾益区是典型的民族散杂居地区，属于全省民族宗教工作重点县（区），境内有回族、彝族、苗族3个世居民族。在长期的历史进程中，少数民族和汉族在沾益区这片土地上繁衍生息、共同奋斗，为沾益区的开发建设做出了不可磨灭的贡献。新中国成立后，在中国共产党的领导下，各民族之间建立了平等团结互助和谐的社会主义民族关系。改革开放以来，在党和政府的民族政策指引下，少数民族在经济快速发展的同时，优秀的民族文化在保护与传承的基础上也进一步得到了繁荣发展。

近年来，在曲靖市委统战部和曲靖市民宗委的关心支持下，沾益区认真贯彻落实中央、省、市关于民族文化保护、繁荣的政策和要求，大力推动民族地方文化设施和文化团体建设，着力扶持少数民族优秀文艺作品创作，积极开展民族节庆的举办、挖掘和推介工作，全区民族文化在保护、传承的基础上，得到了较好的发展。

大德村是沾益区民族文化传承与发展的典型案例。大德村是一个以"德"命名的多民族聚居村，民族文化源远流长。党的十八大以来，大德村按照习近平总书记提出的"铸牢中华民族共同体意识""中华民族是一个大家庭，一家人都要过上好日子"（习近平，2019）的要求，积极争取资金2000余万元，实施各类民生工程，有效改善了各族群众的生产生活条件，为大德村民族融合、团结进步打下了坚实基础。大德村也曾获"全国文明村""中华孝心示范村""省级民族团结进步示范村"等荣誉称号。

1. 文化墙——"绘"就乡村新篇章

大德村2018年被确定为"五型村庄"示范点，认真落实"百村示范、万村整治"要求，着力创建人居环境提升示范点，突出示范引领作用，以点带面，促进人居环境全面提升。大德村在打造人居环境示范点过程中，充分发挥基层党组织战斗堡垒和党员先锋模范作用，结合新时代文明实践志愿服务活动、网格员，通过示范带动、敲门入户动员、开展志愿服务活动等方式辐射带动群众积极参与人居环境整治提升行动，走出一条"党建引领、群众参与、共治共享"的人居环境整治提升新路子。大德村结合自身村庄特色，进行了墙体美化，在每家每户的墙上都随处可见彝族风采，一幅幅色彩鲜艳的连环画别具民族风情，彝族寨门上贴着醒目的对联："乡村振兴感党恩，民族团结向前进；不忘初心记恩情，各族人民大团结。"除此以外，大德村还以增绿补绿及拆墙透绿为着力点，大力推进村旁、宅旁、水旁、路旁绿化美化亮化行动，推动人居环境综合整治工作提质增效。

2. 女人节①——"过"出乡村新活力

在大德村彝族的三月属马女人节这天，所有女人都会放下家中的农活，中午各自在家吃完饭之后，大家会合讨论好晚上要吃的饭菜，由村里的男人来忙活（每年5家轮流负责准备晚饭，主要是杀猪、宰羊、杀鸡等）。下午4点，女人们统一身着彝族服装，盛装出行，由村中德高望重的女人带领，祭山、敬树和献饭（将要进献的饭菜统一放在一个筛子里），随后跳起彝族的确比舞，并进行山歌对唱，山歌有"颂"歌、"念"歌、"忆"歌、"情"歌等多种形式，大多即兴填词，委婉悠扬，节奏舒缓，朗朗上口。晚间杀猪宰羊，女人们相聚一堂，酒歌四起，祝酒歌、斗酒歌此起彼伏。

沾益区大德村的女人节具有鲜明的地方特色和民族特征，是当地加深民族感情的重要节庆活动。调研组成员在与大德村彝族文化第二代、第三代传承人进行访谈后了解到，如今她们也十分欢迎外地女性加入她们的女人节当中，民族文化正渐渐地走进大众视野。2021年12月，沾益女人节被列入曲靖市第六批市级非物质文化遗产保护项目名录。② 近年来，沾益区文化和旅游局贯彻"保护为主、抢救第一、合理利用、传承发展"的工作方针，鼓励和支持传承人开展传习活动，巩固抢救保护成果，提高保护传承水平，推动非物质文化遗产保护事业深入、健康、持续发展，为乡村文化

① "三月节"也称"女儿节"，当地人称为"女人节"或"三月属马女人节"。
② 《喜讯！曲靖市新增44个市级非物质文化遗代表性项目》，曲靖市人民政府网，2021年12月13日，https://www.qj.gov.cn/html/2021/bmdt2_1213/99177.html。

振兴注入新活力。

3. 彝族刺绣——"绣"出乡村新图景

彝族刺绣历史悠久，博大精深，是中国传统民族民间工艺的重要组成部分，也是彝族文化的主要组成部分。彝族刺绣据考证可以追溯到三国以前，与原始绘画、记事符号、服饰有着密不可分的关系。彝族刺绣是彝族传统文化的一种体现，也是彝族服饰中不可缺少的部分。因刺绣保存难度较大，古代刺绣的价值远超过其他收藏品。随着社会的不断发展和进步，沾益区白水镇大德村的彝族刺绣在民族杂居的过程中得到了传承和发展。

2020年，大德村成立了刺绣小组，在延续彝族美好民族记忆的同时，也带来了一定的经济效益和社会效益。但就目前的情况来看，大德村的少数民族刺绣产业尚未形成规模，仅限于本土绣娘根据生活需要小规模组织开展，在引导妇女居家就业和创业、拓宽少数民族妇女就业渠道方面作用发挥得还不够。在今后的工作中，需要镇政府和村委会主动与相关部门配合，积极争取社会各界支持，通过组织开展培训、成立刺绣协会等方式，大力促进少数民族刺绣产业发展，将刺绣产品更好地推向市场，为助力传承民族优秀传统文化做出积极贡献。

总的来说，沾益区通过公共文化设施建设、扶持少数民族文化产品、建立文化传习所等手段，为少数民族优秀传统文化提供了保护传承的基础和载体，推动了少数民族文化精品的进一步发展壮大，增进了各族群众的相互了解，促进了各民族的交往交流交融，为乡村文化振兴创造了良好条件。

4. 文旅融合，繁荣文化产业

文旅融合是指文化产业、旅游产业各要素间打破原有要素边界及产业边界，通过交叉重组、有机整合、互相渗透等方式形成共生体的过程（舒伯阳、马静，2019）。近年来沾益区创新工作机制，加快沾益区旅游形象塑造和品牌打造，统筹规划文化事业和旅游业，推进文化和旅游融合发展，推进文化和旅游体制机制改革。

沾益区被誉为"珠江源头第一城"。近年来，沾益区把生态环境建设摆在全局工作的重要位置，持续打好生态环境保护、水污染防治攻坚战，推进美丽沾益建设，打造珠江源生态环境示范区，以 4A 级旅游景区——珠江源风景区为旅游业发展龙头，通过各种节会活动，打造"珠江源"旅游品牌，宣传促销旅游产品，带动当地经济发展，经过近几年的投资开发，已先后建成了珠江源、七彩谷、天坑湿地等 20 多个景点，进入了曲靖市三大主景区的行列。

除此之外，沾益区扎实推动文旅重点项目建设。一是谋划包装固投项目 15 个，合计 4 亿元。计划申报中央预算内投资计划项目 2 个，计划总投资 1 亿元，申请中央预算内投资 0.5 亿元。二是继续推进区级重点项目前期工作。积极推动浑水塘、德庄庄园创建 3A 级旅游景区，推进长征国家公园沾益片区白水段建设。启动播乐城乡融合发展示范点建设。三是继续推进"两高两新"工作。推动建设一家高品质酒店、打造一家半山酒店、创建 3 家甲级民宿、培育 5 家新业态新产品、申报 3A 级旅游景区 2 家、申报特色旅游休闲街区 1 处、创建 2 个以上品牌文化旅游节会活动。四是抓住国家文旅领域设备购置与更新改造贴息贷款项目政策机遇，调动中、农、工、建等金融力量扶持旅游市场主体发展，推动已申报成功的 5 家企业和项目落地。①

沾益区因地制宜，全力打造乡村旅游品牌。按照"一村一品、一村一韵、一村一景"的要求，积极引导和帮助乡镇结合各自特点，在生态保护的前提下充分挖掘优势资源、特色资源和文化内涵，因地制宜丰富产品内容，提升乡村旅游品质，树立品牌。

5. 人才培育，强化人才支撑

乡村振兴，人才是关键。人才能为乡村文化建设提供智力支持，是乡村文化振兴的核心因素和中坚力量，乡村文化的发展离不开乡村知识分子、文艺骨干、文创青年、乡贤等人才的支持（许吴飞、马衍明，2022）。沾益区深入开展"万名人才兴万村"行动，择优选派农业专家、畜牧兽医专家、

---

① 《曲靖市沾益区文化和旅游局 2023 年预算公开目录》，曲靖市沾益区人民政府网，2023 年 2 月 3 日，http://www.zhanyi.gov.cn/pub/description/36349.html。

非遗艺术专家 15 名，组建 2 支 "专家人才服务团"、1 支 "银发人才志愿服务团" 与 3 个乡镇建立包保工作机制，结合乡镇实际，围绕中草药种植、畜牧养殖、红色乡村旅游开发等方面开展帮扶活动。

除此之外，沾益区政府积极引导优秀民生人才到基层一线服务，推动优质医疗教育资源 "上山下乡"。2022 年，沾益区积极开展助学支教志愿服务活动，抽调区级医共体总院相关专业主任及其科室高资历专业技术人员组成专家团队，在各分院建立 "基层专家团队工作站"，由专家团队成员到乡镇（街道）开展智力咨询、义诊活动。① 在文化旅游方面，沾益区也十分重视全区文化艺术和旅游人才队伍建设，加强文化艺术人才和少数民族文化艺术人才培养，推进文艺院团与高等院校合作培养人才，开展文化艺术及旅游人才技能培训，协调、落实高层次人才有关服务工作，为乡村文化振兴提供智力支撑。

二 沾益区优秀传统文化助力乡村振兴的内在逻辑

中华优秀传统文化是中华民族的重要组成部分，其中蕴含着中华民族的精神力量，是乡村文化振兴的重要抓手。"中华优秀传统文化是中华民族的突出优势，是我们在世界文化激荡中站稳脚跟的根基，必须结合新的时代条件传承和弘扬好。"（习近平，2021）2018 年，中共中央、国务院印发的《乡村振兴战略规划（2018—2022 年）》明确指出，"实施乡村振兴战略是传承中华优秀传统文化的有效途径"。

目前国内学者对中华优秀传统文化的研究主要集中在对中华优秀传统文化的教育体系思考（田慧生等，2022），马克思主义视角下中华优秀传统文化的理论分析（王峰、王桂芝，2022），中华优秀传统文化发展和传播的影响因素、路径及对策（韦柳霞，2022）等方面。近年来，国内学者对乡村振兴的研究成果颇丰，但是针对优秀传统文化对乡村振兴影响的内在机理的研究却并不多见，且相关研究多从乡村文化旅游（顾瑶、伊全胜，

---

① 《沾益区：党建引领人才建设助力乡村振兴》，曲靖先锋网，2023 年 2 月 23 日，https://ljd-jxf.1237125.cn/html/qj/2023/2/23/e2474546-a410-4d1d-91a9-619aa2aeb2c9.html。

2021)、文化产业发展（陈丽芳、董蕾，2021）等层面直接探讨优秀传统文化助力乡村文化振兴的成效，忽略了内在逻辑机制的系统性构建。

党的十八大以来，我国乡村与城市的发展差距不断缩小，也进一步催生了乡村居民对新时代美好生活愿景的向往。在当前推进乡村全面振兴的时代背景下，保留优秀传统文化载体，促进地方人民对当地文化价值认知的提升，对于传承和发扬中华优秀传统文化价值、助力乡村文化振兴具有重要的现实意义。本书从沾益区乡村振兴的实践出发，在总结沾益区文化振兴典型特色的基础上探讨优秀传统文化助力乡村振兴的逻辑机理，进一步总结成功经验，为其他地区促进乡村文化振兴提供一定的参考和借鉴。

（一）沾益区优秀传统文化助力乡村振兴的价值逻辑

新时代，乡村居民生活质量的提高预示着中华优秀传统文化融入乡土社会要立足两个新的价值维度：一是要以实现乡村居民对新时代美好生活的向往和追求，以满足人民生产生活的切实需求为出发点，践行中华优秀传统文化的核心价值理念；二是要厘清中华优秀传统文化的传承和发展与乡村居民内生动力之间的逻辑关系（张力文，2023）。

一方面，优秀传统文化的产生、传播与发展都离不开人。无论是形式多样的物质文化，还是内涵深刻的精神文化，中华优秀传统文化来源于人民，再服务于人民的本质属性是不变的。沾益区针对当地居民的生产生活特点，将中华优秀传统文化融入乡村振兴的实践中，以党建引领发展，深入挖掘红色教育资源，充分利用家门口的红色资源，传承红色基因，着力打造红色旅游经济，打造"云南省红色文化旅游小镇"和"曲靖市绿色食品示范乡"，有力推动乡村振兴。① 沾益区真正做到了以乡村居民实际的精神与物质需求为出发点，结合乡村文化资源，解决乡村居民的现实困境。

另一方面，中华优秀传统文化融入乡村振兴也是中华优秀传统文化创新和发展的重要过程。在新时代背景下，优秀传统文化的创造性转化和创新性发展既要满足人民群众对先进文化的需求，也要尊重中华优秀传统文

---

① 《曲靖沾益：传承红色基因助推乡村振兴》，人民网，2022 年 5 月 17 日，http://yn.people.com.cn/news/yunnan/n2/2022/0517/c371425-35272339.html。

化发展的基本规律。在乡村社会中，人民群众既是中华优秀传统文化的创造者和传承者，也是文化发展的创新者，是乡村振兴的主体力量。沾益区菱角乡以巩固提升文明城市创建工作为契机，在全乡各村、学校和中心（站所）深入开展社会主义核心价值观教育，推动民族优秀传统文化传承保护与创新交融。苗族婚俗、"踏花山"，回族"开斋节"等系列民俗文化活动，促使全乡各民族手足相亲、守望相助，也促进了各民族优秀文化的传承发扬、融合发展。① 乡村文化振兴要想实现乡村人民在精神层面和物质层面对优秀传统文化的价值认可和追求，就应掌握对中华优秀传统文化传播、传承与发展全过程的价值认知，同时要激发乡村居民传承和发扬中华优秀传统文化的内生动力，开创以人民为中心的中华优秀传统文化发展新局面。

（二）沾益区优秀传统文化助力乡村振兴的文化逻辑

习近平总书记指出："我国农耕文明源远流长、博大精深，是中华优秀传统文化的根。我国很多村庄有几百年甚至上千年的历史，至今保持完整。很多风俗习惯、村规民约等具有深厚的优秀传统文化基因，至今仍然发挥着重要作用。"[《习近平谈治国理政》（第三卷），2020] 由此可见，中华优秀传统文化融入乡村振兴的各个环节中来，对于提升乡村居民人文素养、推进乡风文明建设具有重要的促进作用。

从乡村居民的个体发展来看，中华优秀传统文化助力乡村振兴有助于形成"文化育人""以德树人"的乡村发展路径（张力文，2023）。在新时代背景下，乡村居民是传承和发扬中华优秀传统文化的重要角色，同时中华优秀传统文化在乡村社会中的传承与发展也对培育和提升乡村居民的文化素养、满足乡村居民的精神需求发挥着重要作用。例如，沾益区大德村通过设立彝族文化传习所、开展民族文化讲堂等活动，让村民切身体验彝族文化，了解村史村情以及近年来的新农村建设发展成就，从而增强村民对家乡的归属感和对民族文化以及优秀传统文化的认同感。可见，将中华优秀传统文化与民族特色文化融入乡村振兴，既丰富了中华优秀传统文化

---

① 《沾益区菱角乡抓文化引领共建 民族精神家园》，"西部文明播报"百家号，2022 年 2 月 26 日，https://baijiahao.baidu.com/s? id = 1725778145766299007&wfr = spider&for = pc。

的新时代内涵，也对促进乡村居民的发展起着积极作用。

从地方文化发展的时代要求来看，中华优秀传统文化助力乡村文化振兴有利于增强乡村居民的文化自信，激发文化传承的精神力量（张力文，2023）。激活乡村居民对中华优秀传统文化的认同感，关键在于增强乡村居民的归属感，以具体的文化活动和文化信息为媒介，提升乡村居民的文化感知力、文化行动力、文化传播力，逐渐帮助乡村居民树立正确的价值观，进而在乡村振兴的全过程中，使乡村居民能够正确对待传统文化与流行文化、本土文化与外来文化的关系，以高度的文化自信为乡村振兴注入源源不断的精神力量。

以沾益区为例，珠江源景区积极推动中华优秀文化与"吃住游"等旅游要素相融合，全力实施旅游促进各民族交往交流交融计划，在节假日和重要时间节点举办马拉松、登山越野赛，以沉浸式、体验式、互动式的做法，让游客切身感受当地人文气息和民风民俗。在炎方乡的松韶红土沟农产品交易中心，"魅力炎方"民族特色文化演出有热烈欢快的彝族舞蹈、热情洋溢的苗家歌曲，各民族兄弟姐妹欢聚一堂，载歌载舞，一同唱响民族团结之歌，① 当地居民以参加文化演出的形式提升了自我在乡村振兴中的参与感，进一步激发了当地文化传承的内生动力。

三　沾益区文化振兴的成功经验

习近平总书记指出："改革开放在认识和实践上的每一次突破和发展，无不来自人民群众的实践和智慧。要鼓励地方、基层、群众解放思想、积极探索，鼓励不同区域进行差别化试点，善于从群众关注的焦点、百姓生活的难点中寻找改革切入点，推动顶层设计和基层探索良性互动、有机结合。"② 乡村文化振兴既要搞好顶层设计，又要鼓励敢想敢试、敢为人先的

---

① 《曲靖沾益："文旅融合"谱写民族团结繁荣新篇章》，"曲靖日报掌上曲靖"百家号，2023年7月23日，https://baijiahao.baidu.com/s?id=1770410270461879254&wfr=spider&for=pc。
② 《习近平：推动改革顶层设计和基层探索互动》，新华网，2014年12月2日，http://www.xinhuanet.com/politics/2014-12/02/c_1113492626.htm。

创新精神，尊重基层农民主体地位，依靠广大农民的聪明才智，绘就乡村文化建设的美好蓝图。沾益区在近年来的文化振兴实践中，始终坚持"党建引领、群众自主、共治共享"的工作方针，逐步探索出了独具地方特色的实践经验。

（一）党政主导与村民主体相结合，探索乡村文化重建方向

乡村文化振兴不仅要发挥党委、政府的主导作用，更要尊重农民主体地位，让农民"动起来"，形成全社会关心支持和积极参与乡村文化振兴的浓厚氛围。要充分尊重农民意愿，切忌先入为主，代替农民选择，要最大限度调动亿万农民参与乡村文化振兴的积极性、主动性、创造性，不断提升农民的文化参与感、获得感、幸福感。在与农民达成共识的基础上，共同努力，一起探索重建乡村优秀传统文化的方向与路径。

以沾益区白水镇大德村为例，村委会在白水镇政府的支持与配合下建设了以彝族文化为特色的村史馆，馆中的展品基本是从村民家中收集而来的，涵盖了节祭庆典、民族服饰、生产劳动三个板块。尽管如今村里的彝族已经少有人能说流利的彝族语言，但村史馆的建成既能让村民更加了解自己民族的发展变迁史，也能调动村民富而思进的积极性，进一步传承优秀村风、家风，倡导乡风文明。不仅如此，大德村每年都会由村委会牵头，积极动员全村群众，在同心广场举办一次盛大的彝族火把节晚会，让大家聚集在一起跳舞、唱歌，欢乐度过彝族火把节。火把节是彝族历史文化的一个缩影，也是彝族传统文化中最具有标志性的象征符号之一，反映出彝族人民乐观向上的精神风貌和对生活的热爱与期盼。火把节系列活动的开展，让"火把"与"文化"牵手，进一步唱响了独具魅力的大德村优秀彝族文化特色，充分展示了大德村全国文明村和民族示范村的良好形象，助力乡村文化振兴。

（二）文化事业与文化产业相结合，打造乡村文化特色品牌

文化事业和文化产业是文化发展的两大引擎，并且在一定程度上实现了相互促进和协同发展（王家庭、梁栋，2021）。在文化强国建设的宏观目标下，文化事业和文化产业发展的实践路径要强化凝聚力、提升创新力、

提高传播力（范周，2022），促进文化事业与文化产业相结合，打造乡村文化特色品牌。乡村文化振兴，必须坚持文化事业和文化产业"双轮驱动"，依靠公益性文化单位和经营性文化单位两类主体，运用政府手段和市场运作两种方式，依托公共财政和社会资本两种资源，形成支撑合力，实现经济效益与社会效益双丰收。

2022年，沾益区发展和改革局发布的《曲靖市沾益区构建现代产业体系三年行动计划（2022—2024年）》提到，要打造旅游文化和康养产业，以文化旅游和高原体育产业为重点，加快推动全区旅游业高质量发展步伐，实现以项目带动旅游业跨越式发展。① 在此背景下，沾益区德泽乡老官营村抓住发展机遇，走发展乡村旅游的新型道路，依托自身资源、产业、交通优势，致力于发展集休闲、娱乐、养生、观光于一体的地方特色旅游景点——德庄庄园，全面带动了餐饮、住宿、交通、服务等相关产业的快速发展，在促进农民增收的同时也推进了老官营村的全面发展。

近年来随着人们对"回归自然"旅游方式的追求，中国乡村旅游人数呈现爆发式增长态势。2017年，德庄庄园借助德泽乡"农旅融合发展示范乡"创建以及老官营村"乡村振兴示范点"创建的双重契机，在政府大力支持下开始投入建设，如今基础设施日益完善，并积极宣传吸引外地游客。近年来，德庄庄园不断创新发展模式，深挖景区文化内涵，加强文旅融合，瞄准游客多样化需求，对接乡村旅游新业态，不断进行造血式发展，同时以点带面，促进老官营村乡村旅游和产业发展，做到了文化事业与文化产业相结合、经济效益与社会效益相统一。

（三）全面动员与有序推进相结合，推进乡村精神文明建设

习近平总书记指出，乡村振兴不能只盯着经济发展，还必须强化农村基层党组织建设，重视培育文明乡风、良好家风、淳朴民风。文明乡风、良好家风、淳朴民风的培育是一个潜移默化、持续养成的过程，在乡村文化振兴的过程中，既要保持紧迫感和责任感，全面动员群众参与到乡村文

---

① 《曲靖市沾益区构建现代产业体系三年行动计划（2022—2024年）》，曲靖市沾益区人民政府网，2022年6月13日，http://www.zhanyi.gov.cn/pub/description/28259.html。

化建设中来，也要做好发展规划，稳扎稳打，有序推进。

近年来，沾益区坚持党建引领，全面、深入、持续推进乡风文明建设，坚持把"打造新时代文化高地，培育文明乡风、良好家风、淳朴民风"放在乡村文化振兴的重要位置，为实现乡村振兴提供强大精神动力。沾益区菱角乡菱角村和刘家庄村在区委、区政府的大力支持下，制定《"文明有礼"培育实施方案》《评选年度"绿色家庭"的实施方案》《"我们的节日"主题活动实施方案》等多项村级实施方案，全面动员群众参与精神文明建设活动，同时充分调动村组干部参与群众性精神文明创建活动的积极性，强化责任意识，发挥自身优势，营造精神文明创建工作的良好氛围，推动干部的社会公德、职业道德、家庭美德和个人品德建设，由村干部带头参与"注重家庭注重家教注重家风"主题活动、"我推荐、我评议身边好人"活动、"结对子、种文化"活动等丰富多彩的群众文化活动，扎实有序推进乡村精神文明建设，巩固和拓展村庄乡风文明的创建成果，提高村民的素质和文明程度，促进乡村文化振兴。

第四节　生态振兴的特色与实践

乡村振兴，是事关新时代"农村、农业、农民"工作推进的总抓手，乡村振兴战略是党的十九大推进"三农"工作的重大决策部署。《中共中央国务院关于实施乡村振兴战略的意见》就乡村振兴提出了产业、生态、文明、治理、生活五个维度的总要求，其中对生态领域提出了"生态宜居"的要求，这是实现天更蓝、水更绿，确保农民望得见山、看得见水的基础。只有实现乡村生态宜居，才能缓解当下严重的乡村生态环境危机，使产业兴旺、生活富裕的实惠真正落到实处（落志筠，2020）。

党的二十大报告强调，"要推进美丽中国建设，坚持山水林田湖草沙一体化保护和系统治理，统筹产业结构调整、污染治理、生态保护、应对气候变化，协同推进降碳、减污、扩绿、增长，推进生态优先、节约集约、绿色低碳发展"。实际上，乡村生态振兴是要解决乡村发展过程中出现的人与自然关系不平衡的问题，要求我们坚持人与自然和谐共生、践行"绿水青山就是金山银山"的理念，坚持节约和保护优先、以自然恢复为主的生态保护方针。乡村生态振兴就是要在推动乡村振兴的过程中，改变以牺牲生态环境为代价的错误发展方式，贯彻人与自然和谐共生理念，强化生态保护意识，推动生态文明实践，时刻保持对生态环境的敏感性，主动及时地剔除乡村发展过程中不健康、不可持续的发展路径，严守生态保护红线，推动乡村实现高质量的绿色发展（颜奇英、王国聘，2021）。

一　沾益区实施生态振兴的紧迫性

马克思认为："人们在生产中不仅仅影响自然界，而且也互相影响。"[《马克思恩格斯选集》（第一卷），1995] 在物质世界中，人与自然是相互联系的有机整体，并且人与自然以及其他生物构成了不可分割的生命共同体。改革开放以来，随着我国工业化、现代化的高速发展，生态问题越发凸显，沾益区也不例外，沾益区早期发展以传统煤化工业为主，在获得经济效益的同时，对土壤、空气和水资源造成大量的污染。沾益区地处珠江源头，区内水系发达、生态资源丰富、森林覆盖率高，是长江上游和珠江水系的重要生态保护屏障。沾益区的生态保护不仅是在守护沾益人民的"绿水青山"，也关系着紧靠珠江源水系的各流域的生态环境，因此保护珠江发源地及整个沾益区的生态环境有着重大的战略意义。

（一）珠江源头的特殊区位

沾益区地处珠江源头，境内河流众多，主要分为珠江、长江两大水系，具体有德泽水库、花山湖、海峰湿地、南盘江、北盘江和牛栏江等。其中珠江源是中国境内第二大河流、境内第三长河流珠江的发源地，其最大干流西江就在沾益区境内，西江干流流经滇、黔、桂、粤4个省（区），至广东省磨刀门水道注入南海。德泽水库则是云南省解决滇池治理、第一大城市昆明和第二大城市曲靖生活饮水问题的水资源综合利用重点工程。沾益区水资源总流量为10.35亿立方米，水能蕴藏为13.25万千瓦。地热水资源有德泽温泉。主要河流有南盘江、北盘江、牛栏江。南盘江发源于马雄山，流经花山水库，流入麒麟区，为珠江上游。水资源年径流量按流域分为南盘江流域 1188.49 平方千米，年径流量为 4.31 亿立方米；北盘江流域 531.4 平方千米，年径流量为 1.93 亿立方米；牛栏江流域 1082.1 平方千米，年径流量为 4.16 亿立方米。全区地下水资源总量为 5.79 亿立方米。其中坝区年地下水总量为 0.77 亿立方米，一般山区年地下水总量为 1.20 亿立方米，石灰岩溶山区年地下水总量为 3.82 亿立方米。沾益区境内有木本植物近 40 科 200 余种，优势树种有云南松、华山松、云南油杉、圆柏、桤木、栎类等；经济林木有花椒、板栗、核桃、梨、苹果、葡萄、蚕桑等；珍稀树种有银杏、香樟、黄杉、西南桦、黄连木、短粤海桐等。野生药用植物有 400 余种，其中普遍分布的有 120 余种。主要药材有天麻、茯苓、紫草、半夏、白及、黄连等。① 沾益区的生态保护关系着全域的用水安全、生物多样性和农业发展诸多方面，识别沾益区现存的生态问题，推进生态振兴至关重要。

（二）工业重镇的生态保护压力

沾益区地处珠江流域西江水系南盘江上游，为珠江源头所在，土壤肥沃，区内森林资源丰富，物种多样，既是珠江、长江上游的重要生态屏障，也是云南的工业重点布局区，更是一个生态脆弱区。有史以来，沾益区是曲靖市的用煤大县、流转大县和主要煤炭集散地，煤炭是沾益区工业发展的重要支撑，但煤炭的集中处理和加工，在一定程度上对沾益区的生态环境造成了不良影响，如空气污染、水源污染和土壤污染等。比如，由于交通区位优越，花山镇、白水镇和金龙街道周边群众的耕地、林地曾经被大量租用建设堆煤货场，大量露天堆煤货场成为沉疴顽疾，片区内空气污染、水污染等问题突出，加之在沾益区农业生产发展战略的需求下，部分企业存在不规范使用化肥和农药的情况，造成大量土地污染，沾益区目前在经济发展和生态保护方面面临着不可忽视的挑战。因此，坚持绿色发展理念，平衡经济发展与生态保护，推动沾益区生态振兴，加强沾益区生态保护，减少沾益区水源、空气和土壤的污染，保护好珠江源一线的绿水青山，刻

① 《沾益概况》，曲靖市沾益区人民政府网，2024 年 4 月 25 日，https://www.zhanyi.gov.cn/news/zygk/9718.html。

不容缓。

二　沾益区生态振兴的成效

（一）党群通力合作，建设美丽环境

长期以来，农村在快速城市化进程中的边缘化问题以及城乡发展的不平衡、不充分问题始终是我国实现高质量发展和乡村振兴所面临的严峻挑战，也是主要短板，其中与农村生活和广大农民幸福感、获得感息息相关的农村人居环境问题尤为突出（刘平养、袁云志，2023）。人居环境的有效治理对于农村经济、环境、城乡统筹发展以及区域协调发展都具有重要意义（彭震伟、陆嘉，2009）。为加快推进人居环境建设，沾益区通过政府主导、居民参与相结合的方式不断探索和推进沾益区人居环境的建设，目前取得了一定的成效。

2022年，沾益区人民政府发布《曲靖市沾益区生态环境建设三年行动计划（2022—2024年）》，针对人居环境整治明确提出，"因地制宜推进农村厕所革命、生活污水治理、生活垃圾治理，动态消除农村黑臭水体，改善农村人居环境"。围绕着政策指导和要求，沾益区人民政府一方面充分发挥基层党组织的网格化作用，将人居环境整治任务细化，实行责任包保制度，明确各部门的职责，即区级领导包保乡镇（街道）、乡镇（街道）领导挂包村、村组领导包片、党员责任区、群众"门前三包"制度。另一方面沾益区人民政府在各乡镇（街道）成立乡镇综合管理行政队伍和清扫保洁队伍，制定相应的村庄保洁制度和收费制度，并以"绿币爱心超市"为依托，以"五星示范户"评比为载体，推动"四堆"清理、"门前三包"保洁、户内"一分五净一规范"等常态化，实行全员积分制管理，以此激发村组干部群众内生动力。

截至2023年，已完成公厕改建47座，录入47座，完成率为81.82%；户厕已完成改建5601座，完成率为82.82%；全区建成区以外的8个乡镇（街道）已有9个生活垃圾处理设施，其中，9个乡镇垃圾转运到县城处理，2个乡镇建有垃圾热解站，全区生活垃圾设施覆盖率为100%，已建有5个污水处理设施，日处理能力为550万吨，共铺设污水收集管网43.5公里，

设施覆盖率为 55.56%。共清运出村草堆 2629 堆 5785.6 立方米，粪堆 3939
堆 9559.6 立方米，建筑垃圾堆 2107 堆 5149.4 立方米，规范柴堆 3202 堆
5939.1 立方米，清理残垣断壁 646.5 处，增绿补绿 30771 平方米。① 并且，
沾益区建设垃圾中转站 5 个、焚烧厂 4 座、填埋场 4 座、简易焚烧炉 205
个，建有垃圾收集池 500 余座，增设各类垃圾收储设施 400 余个，乡镇配备
垃圾压缩车 6 辆，保洁车 40 余辆，镇区生活垃圾收集处理率为 81.5%，配
备垃圾车 84 辆、垃圾箱体 962 个、垃圾桶 1495 个及保洁员 1585 人，全面
消除非指定生活垃圾堆放点裸露垃圾。991 个涉农自然村制定村规民约，建
立和完善生活垃圾收集处理、日常保洁等制度。清理村内水塘 459 个，清理
村内沟渠 609 公里，清理村内淤泥 1195 吨，清洁村内道路 3947 公里，清理
"三堆" 3461 吨，清理残垣断壁 483 处。②

通过问卷调查的数据分析可以看到，调查对象对 5 年以来自然村内的人
居环境变化是高度认可的（见图 1-2）。

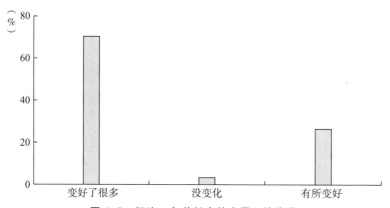

图 1-2　相比五年前村内的人居环境变化

（二）综合治理河道，有效保护水源

按照云南省水利厅印发的《云南省水利厅关于公布县级以上城市重要

---

① 《沾益区多措并举抓人居环境整治久久为功提和美乡村"颜值"》，曲靖市人民政府网，
2023 年 7 月 27 日，https://www.qj.gov.cn/html/2023/xqdt2_0727/110168.html。
② 《沾益：健全长效机制 让乡愁绵延不绝》，"沾益新闻"微信公众号，2021 年 4 月 7 日，ht-
tps://mp.weixin.qq.com/s/slwPlLfA7V_X_OMC3OWr_Q。

集中式饮用水水源地名录（2021年修订）的通知》（云水资源〔2021〕40号），纳入省级名录库的饮用水水源地在沾益区辖区内有3个：供沾益区人饮的白浪水库（中型）和清水河水库〔小（1）型〕，供麒麟区人饮的西河水库（中型）。大部分径流区在沾益区辖区内的有2个：分别是供宣威市人饮的偏桥水库（中型）和供富源县人饮的洞上水库（中型）。沾益区共有357座集中式供水工程，其中有千人以上农村集中式供水工程73座，千人以下农村集中式供水工程284座（范美师，2023）。农村集中式供水工程水源地保护是确保农村饮水安全从源头到水龙头的首要任务，是优化水资源配置、提升水资源保障能力的前提条件。沾益区供水工程多，涉的用水地也多，对水源的保护至关重要。

沾益区坚持标本兼治、长短结合的理念，按照"反复论证、系统设计、分步实施"的原则，推行河长制，科学规划设计全区河道，科学制定施工方案，不断完善全区河道流域的规划布局，加强对河道的综合管理，逐步推进雨污分流、河道清洁，多措并举推进"治水、管水、护水"工作。其中，对盘江的治理成效明显，先后投资1.29亿元，对南盘江（沾益段）慢行游线段、伏釜山段、老城区段、机场片区段和金龙段5段逐段治理。南盘江沾益城区段已建成雨污排水管网总计217.8千米，有城市污水处理厂1座，并投资3533.27万元，推进南盘江滨水绿廊项目建设，完成河道两岸周边绿化景观改造、建筑物外立面改造、景观照明改造等配套公共服务设施工程。① 截至2021年，珠源水系全面治理，累计清淤疏浚河道1100公里，恢复河道两岸生态1.8万平方米，"河长制"工作从"见河长"向"见成效"转变，全区重要江河水功能区水质达标率为100%。② 2022年，沾益区各级河长累计巡河9620人次，投入机械1589台班，整治水域面积38.51万平方米，清理河湖库渠395条，清理河道垃圾及污染物3304.6吨，拆除涉水违规建筑物9431平方米，整治非法占用水域岸线种植1945平方米，且已

---

① 《沾益区：全力打造"河畅水清路通岸绿景美"的生态环境》，"沾益新闻"微信公众号，2022年6月6日，https://mp.weixin.qq.com/s/pN5G-xB4UA5eCQUB4EORcg。

② 《沾益区打造珠江源生态田园宜居福地》，"沾益农业"微信公众号，2021年11月8日，https://mp.weixin.qq.com/s/uMhV9Y0jesIuvlSJJjIB4w。

成功创建省级美丽河湖 6 个、市级美丽河湖 12 个，全区河、湖水环境明显改善。[①]

（三）打造森林沾益，保护生态多样性

沾益区把创建国家森林城市作为首要工程，按照高起点规划、高水平推进的原则，统筹城乡绿化一体化发展，打造具有珠江源特色的生态文化品牌，努力建设生态、产业、文化共赢的"森林城市"。一方面，利用护林员"版图化、网络化、信息化、可视化"管理系统，将全区 239.8 万亩森林资源划分为 487 个网格单元，每个护林员按照 3000 亩至 5000 亩面积划定管护区域，责任明确到山头地块，实行无缝管护。另一方面，以政府投入为主，鼓励社会参与，放宽政策，支持非公经济投资林业产业，政府在基础设施、贷款等方面给予扶持，调动社会各界造林绿化积极性。

截至 2021 年，沾益区完成营造林 4.1 万亩、封山育林 1.26 万亩、治理陡坡地 3000 亩、义务植树 139 万株，森林覆盖率达 48.58%。完成退耕还林 17.36 万亩，确保退耕还林成果与全面实现经济、社会、生态"三大效益"共赢相融合。投资 6367 万元对南盘江进行综合治理，河岸绿化率达 100%。抓好海峰湿地生态恢复，退耕还湿 5646 亩，完成生态修复治理 1 万亩。新增城区绿化面积 32.5 万平方米。选择夏观花、秋赏果且具较高经济价值的天刺梨进行种植，投入 100 万元完成天然林资源保护工程人工造林 2000 亩建设项目，不断加大生态公益林、天然林、水源地的保护力度。深入开展乱砍滥伐林木、违法使用林地等违法行为专项清理整顿行动。近 3 年共查处各类破坏生态资源的案件 588 件，罚款 195.34 万元，刑拘 27 人，全力保护绿色生态资源安全。[②] 并且不断加大珠江源省级自然保护区生态保护力度，近 3 年来，珠江源共恢复植被 500 多亩，保护区生态系统日趋完善持续向好，林木蓄积量明显增加，野生动植物种群数量稳步增加，目前保护区内现存植物约 200 科 1900 多种，野生动物 115 种。

---

① 《曲靖沾益全力打造珠江源生态环境示范区》，"沾益发布"微信公众号，2022 年 6 月 10 日，https://mp.weixin.qq.com/s/raQvP82q5zoPKb0Kp_FJoQ。

② 《叶新林换绿 花落地生香》，珠江网，2019 年 8 月 7 日，https://www.zjw.cn/info-44536.html。

（四）种养一体化模式，发展绿色农业

农业绿色发展是实现农业可持续发展的根本路径。习近平总书记强调的"山水林田湖是一个生命共同体，人的命脉在田，田的命脉在水，水的命脉在山，山的命脉在土，土的命脉在树"，[①] 指的是农业绿色发展不仅是绿色化、生态化农业生产生活方式，更多的是强调观念上对自然规律的尊重与顺应，综合发挥农业的生产、环境、文化等多种功能，推动农业从生产到消费全过程的绿色化（卓娜、柴智慧，2023）。

种养一体化模式是指畜禽养殖场为畜禽粪便还田利用建设粪污收集处理设施，根据畜禽粪污消纳要求，通过流转并经营一定规模的农田、果园、茶园、林地，采用堆肥还田、粪污全量收集还田、沼气工程发酵处理还田等技术工艺，实现畜禽粪便肥料化利用（孟祥海、沈贵银，2022）。作为全国粮食生产大县和生猪调出大县，沾益区有规模养殖场137个，每年产生液体粪污46万余吨，固体粪污6万余吨，基础条件优越，适合推行种养一体化模式。

2021年，沾益区被选为农业农村部绿色种养循环农业试点县，通过公开招投标方式，选定了3个专业服务企业作为项目实施主体和1个提供粪肥还田服务的社会化服务组织。沾益区坚持因地制宜、种养平衡、农牧结合、循环利用的原则，坚持发展生态循环农业，2021年实施10余万亩绿色种养循环农业试点成功，打通畜禽养殖源头控制和生产过程粪污综合管理的堵点，以种定养实现作物绿色优质生产和粪污循环利用的高效匹配，提高畜禽粪污的资源利用效率，实现绿色可持续生产。具体为采取"有机肥厂+养殖场"一体化全闭环粪污收集模式，进行干湿分离和分类处理，以粪污收集→发酵处理→抽检合格→粪肥还田模式，打通种养循环堵点，推进沾益区粪肥还田10余万亩，畜禽粪污资源综合利用率在95%以上，项目区化肥施用量减少3%，促进"污染源"向"营养源"、美丽田园转变，开启绿色

---

① 《习近平关于全面深化改革若干重大问题的决定的说明》，中国政府网，2013年11月15日，https://www.gov.cn/ldhd/2013-11/15/content_2528186.htm。

生态沾益农业新模式。①

　　沾益区已经集成"液体粪肥+水肥一体化""液体粪肥+配方肥""固体粪肥+配方肥"3种粪肥还田技术模式，并扶持壮大有一定运营基础的畜禽粪污收集处理和粪肥收集处理施用服务的企业、专业化服务组织等主体，推动农牧结合、种养循环，引导种植户、养殖户与企业或社会服务组织签订供销合同，开展粪肥还田服务，推动畜禽粪污资源化利用和化肥减量。②自开展绿色种养循环农业试点以来，沾益区年实施粪肥还田固体粪肥0.5万余吨、液体粪肥24万余吨，2022年还田面积为11.05万亩，其中粮食10.15万亩、水果0.6万亩、蔬菜0.15万亩、蚕桑0.1万亩、油菜0.05万亩，推进畜禽粪污综合利用率在95%以上，亩节本增收100余元，11.05万亩将节本增收1105万余元。③

三　沾益区生态振兴的成功经验

（一）坚持系统发展，制定科学生态政策

　　乡村生态是统一的自然系统，涵盖水、气、土、生物等多个要素，是相互依存、紧密联系的有机链条，需要从系统的角度出发，坚持顶层设计，规划先行，因地制宜，科学分类施策。沾益区人民政府依据沾益区的实际情况，坚持科学统筹谋划规划，将生态保护视为一个整体，围绕人居环境、水源保护、绿色农业和重工业转型等方面制定相应的政策，并做出相应的行动。一方面，结合实际出台宏观政策。继贯彻落实《云南省农村人居环境整治提升五年行动实施方案（2021—2025年）》之后，沾益区结合自身情况发布了《曲靖市沾益区生态环境建设三年行动计划（2022—2024年）》和《曲靖市沾益区生态环境突出问题整治三年行动方案（2022—2024年）》两

---

① 《沾益发展种养循环 开启绿色生态农业新模式》，"沾益农业"微信公众号，2022年8月22日，https://mp.weixin.qq.com/s/JjTGdSKcPPXIa1eQUBSC6A。

② 《沾益开启绿色生态农业新模式》，"掌上曲靖"微信公众号，2022年8月29日，https://mp.weixin.qq.com/s/Q09vJ1OW5YP-9OU9OMyT_Q。

③ 《沾益区：种养循环助推绿色农业高质量发展》，"沾益农业"微信公众号，2022年12月18日，https://mp.weixin.qq.com/s/dbF0RUxn3idRKRiItZYwog。

个"三年行动"计划，从实际出发，制定符合沾益区生态环境建设实际的目标，为改善沾益区生态环境，推进沾益区生态振兴助力。另一方面，强调因地制宜落实政策。成立乡绿化美化工作领导小组，将班子成员挂包到各乡镇、各中心（站、所），结合各乡各站所实际系统谋划包括农业生产和居民生活等在内的环境建设与生态振兴思路、目标、任务和步骤，科学设计具有前瞻性、指导性和可操作性的乡村生态振兴实施方案，明确乡村生态振兴的施工图和线路表。目前，沾益区内高污染农业种植已经实现转型，沾益区花山镇已经完成了产业升级，将产业从污染严重的重工业转型为技术先进的制造业。

（二）坚持党建引领，培育村民内生动力

《中共中央 国务院关于实施乡村振兴战略的意见》明确提出，乡村振兴战略实施的基本原则之一是"坚持农民主体地位"，《农村人居环境整治三年行动方案》也明确要求"发挥村民主体作用"（《中共中央国务院关于实施乡村振兴战略的意见》，2018）。调动农民参与乡村生态治理，需要发挥农村基层党组织的权威与公信力，从而提升农民的参与意愿和配合程度，而党建引领示范带动是塑造基层党组织政治权威的重要方式（朱卫卿，2022）。沾益区坚持党建引领的工作方法，将生态环境保护行动与全区中心工作相结合，让党员做好模范带头作用，带领人民群众保护生态环境。比如沾益区金龙街道新海社区哨上党支部实行党员包片包户责任制，盘江镇"党员包户、干部包片、积分捆绑的两包一捆"工作方法，花山街道十里铺社区以支部推动、党员促动、党群互动的"党建+"模式等，充分发挥基层党组织作用和党员先锋模范作用，实行包保责任制，将家庭"一分五净一规范"纳入党员干部包保责任制。另外，为确保农村人居环境整治规范化、制度化、常态化，进一步推动和激发群众的内生力量，沾益区还实行财政奖补制度、"两支"队伍制度、积分激励制度、曝光揭丑制度等，各乡镇（街道）都及时成立了乡镇综合管理行政队伍和清扫保洁队伍，制定村庄保洁制度和收费制度，实行全员积分制管理，激发村组干部群众内生动力。

（三）扩大媒介宣传，提升生态保护意识

群众是绿美建设的主力军，想要充分发挥人民在生态振兴中的主体性，必须对生态保护理念进行广泛的宣传，提升人民的生态意识。沾益区各乡充分利用线上与线下相结合的方式，广泛宣传引导群众注重环境卫生，营造生态保护人人有责的良好氛围。线上使用乡村大喇叭、微信群、网格群、抖音等媒介，大力宣传绿化美化的重要意义、工作内容和苗木栽培技术要点等，将建设生态宜居美丽乡村的理念宣传到千家万户，发动广大群众关心、支持并参与到绿化美化行动中来。线下通过召开群众会、入户走访等方式，宣传好相关政策、解答好相关疑点，充分发挥网格化管理作用，引导群众装扮家园、改善卫生，创评文明家庭、新时代十星级文明户、最美家庭、最美庭院等称号，营造争先创优的良好氛围。并且以开展"最美庭院"创建评选活动为载体，积极开展家庭种绿护绿培训、打造特色庭院、旧物改造扮美等活动，抓好典型培育，加大宣传力度，引导广大群众因地制宜发展庭院经济，推广小菜园、小果园、小竹园、小花园等"绿化角"，通过建设庭院菜圃、果蔬进庭院等措施，提升家家户户植绿护绿水平，扩大"美丽庭院"绿化覆盖面，使农村面貌真正焕然一新。

（四）坚持绿色发展，走出"康庄"模式

生态振兴与产业振兴有着密切的关联。能够保证各产业在发展的过程中不对生态环境造成损害，引导建设环境友好型产业，同时，合理地开发运用生态环境能够为旅游业、生态农业和康养产业带来新的发展机遇（雷明、丁莎莎，2022）。沾益区紧扣绿色发展的主题，结合沾益区各地水源、土壤、气候和自然景观等优势，在保护生态的基础上，将产业振兴与生态振兴相结合，发展出种养结合、农业光伏和农旅融合等模式。

沾益区贯彻落实《曲靖市新能源开发建设三年行动计划（2022—2024年）》，立足全区新能源资源禀赋，坚持绿色发展、安全发展、智能发展，统筹生态保护、电力供需、绿色制造、要素保障，按照统一规划、统一招标、统一备案原则，以市场化配置资源的方式，加快以光伏为主的新能源项目开发，深化新能源多元化开发利用，提高绿色电力供给能力，促进绿

色能源与绿色先进制造业等产业深度融合发展。近年来，沾益区凭借当地荒山荒坡和丰富的光照资源，引入华能澜沧江水电股份有限公司建设集中式光伏发电场，并充分利用光伏支架下部的闲置土地，种植大豆、蔬菜、万寿菊等经济作物。经济作物可以带来的种植性收入，村民可以承包土地种植经济作物，以万寿菊为例，出售单价为每公斤 1.5~2 元，每亩产值能达 1500 多元，60 亩万寿菊预计能获得 9 万余元的收入，而之前种植玉米等传统粮食作物每亩产值只有 500 元左右。

近年来，曲靖市沾益区依托珠江源头地理优势，找准农业和旅游融合发展的切入点，坚持特色创新、高质量发展，聚焦"生态+农业+旅游"深度融合，围绕生态产业化、产业生态化，有力促进了乡村振兴、农民增收。例如，沾益区九龙社区坚持规划引领，培育了九龙康养旅居新业态。首先，九龙社区通过市场化运作，组建了农业专业开发合作社、曲靖市元一企业管理有限公司，探索形成了"村社合一、合股联营、集体统管"及"合作社+公司+农户"的经营模式，鼓励农民以土地、山林入股，和参与投资开发的企业建立起利益共享机制，利用"保底收益+二次分红"，提高农户收益。其次，盘活集体闲置资源，建设 QQ 农场、半山酒店，带动庭院经济发展，让老百姓实现家门口就业。做优特色农业，建设生态坝米产业园，以"珠源益品"为平台，合力打造"九龙坝米"绿色有机食品品牌。加快土地流转，建设鲜食草莓基地，改造集体荒山，栽种西梅、杨梅、香梨、樱桃、柿子、蜜桃等多种采摘果蔬，规划建设采摘区、垂钓区、休闲区、餐饮区，让游客有吃、有玩、有景、有体验，最终实现"回味无穷、自发推荐、吸引人流"的效果。最后，注重辐射周边，用好天生洞公园留存的知名度和景观布局，协同相关部门共同开发好、管理好、经营好闲置公共资源，引入民宿、餐吧、茶艺、酒吧、展馆等新兴业态，合理规划建设九龙半山酒店、星空酒店、帐篷酒店，稳步延长产业链、生态链，构建康养旅居全产业布局。通过市场化的运作，九龙社区充分发挥自然生态资源优势并联合周边资源进行建设，目前九龙社区的生态坝米田园、农耕体验园、生态采摘园、时鲜草莓园已完成布局，环湖健康步道、半山酒店及度假山庄、庭院经济、农家民宿初具雏形。"田园变公园、农房变客房、产品变商品、劳作变体验"的休闲业态在九龙社区正逐步变为现实，并且已经成功创建 3A 级旅游景区、省级美丽乡村，实现初期休闲农业建设，进一步带动传统农家乐向庭院经济转型发展。

第五节　组织振兴的特色与实践

一　组织振兴于乡村振兴的意义

组织振兴是乡村全面振兴的现实需要。习近平总书记指出，要推动乡村组织振兴，打造千千万万个坚强的农村基层党组织，培养千千万万名优秀的农村基层党组织书记（习近平，2022）。基层党组织是实施乡村振兴战略的"主心骨"，发挥着"一线指挥部"和"前线先锋队"的作用。如果党的基层组织作用发挥不充分，就无法将党的路线、方针、政策贯彻落实到基层群众中去，乡村振兴就无从谈起。

组织兴，则乡村兴；组织强，则乡村强。组织振兴是乡村振兴的重要目标，也是根本保证。习近平总书记在中央农村工作会议上发表重要讲话指出，要健全村党组织领导的村级组织体系，把农村基层党组织建设成为有效实现党的领导的坚强战斗堡垒。① 组织振兴是乡村振兴的保障条件，要培养造就一批坚强的农村基层党组织和优秀的农村基层党组织书记，建立更加有效、充满活力的乡村治理新机制。

二　沾益区组织振兴实践

（一）强化党的基层组织建设，提升战斗力

从历史经验和现实情况来看，农村基层党组织振兴是指优秀的党组织带头人带领足够多的高质量党员，掌握丰富的资源，实现内部有效运行和

---

① 《习近平出席中央农村工作会议并发表重要讲话》，中国政府网，2022 年 12 月 24 日，ht-tps://www.gov.cn/xinwen/2022－12－24/content_5733398.htm。

外部对农村社会的有效领导。其主要内容包括五个方面：第一，要有优秀的农村基层党组织带头人；第二，要有充足的党员队伍；第三，要掌握足够的资源；第四，要有良好的内部运行机制；第五，党组织要实现对农村社会的有效领导（王同昌，2019）。下面以云南省沾益区县委和村委的做法为例，分析农村基层党组织如何助力乡村振兴。

第一，强化县委作用，利用现有资源，发挥党员带头作用。经验表明，农村基层党组织是否坚强有力和兴旺发达，关键要看农村基层党组织是否有优秀的带头人以及党组织带头人后备队伍是否充足，同时党组织还需要有足够的资源，包括政治资源、经济资源还有思想文化资源，一切有利于发展的资源都可利用起来（王同昌，2019）。基于此沾益区利用现有的农业政策资源、人才干部资源和数字治理资源等，积极强化县级党委抓乡促村职责，全面深化管理体制改革，加强乡镇领导班子换届后建设，全面开展农村基层干部乡村振兴主题培训，增加本地区的党组织人才掌握的基本农业知识，提高治理能力；从党员干部的素质抓起，将现代化数字治理与传统治理方式相结合，将"网格化"治理方式深入农村，确保农村基层党组织与村民理解并践行乡村振兴战略；建立村党组织全面领导、村级事务统一管理、村干部分工负责的村级组织"大岗位制"，并持续排查整顿软弱涣散村党组织。各乡镇积极完善村级重要事项、重大问题经村党组织研究讨论机制，全面落实"四议两公开"制度，健全党组织领导的自治、法治与德治相结合的乡村治理体系，推行网格化管理、数字化赋能、精细化服务，助力乡村振兴。

第二，提升村级党支部规范达标建设，形成良好的内部运作机制。良好的内部运行机制离不开强有力的党组织支持、村级服务能力的提升、多元主体的参与，尤其是在农村，村民的积极参与是检验一个机制是否有效的重要维度。为全面提升农村党组织政治力和组织力，德泽乡以"五个常态化"为抓手，致力于提升农村基层党建工作水平，持续推进党支部规范化达标创建。德泽乡支部规范建设的具体做法如下。其一，德泽乡全乡99个基层党组织完成规范化达标创建88个，持续整顿软弱涣散基层党组织。其二，在基础设施建设方面，德泽乡投入资金400余万元，新建、改造提升村级活动场所 12 个、村民小组活动场所 33 个，进一步加强了村级活动场所建设，优化了村级基础设施，提升了村级服务能力。其三，在党建方面，农村党支部班子成员团结和谐，党的组织生活制度得到严格执行，批评与自我批评有效开展。该地区深入推进"三联三争"，绿币爱心超市与全员积分制管理全覆盖，累计兑现物资 10 余万元，德泽、热水、老官营、左水冲、炭山、棠梨树成功申报"五面红旗村"，推动了数字化治理与全民参与治理相结合；德泽乡还开展"一对一"党组织共建战略，由组织建设较好的村帮扶党组织涣散的村，形成村落间共建、共享、互助的帮扶模式，同时促进村落间政治思想上的交流、行动上的互相监督、经济上的共同进步，与脱贫攻坚"先富带动后富"的理念相呼应，推动工作整体进步。①

　　第三，充实党员队伍，多举措推动党员在乡村经济和治理中发挥先锋模范作用。在党员人才方面，炎方乡具有丰富的人力资源优势，现有的党员队伍数量充足，人员素质优良，有源源不断的党员后备力量能够对党员队伍进行补充。炎方乡青山村委会下辖 6 个村小组 5 个党支部 75 名党员，有驻村干部 3 名，组织人才设备齐全。在乡党委的坚强领导下，青山村把党的组织优势转化为乡村振兴优势，通过探索"党组织+"引领模式，积极开展党组织引领乡村振兴。其一，在"党组织+农业经济"方面，村党支部书记积极联合返乡创业人才带头在当地开发"滇黄金"中药材产业种植与采摘果园种植，并联合 6 个村小组开展美丽乡村建设、厕所革命等工作，促进该村产业、劳务输出、后续帮扶、文明生活等全方位发展，巩固拓展脱贫攻坚成果。其二，扎实推进党建引领基层治理，探索推行"支部+网格"治理模式。网格员是政府数据的收集者和生产者，能直接深入数据产生的源头，进行冗杂琐碎的记录，并实时反馈。村党组织通过基层社会治理"3354"工作机制，将青山村进行科学划分，将全村划分为 6 个四级网格，并配备网格员 19 人，由村党支部书记带领择优推举的网格员亲自入户，定期听取群众的意见和建议，及时掌握村民的生产生活状况，帮助困难群众

---

① 《沾益德泽：坚持"五个常态化"提升农村基层党建工作水平》，"沾益发布"微信公众号，2020 年 6 月 10 日，https://mp.weixin.qq.com/s/7jXxMvhGlHloEl96JZnf2g。

解决实际问题。此外，网格员还担负着信息员、巡查员、服务员、宣传员、调解员等工作，将村民情况实时输入网格系统使得党委政府通过网格群第一时间掌握全乡民情动态、村干部和村小组长及时处理村民的突发事件和邻里纠纷事件等，实现了基层党组织与群众的双向互动，形成了"网中有格、格中有人、人在格上、事在格中"的服务管理格局，为乡村振兴提供坚强组织保障，真正实现了有效治理。

（二）提高行政效率，加强执行力

行政效率一般是指国家行政机关及其行政人员从事行政管理活动的产出同所消耗的人力、物力、财力等要素之间的比率关系。它是国家行政机关和行政人员的行政活动效果的重要衡量标准。提高行政效率是政府颁布的政策、法规等得到贯彻执行的重要保证（于春海，2005）。提高行政效率就是要"软硬兼施"，少一方都会产生不良影响，硬件设施是软件政策的载体，软件政策是硬件设施的助推器。

第一，基础设施完善是提高基层党组织行政效率的"硬件"。沾益区是一个土地和水利资源丰富的地区，这是当地经济发展的基础，因此该地区在保护和利用自身资源方面有独到的经验，同时该地区也能走一步看十步，在坚持土地和水利底线的同时，开展生态环境、人居环境建设。在基础设施的建设方面，沾益区坚持"红线原则"，开展耕地撂荒专项治理，消除存量"撂荒地"60%以上，建设高标准农田3万亩以上，确保粮食播种面积110.4万亩、粮食总产37.2万吨以上。[①] 同时，沾益区还实施了乡村振兴"一十百"示范工程，持续推进"两村"建设、"两污"治理、"两厕"改造，加大农村人居环境整治力度，并全面推进城乡供水一体化，建成城镇供水基础设施项目，做好黑滩河水库移民搬迁安置，加快大海子水库工程、牛栏江河道治理项目建设。[②] 产业只顾发展却破坏环境是行不通的，打造生

---

① 《沾益区：牢牢守住百姓"米袋子"》，"沾益农业"微信公众号，2022年11月14日，https://mp.weixin.qq.com/s/VkS_4nzMToj4gXtKVK-afA。

② 《沾益区召开2023年6月"两村"建设暨农村人居环境整治提升推进会议》，"沾益发布"微信公众号，2023年7月7日，https://mp.weixin.qq.com/s/dNOaj1UyxosPesrKBRaEpA。

态宜居的环境，提高农民的获得感、幸福感和安全感也尤为重要。"要致富先修路"，基础设施完善，办起事来才会事半功倍，有些地区乡村振兴的行政执行力很强，但是苦于设施设备、交通等问题而延缓了成功的步伐。因此基础设施的完善也是提高政府行政效率的关键。

第二，加强基层党员素质建设是提高基层党组织行政效率的"软件"。党员干部是国家政策的践行者、监督者、参与者、宣传者等。党员素质和能力的提高离不开日常组织活动的开展。基于此，沾益区大部分乡镇积极开展各种活动，全方位提高党员素质。例如沾益区白水镇积极开展"三会一课"、主题党日、党员大会等学习活动 50 余场次，举办党员教育培训 5 场次，参与 1500 余人次。严格执行"第一议题"制度，认真学习习近平新时代中国特色社会主义思想和党的二十大精神及习近平总书记系列重要讲话精神，撰写学习笔记、心得体会 56 篇 6 万余字。之所以开展如此多的学习活动，是为了让党员干部把国家目标和党的使命时刻牢记在心，指导党员干部干实事，提高党员干部的行政效率。[①]

（三）完善居民自治组织，扩大影响力

农村基层群众性自治组织的建立与完善是为适应我国民主政治发展和农村村庄资源分配的特质而形成的。村庄是全体村民的村庄，资源的共有、利益的共享、村庄的共建以及村庄的相对独立性，决定了农村基层群众性自治组织的建立和完善必须以利益的均衡和权益保障为方向（范思凯、邓泉国，2012）。中国农村的村民自治组织经过几十年的探索，已经逐渐形成特色的结构体系，借助脱贫攻坚、乡村振兴等国家政策支持，我国村民自治组织得到更加完备的发展，为实现治理体系和治理能力现代化贡献一份力量。

实践证明，农村社会组织可以有效地解决那些乡镇政府难以通盘解决的问题，填补社会服务的漏洞，因此当前社会组织在乡村还有很大的发展潜力，值得关注（雷明、于莎莎，2022）。为了提高乡村治理能力和治理效

[①] 《沾益区白水镇大德村扎实推动全国文明村创建工作》，"沾益新闻"微信公众号，2023 年 4 月 19 日，https://mp.weixin.qq.com/s/aAsznhw2w-RFEKhfGYG27w。

果，沾益区各乡村成立各种自治组织，使其参与村庄的移风易俗、文明和谐的邻里关系等方面的治理。目前沾益区大部分乡村纷纷成立了本村的红白理事会，该理事会由村里德高望重的村民组成，了解村里大大小小的事务，制定从简的红白喜事标准，整治大操大办的婚丧嫁娶陋习。此外，大部分村庄还成立了民主评议小组、道德评议小组、民族团结协商会、村民议事会、禁赌禁毒会和道德评议会等村民组织，以解决村民日常生活中的急难愁盼问题，此外还广泛发动村民积极参与"十星级文明户""五好家庭""党员示范户"等村民喜爱的活动，形成尊老爱幼、扶贫济困、热心公益的社会风尚。

农村自组织的建设有利于弥补政府政策无法照顾到的方面，邻里之间的救助能缓解社会救助经费不足与救助群体需求之间的矛盾，政府救助与民间救助相结合能有效激起村落互帮互助的淳朴民风，同时也能拉近邻里之间随着农村现代化发展而愈见疏离的关系，实现农村治理现代化不代表要抛弃所有的传统，农村一些良好的道德风尚需要发扬光大，而这种发扬要靠村民之间的传承。

（四）注重社会组织孵化，提高协同治理能力

如果没有高效的党政组织，基层的各方面改革势必陷入低效困境，甚至可能产生反效果，如果没有活跃的社会组织，不利于农村社会的多元化发展。因此，评判组织振兴是否有成效，既要看乡村社会治理体系是否加强了组织领导，也要看它是否扩大了社会协同和公众参与。截至2022年，曲靖市年检合格的市级社会团体共有132家，组织类型涉及范围广，包括商会、运动、医疗保健、戏曲艺术、武术、体育锻炼、建筑、志愿协会等；民办非企业单位合格的有27家，大多数是社会工作服务中心；合格的慈善组织（基金会）有8家，包括志愿者协会、社会组织孵化中心等。①

社会组织作为基层治理的重要参与者，在服务社会、服务社区、服务群众上将起到很关键的作用。这些社会组织在曲靖市民政局的引导下，开

---

① 《曲靖市市级社会组织2022年度年检结论公示》，曲靖市人民政府网，2023年9月8日，https://www.qj.gov.cn/html/2023/tzgg_0908/111621.html。

展了一系列推动地区发展的活动。比如引导社会组织链接社会资源，搭建人才和岗位需求平台，带领广大会员和会员企业结合自身特点，深入挖掘和拓展就业资源，通过组织开展招聘见面会、定向招聘、网络招聘等，积极助力2022届高校毕业生就业工作；云南省建筑业协会党支部，广泛动员整合多方资源，筹集100万元资金支持曲靖市初心社会工作服务中心等8家社会组织在麒麟区、沾益区、会泽县、宣威市等地实施社会组织助力乡村振兴项目；曲靖市保险行业协会党组织等14家社会组织共同捐款50余万元助力会泽道路硬化、基础设施改善、人居环境提升等脱贫工作；开展党建与社区治理能力提升培训班，着力推进社会组织党建融入城市基层党建、融入基层社会治理，通过推进社会组织、社工人才、社区"三社联动"，努力推进曲靖市社会组织党建工作和社区治理水平再上新台阶；成立乡镇（街道）社区社会组织联合会、社区社会组织服务中心等枢纽型社会组织并发挥作用，促进社区居民有序参与社区治理。

注重不同类型社会组织的差异化优势，针对农村治理问题的不同方面，协调不同类型社会组织的乡村振兴参与路径，使其各显优势，综合发力，从而有效实现"优势治理"的目标（萧子扬，2020）。社会组织之间互相联动，形成资源互动网络，为解决沾益区农村问题提供专业服务，同时因地制宜地为沾益区农业与旅游业的发展链接返乡创业人才、农产品企业等资源。

（五）鼓励居民参与，保持活力

"谁的乡村振兴""谁来振兴乡村"是乡村振兴的核心问题之一，人的要素及其衍生的人才资源既是乡村振兴的出发点，又是乡村振兴的落脚点，其实质是"人"的问题（李海金，2023）。只有当在乡村的人继续留在乡村，外出务工的人返乡生活，乡村不再是乡愁，而是具体的生活环境时，乡村也就发挥出其价值，这才是真正意义上的乡村振兴。

具体而言，乡村本土人才一般有两种类别：一是一直在乡村居住和生活，从事农业生产或就地就近兼业，经济社会关系网络主要在乡村，具有较高的群众基础和社会威望，可以形象地称为"不离土不离乡""离土不离乡"群体；二是在乡村有较长时间的成长和生活经历，后来进城工作、生活并拥有较高学历和较强技能，可以形象地称为"既离土又离乡"群体。第一类本土人才主要包括留守农民中的中青年农民，第二类本土人才主要包括大学生、新生代农民工、离退休干部、乡村教师和医生等（李海金，2023）。把乡贤、退休干部、返乡创业人员联结起来，盘活现有的乡村人才资源，以点带面，是实现居民参与乡村治理全面覆盖的重要途径。

　　沾益区各乡镇积极吸引人才参与乡村振兴，在吸引人才参与乡村治理方面有自己的独特经验可供其他地区参考。第一，乡贤参与乡村治理。目前，沾益区白水镇大德村为了挖掘乡贤资源，成立了大德村乡贤理事会和参事会等组织，让乡贤参与乡村的治理，在红白喜事、村规民约等方面发挥巨大作用。此外，该地通过党员干部推荐、群众公推公选等方式，"点对点"把有威望的退休干部、有影响力的经商人士、有"手艺"的技术人才、有经验的返乡务工人员，以及居村和在外有德行、有才能、有声望，乐于参与乡村振兴、基层治理的人纳入乡贤群体中，扩大治理主体范围。截至2023年3月，大德村共吸引各类乡贤人才55人，其中常住村内的有32人，在外人员有23人，积极发挥乡贤、小组长的带头作用，推动基层治理从"村干部治理"走向"村民自治"，农民群众也从"被动管理"转变为"主动作为"。① 第二，返乡创业大学生参与乡村发展。沾益区大坡乡土桥村地处偏远地区，资源贫乏，许多村民都选择外出务工。在这样的情况下，返乡大学生起到一个很好的带头作用。2017年7月，从云南农业大学生物技术及应用专业毕业的"95后"小伙田刚，决定回乡创业，根据自己的专业知识进行大胆尝试，带动村里的贫困户发展人工菌种植。面对缺钱、缺土地的局面，村党支部书记带领田刚跑贷款、流转土地、找销路，帮助田刚成立食用菌种植农民专业合作社。合作社成立后，田刚与村里的贫困户合作，田刚出技术、出钱，贫困户出劳力、出地块，每亩土地一年可以有1.3万元的收入，为农民增产增收。村党总支、村委会将竭尽全力把这个产业

---

①《沾益区白水镇大德村：乡贤"搭把手"治理"更有效"》，"沾益新闻"微信公众号，2023年3月31日，https://mp.weixin.qq.com/s/Lcx7d0AsZd3r6wr7Dxz-GQ。

扶持壮大起来，带动更多贫困户脱贫致富，逐步把这个产业培育成土桥村的主导产业。第三，人才引进企业家促进农业经济发展。炎方乡青山村委会滇黄精种植基地负责人撒爱梅响应国家人才引进计划，辞去体制内工作投身滇黄精中药材种植产业，滇黄精的种植为当地开辟了大量的劳动岗位，村民在自己熟悉的土地上劳作，一天能有 80~100 元的兼职收入，同时，村民通过将自己的土地流转给种植基地收取地租，又是一个增收渠道，这有效解决了村民外出务工的土地撂荒问题。此外，该中药材的种植为青山村集体经济一年创收 7.2 万元，为当地村民提供了"地租+劳务"双重创收渠道。第四，村民通过"小网格"实现"大治理"。沾益区开展网格化治理，将村民小组划分为各级网格，配置网格员，每个网格员分管几户村民，定期入户访问采集村民信息，解决村民的急难问题。同时，村民也可以通过"平安曲靖"等 APP 发布自己对村庄治理的意见或倡议，实现对村庄的治理，提高村民的参与积极性。

三　沾益区组织振兴的特色

（一）理念先进，增强为民服务意识

第一，跟随政策指导将政策落到实处。沾益区紧跟国家政策，将"双报到双服务双报告"与"干部规划家乡"、"我为群众办实事"等工作有机融合，开展各类志愿服务，着力解决群众急难愁盼问题。组织两新工委委员、党建工作指导员开展"三进三送"活动，助力企业健康发展。出台《曲靖市组织工作服务优化营商环境八条措施》，选派 15 名干部到优化营商环境和项目建设一线接受锻炼，加强干部队伍监督管理，着力构建"亲清"政商关系，采取"党员先锋岗""党员责任区""党员志愿服务队"等方式，推广"最多跑一次""服务送上门"等做法，助推一流营商环境建设。① 第二，发动民间治理主体的力量参与乡村治理。多元治理是以不同主体为依托，以共同参与为前提，通过发挥主体各自强项来达成优势互补、

---

① 《【优化营商环境】沾益区组织工作八条措施服务优化营商环境》，"沾益党建"微信公众号，2022 年 4 月 24 日，https://mp.weixin.qq.com/s/NAdgzmTLcPWsRBGtfuhFLQ。

协同合作的治理模式。乡村治理主体从一元到多元的演进，是对社会基础和治理需求变化做出的积极回应（辛璟怡、于水，2020）。为了实现多元主体治理，沾益区实施乡村人才"归雁"工程，回引致富带头人、外出务工经商人员、高校毕业生、退役军人等人才，先后建立起省级专家工作站12个及其他各类人才工作站19个，发挥巾帼人才、银发人才等7支人才志愿服务队作用，组织开展进田间上门活动30余次，为推动乡村振兴注入人才智力。① 同时实施"万名人才兴万村"行动，通过市、区两级专家组结对帮扶困难乡村，抽调区级医共体总院相关专业主任及其科室高资历专业技术人员组成专家团队，在各分院建立"基层专家团队工作站"，参与乡镇（街道）各分院的临床诊疗、科研、教学及健康宣教等工作。专家团成员持续到乡镇（街道）开展咨询、义诊活动30余次，受益群众300余人，开展集中业务线上与线下培训11次，累计培训273人次。乡村振兴的效果不仅在于基础设施的完备、公共服务的均等化，更在于居民自我服务意识的提升，当居民不再过度依赖政府的政策帮扶，产生服务自己与服务他人的意识时，那乡村振兴目标的达成也就不远了。

（二）党建引领下的多元主体参与，增强组织凝聚力

在主体参与治理方面，沾益区成立乡贤参与治理组织，退伍军人干部、村民组成的网格员队伍、妇女组织、企业家、驻村干部等主体纷纷加入，使得各乡镇基层组织同乡村振兴"一盘棋"，各个主体与村"两委"共同行动，积极参与村级组织建设，积极招商引资带动村级产业振兴、村民致富。在完善村级基础设施建设方面，道路翻修、人居环境改造、厕所革命等一系列工程使得村庄面貌焕然一新，这一切都离不开村级各主体的多元参与。

（三）依靠精英，提高组织战斗力

乡村精英是指在重大民间活动中充当组织者和指挥者的社区成员，比

---

① 《［党建］曲靖市沾益区：党建引领趟出乡村振兴新路子》，"珠源先锋"微信公众号，2022年10月14日，https://mp.weixin.qq.com/s/sUdtBmdnCoBPW2BeKyM-mg。

其他社会成员能更多地调动社会资源、获得更多权威性价值分配的人就可以被称为乡村精英（仝志辉，2002）。乡村精英是中国农村巨大的社会资源，历史上，乡村精英在处理乡土社会冲突、维护乡土社会稳定上曾发挥过重要作用。在当代中国，乡村精英亦在促进乡村社会发展和乡村文化传承中扮演着重要角色（李卓等，2017）。沾益区发展乡村精英参与治理有着得天独厚的优势条件，沾益区是一个以农业发展为主的地区，土地资源、农产品资源丰富，留住了大量的农村人口，无论是村干部、驻村干部还是返乡创业的企业家都能参与自己村庄的治理。

第一，村党支部书记一肩挑。菱角乡刘家庄村党支部书记何忠华，兼任菱角乡执法大队队长，2021年11月开始担任刘家庄村党支部书记。该村副书记表示，何书记来到刘家庄村后为村民做了许多实事，最为突出的便是引进了华能公司的光伏产业，充分利用当地太阳能优势，采用"光伏+乡政府平台公司+农业+农户"的合作模式，开发农光互补项目，带领村民致富；在处理村级事务中，攻克异地为官的困难，与其他村干部积极听取村民意见，亲力亲为处理村中大大小小的事务，获得村民一致认可。

第二，驻村干部干实事。驻村干部的主要职责是协助村委会做好党建工作、走访全部脱贫户、做好监测入户排查工作等。大部分乡镇驻村干部积极参与驻村工作建设，大坡乡、德泽乡等地的驻村干部积极参与村级扫黑除恶、山林救火等工作，深入田间地头了解脱贫户的工作状况，为巩固拓展脱贫攻坚成果积极建言献策。笔者走访发现，不仅贫困户认识，甚至整个村的村民都认识他们的驻村干部，时常能在田间地头看见他们的驻村干部，说他们的驻村干部是在为老百姓做事。

第三，企业家带头致富增收。德泽乡老官营村德庄庄园园主张总，刚开始常年在外地做生意，在2018年脱贫攻坚时期积极响应国家号召，返乡创业，发展家乡旅游业，创办了德庄庄园。他的行为更是经济效益和社会效益兼顾的典范，在带动家乡旅游业发展的同时，他出钱为村里修路，创办红白理事会，使当地的村容村貌得到很大改善，积极参与村级治理，助力乡村组织振兴和产业振兴。

（四）引入科学技术，实现网格化与数字化治理

随着科学技术的发展，国家社会治理的形式也发生巨大变化，从线下到线上，从自上而下到村民自下而上的共同参与，给国家和人民和谐发展提供了巨大便利。沾益区紧跟国家政策，实行网格化和数字化治理，打通服务群众"最后一公里"。

第一，在网格化治理方面。沾益区在区、乡、村、组四级网格之下，以20~50户为单位划分基础网格，全区共设置二级网格11个、三级网格135个、四级网格1069个、基础网格4378个，实现区域网格全覆盖，且按照"全域覆盖、全网共享、全时可用、全程可控"的目标，打造了智慧警务、智慧城管、智慧小区、智慧校园，建成视频监控32000余路；"智慧大喇叭"覆盖沾益区所有村（居）民小组，推进线上与线下联动、网上与网下融合、首问负责限时办理。① 此外，网格员的选拔也有严格的制度，专职网格员不得由村组干部担任、不得把专职网格员当村组干部使用，网格员从村里择优选取，同时专职网格员要明确八项基本职责和五项重点任务。网格员可以利用人熟、地熟等优势，日常生活中听到、看到的矛盾问题，小事网格员可自查自纠，处理不了的上报，依托"平安曲靖"大数据应用平台、企业微信、数字乡村等智能程序，做到事事有回音、件件有落实。同时，网格员还是乡村振兴、服务民生工作的生力军，在人居环境提升、护林防火、疫情防控等工作中发挥宣传、发动、监督等重要作用。

第二，在数字化治理方面。目前，沾益区数字化已运用到环卫精细化管理、数字农业经济发展等多个领域。在环卫精细化管理方面，沾益区用科学高效的精细化管理赋能环境卫生工作，依托沾益区智慧城管平台700余路的智能视频及作业车辆、人员智能定位终端，建立起智慧环卫监管系统，将互联网、大数据分析、云计算等网络和通信高科技手段相结合，将城区55辆环卫作业车辆纳入智慧环卫监管系统，动态掌握55辆环卫作业车辆运行情况及219名一线作业人员的实时位置、清扫状态、作业轨迹、清扫里程

---

① 《打通服务群众"最后一公里"——曲靖沾益区网格化社会治理工作纪实》，"沾益政法"微信公众号，2021年10月25日，https://mp.weixin.qq.com/s/Di9cMdDvjkPw85bq_f5VNg。

等情况，并对 1132 个垃圾收集点作业路面情况进行实时监管，实现环卫作业"一屏掌控"。① 在数字农业经济发展方面，沾益区积极推进数字技术与农业现代化融合，用"数字"为农业赋能，全面推广智慧农业生产，加快物联网技术与设施园艺、畜禽养殖全面深度融合，并且聚焦沾益区绿色蔬菜、道地药材、山地牧业等优势产业，推广农业生产新技术、新装备，建立产品溯源体系，大力推广农产品溯源"孔雀码"等应用，推动全产业链数字化改造，同时加快实施"互联网+"农产品出村进城工程，坚持以农产品电子商务为重点进行发展。下一步打算依托沾益现代农业产业园，建成 1个数字农业示范基地。②

四　沾益区组织振兴的不足

（一）村级领导班子能力有待加强

1. 学习积极性不高

大部分村干部由于年龄问题，学习积极性不高，工作方式简单，只注重干一些具体的工作，基础党务工作薄弱，忽视了对政治理论的学习。具体体现在以下几个方面。第一，政治理论素质和政治业务素质不高，基础党务档案痕迹资料存在不全现象，未突出党的理论知识。第二，开拓创新意识不强，对村的各项发展缺乏远见，支部的工作不能对村的发展起到较大的引航作用。第三，"三会一课"开展不规范，教育管理效果不好，党组织凝聚力、战斗力体现不足，亮点不突出。在调研的过程中，笔者发现某些村庄的党建活动还存在"形式主义"的情况。

2. 干群关系疏离

某些村出现村干部与村民关系疏离的情况。一是因为村党支部书记精力有限，没有办法让每位村民都了解自己；二是村民对于村委会工作的日

---

① 《沾益区数字赋能成就环卫管理作业精细化》，"美丽沾益"微信公众号，2021 年 11 月 29日，https://mp.weixin.qq.com/s/OOEQlxMU_aLL7sAn0EVIXw。

② 《沾益区强化农业数字赋能促进乡村振兴》，"沾益新闻"微信公众号，2021 年 10 月 18 日，https://mp.weixin.qq.com/s/8DxroHORETuWA7aiJI3JiA。

常大多处于"不关心和与我无关"的状态；三是有些村落家门前建起高耸的围墙，邻里之间走动串门现象较少，农闲时大部分时间在家中看电视，唯一的交流是在田间地头或打零工时，村民关系疏离。通过对多个自然村村民的访问以及笔者20天的驻村观察，当地村民与干部之间、村民之间的关系较为疏离。

（二）党员老龄化，后备干部不足

1. 党员老龄化严重

目前，大部分村"两委"干部中，55岁及以上的老年人占比约为20%（见表1-2），虽然本书只统计了截止到2022年的55岁及以上的村"两委"干部，但是实际上其他大多数村"两委"干部在50~54岁，可以看出干部老龄化较为严重。这也导致其对于村集体产业发展、党建的学习意愿不强，防汛救灾、森林防火、扫黑除恶等方面能力有限，且接近退休年龄，在为人民服务、学习党组织理论方面可能出现懈怠。某村党支部书记在关于村"两委"党员干部的老龄化问题的访问中表示："老龄化还是很严重的，现在的年轻人都跑出去了，就算村里面的经济发展还可以，但都还是不想回来，所以村里面老人比较多，村'两委'总体年龄比较大。"

表1-2 村"两委"结构

单位：人，%

村落	村"两委"人数	55岁及以上人数	占比
老官营村	6	1	16.7
刘家庄村	6	2	33.3
土桥村	6	2	33.3
菱角村	7	1	14.3
青山村	5	0（有1人53岁）	0.0
大德村	5	1	20.0

2. 村级后备干部不足

大部分村庄存在流动党员较多在外务工的状况，尤其是文化层次较高的青年，一部分人是将自己的党员资料转入村里，但是人在外务工，真正愿意返乡创业、扎根农村的少之又少，另一部分人虽然想来但因为对实际情况不了解、个人能力不足而干不好，导致村级干部后备力量不足。笔者在对某些村落的村支书访谈时谈到村级干部老龄化的问题，村支书是这样说的："哎，这个问题真的是太严重了，你看，现在的年轻人个个都想往城里面跑，我们村条件虽然好，但是没人愿意回来从事农业，再说村干部的工资待遇这些都不高，比如说我一个月就 3500 元的工资，还好家里有地，其他没得地的人怎么会想来，还有就是其实我们村的人才很多，但是因为这边保护生态环境，不让在这边开厂施工，只有做农业的才能来，所以我们村 100 多个大老板都是在外面开厂，都不愿意回村发展。你说难不难？还有一些大学生党员只是毕业了把自己的党员档案转回村里，但是人在其他地方工作，所以我们村的党员不少，但是都没回来。"村级干部后备力量不足的主要原因还是在于留不住人才，年轻人常年在外，家乡情怀难免淡薄，沾益区的这些村庄条件还算好，其他地方的条件可能更差，年轻人都想在外面闯荡，有回乡发展觉悟的人可能更少。

3. 人才资源利用不充分

部分村庄没有完全把网格员利用起来，只满足于网格员日常的报送信息，没有做到"信息共享、资源共用、管理互通"，网格员由于自家也有地要种，因此部分时间工作流于表面，造成了网格员资源浪费。笔者在做问卷调查时刚好抽到一位被访者是当过网格员的，因此对他的工作状况也做了些访谈，当我们问到他为什么后来不做网格员了，该村民表示：当时当了几个月的网格员，主要就是每个月做一次入户，后来因为家里地太多，种不过来就没干了，感觉做得也没得意思。当我们询问其他村民是否知道网格员，知不知道"平安曲靖"等 APP 时，大部分村民是知道网格员的存在的，但不知道这些软件的作用，也没有在上面发表过意见。网格员在开始时积极参与村庄管理，但是由于自身的农业生产工作，也只是偶尔去参加活动，久了之后便不了了之，网格员一职形同虚设，造成资源的浪费。

第六节　沾益区民族团结进步的实践与成效

"民族团结"是指不同民族为了共同的利益和目标在自愿和平等的基础上的联合（金炳镐，2007）。"民族进步"是指各民族在社会主义现代化建设新时期的伟大实践中实现共同繁荣和发展（金炳镐等，2017）。民族团结是发展进步的基石，民族进步是民族团结的方向，两者统一于民族团结进步事业。民族团结进步的实践是中国共产党为协调民族关系、加强民族团结、促进民族进步而大力开展的社会实践活动，对于增强中华民族凝聚力、向心力意义重大（刘延东，2017）。各民族地区深入开展民族团结进步创建活动，积极培育中华民族共同体意识，加强各民族交往交流交融，实现各族群众共同发展，有助于乡村振兴战略的成功实施。

长期以来，党中央都保持着对云南民族团结进步事业的关注。2015年1月，习近平总书记考察云南时指出希望云南努力成为民族团结进步示范区；2020年1月，习近平总书记再次考察云南时指出，希望云南努力在建设我国民族团结进步示范区上不断取得新进展（胡建军，2023）。近年来，云南省委、省政府认真贯彻落实习近平总书记关于加强和改进民族工作的重要思想，深入贯彻落实中央民族工作会议精神，将示范区建设作为云南民族工作的重大任务，作为铸牢中华民族共同体意识的实践载体，作为推动民族团结进步事业创新发展的具体路径，集全省之智、举全省之力推动示范区建设迈上新台阶，绘就团结进步繁荣发展新画卷（李正雄，2023）。

沾益区位于云南省东北部、曲靖市中部，总面积为2814.9平方公里，下辖西平街道、龙华街道、金龙街道、花山街道、白水镇、盘江镇、炎方乡、播乐乡、大坡乡、菱角乡、德泽乡共4个街道、2个镇和5个乡。中国第三大河珠江发源于此，沾益区凭借"入滇锁钥"区位优势走在民族融合前沿，是全省重要的工业基地、农业生产基地和交通物流枢纽，资源丰富、生态良好，居住着汉族、彝族、回族、苗族等共计40.5万人，其中少数民族 2.7 万人，占 6.67%。① 党的十八大以来，沾益区坚持以习近平新时代中国特色社会主义思想为指导，围绕"中华民族一家亲、同心共筑中国梦"的总目标，紧扣"铸牢中华民族共同体意识"主线，教育引导各族群众增强中华民族共同体意识，实施了各民族"精神相依、幸福相守、互嵌相融、平安相伴"四项工程，开展了一系列文化艺术活动，巩固发展相互嵌入式的社会格局，不断提升民族事务工作能力，极大地推动了民族的团结与进步，走出了一条既符合实际又具有特色的创建之路。

一 沾益区新时代推进民族团结进步的创新实践

（一）开展系列文化艺术活动

近年来，沾益区注重推进民族团结进步创建与文明城市创建，打造了播乐"九五起义"纪念馆、玉林山烈士陵园民族团结进步教育基地，建设民族团结进步主题公园 3 个、街区 2 条、主题教育阵地 741 个，举办"铸牢中华民族共同体意识+"系列文体活动和民族团结进步宣传月等教育活动 130 余场（次），评选"珠源巾帼英才""沾益工匠"等先进模范 203 名，"小粑粑""辣子鸡"等 27 个非遗项目成为各民族共有共享的文化印记，融合各民族文化精髓打造"霞客寻源""娄家大院古建筑"等沾益代表文化，使中华民族共同体意识深入人心。②

菱角乡居住着回族、汉族、苗族、彝族 4 个民族，有 5 万人口。菱角乡在乡村振兴中紧紧围绕铸牢中华民族共同体意识这条主线，物质和精神统筹推进，建立了各民族共建共治共享新模式。比如菱角乡结合传统节日开展了"中华民族一家亲"系列活动，举办"元宵节""端午节""中秋节"等传统文化活动。除此之外，菱角乡还组建了民族广场舞队、民间演艺队，开展了形式多样的文化活动，营造了各民族团结和谐、亲如一家的浓厚氛

---

① 《【民族团结进步示范创建·县（市、区）篇】沾益区创建民族团结进步示范单位主要做法》，"曲靖统战"微信公众号，2022 年 12 月 9 日，https://mp.weixin.qq.com/s/AznRGB-pzB3vC5DaMoi2ghA。

② 《沾益区画好民族团结"同心圆"》，"曲靖日报掌上曲靖"百家号，2023 年 7 月 17 日，https://baijiahao.baidu.com/s? id=1771679389430570670&wfr=spider&for=pc。

围；倡导移风易俗，树立文明新风，制定村规民约，倡导文明行为，积极引导各族群众尊重民族风俗习惯，形成邻里和睦、共同发展的良好社会氛围。[①]

播乐乡积极传承、保护少数民族传统文化和技艺，充分挖掘民族特色资源，不断传承和弘扬优秀传统文化。播乐乡辖区内少数民族占总人口的3.13%，彝族、回族、壮族等不同民族的文化汇聚于此。为促进各民族的交流与交融，政府结合本地彝族文化特色，每年定期举办彝族火把节，开展各种民族民俗活动，同时以春节、元宵节等传统节日为契机，深入开展民族团结大舞台、民族歌舞技艺大比拼活动，利用民族文化舞台，引导少数民族唱民族歌曲、跳民族舞蹈、讲民族故事，展示少数民族文化风情，不断增进不同民族间的相互了解和尊重，共同构建各民族共有的美好精神家园。同时通过开展"星级文明户""廉洁家庭""绿色家庭""五好家庭"等特色创建活动，大力弘扬社会主义核心价值观，形成民族团结、家庭和睦、邻里团结、互相关爱的良好氛围，为推动民族团结进步示范创建提供精神动力和道德支撑。[②]

德泽乡实施"民族团结+"融合发展行动，以"火把节""文化大篷车"等为契机，搭建民族展演、民族歌曲、民族美食三大舞台推动各族群众广泛交往，积极营造各民族共居、共学、共事、共乐的浓郁社会氛围。积极开展"道德模范""绿美庭院""文明家庭""最美家庭"等评选活动，促使各民族群众在生活方式上互鉴互融、创新发展。2023年组织开展各类活动10次，周边前来参加活动人员达1.5万人次。[③]

西平街道玉林社区以社区党群服务中心为中心修建了铸牢中华民族共同体意识主题教育基地，包括民族团结进步广场和主题教育展厅，每逢佳

① 《菱角乡：多措并举助力民族团结示范创建》，曲靖市沾益区人民政府网，2023年4月8日，http://www.zhanyi.gov.cn/news/154/38996.html。
② 《沾益区播乐乡："三点"齐发力深耕民族团结沃土》，曲靖市沾益区人民政府网，2022年9月29日，http://www.zhanyi.gov.cn/news/154/31732.html。
③ 《德泽乡：凝聚"四力"助推民族团结进步创建工作走深走实》，曲靖市沾益区人民政府网，2023年8月24日，https://www.zhanyi.gov.cn/news/154/40799.html。

节庆典，社区紧扣节日主题在广场举办活动，丰富群众生活的同时将红色教育潜移默化地融入了日常生活，基地自建成以来，已先后组织党员干部、企业职工、在校学生、各族群众 4500 余人次到此参观学习，成为沾益区铸牢中华民族共同体意识宣传教育的主阵地、主渠道。①

白水镇大德村高度重视民族文化传承保护和创新交融，整合资金建设完善同心民族广场、珠源绣纺、居家养老服务中心等活动场地，为组织跳好大德非物质文化舞蹈、学好传统民族刺绣技艺、过好三月属马女人节及火把节提供有力阵地保障，以丰富多样的文体活动促进各族群众在交流交往中和谐共处、共同发展。将彝族文化元素与社会主义核心价值观巧妙结合，打造彝族文化传习所，设计文化宣传画廊及彝族象征建筑寨门、奔牛，在宣传宣讲中引导村民树牢正确祖国观、民族观、文化观、历史观，不断强化文化认同，同时也向外展示大德村独特的民族文化和风情。② 大德村盛大的火把节，吸引了全国各地的人前来参与，通过祭火仪式、惠民文艺演出、篝火晚会等环节，不仅民族的传统文化得到了弘扬与传承，还推动了各民族群众在丰富活动中广泛交往、全面交流、深度交融。

（二）开创相互嵌入式的社会发展格局

沾益区积极创造共居共学、共事共乐的社会结构和社会条件，在空间、文化、经济、社会等方面搭建互嵌式关系，促进各民族广泛交往、全面交流、深度交融。

首先，沾益区实施了"互嵌式安置行动"，通过易地搬迁、移民安置、棚户区改造等措施，优化居住空间布局，巩固各民族融洽无间的居住形态。引导各族群众在基层党组织的领导下，完善自治、德治、法治、智治体系，构建共建共治共享社会治理共同体。在区乡村为民服务场所设立"一站式"民族事务窗口，加强少数民族流动人口信息化管理，健全落户、就学、就

---

① 《沾益区白水镇大德村："一社一品一载体"西平服务有温度》，曲靖市沾益区人民政府网，2023 年 3 月 28 日，http://www.zhanyi.gov.cn/news/154/38113.html。

② 《沾益区白水镇大德村：用好党建"指挥棒"奏响民族团结进步新乐章》，曲靖市沾益区人民政府网，2023 年 5 月 8 日，http://www.zhanyi.gov.cn/news/154/39195.html。

医、就业、创业等服务举措，完善社区服务功能，促进流动人口与本地居民享有同等社会保障权利。常态化开展社区志愿服务，通过党员"双报到双报告双服务"将基层党组织力量下沉到社区，截至2022年累计为群众办实事11685件，全力打造共居共融、和谐共生的社区环境。

其次，沾益区健全教育、就业、婚姻、户籍等方面的政策支持，定期选派干部对外交流，实施"筑巢引凤"等人才引进工程，机关事业单位、区属国有企业招考录用禁止设置户籍、民族条件，全面保障随迁子女就学，能源技术学院、工业技师学院等院校招收外地学生2424人，"干部规划家乡"行动吸引在外人才返乡参与乡村规划198人次，不同民族间结婚登记4072对，本地与外地结婚登记3976对。沾益区常住居民民族种类由第六次全国人口普查的20种增加到第七次全国人口普查的40种，推动形成了你中有我、我中有你、谁也离不开谁的社会结构。

再次，沾益区鼓励文艺创作融合各民族文化，丰富表现形式，曾举办"珠江源之声"民族音乐会，编排舞蹈《珠源盛开团结花》，音乐剧小品《珠源情歌》深情演绎脱贫攻坚时期党群齐心、干群齐力，创作《包粽子》《老有所乐》等温暖沾益摄影作品。2020年以来共推出兼具地域性、时代感、生活化的戏剧曲艺、舞蹈摄影、书法雕塑作品1000余件。汇聚各民族文化精髓打造沾益代表文化，展现好探寻珠源"霞客文化"、红色旋律"涛声音乐文化"、驼峰航线"抗战文化"、红军长征"革命文化"、娄家大院"古建筑文化"五大文化，促进各民族文化交流互鉴、深度融合，增进文化认同。

最后，沾益区结合各族群众互嵌式发展计划，倡导"9+2"泛珠三角区域合作论坛达成的"共创未来"宗旨，鼓励经济主体"走出去、请进来"。结合各族青少年交流计划，搭建"同饮珠江水、共护珠源美"情感纽带，举办以溯源、探源、护源为主题的文化交流、学术交流、大学生社会实践，促进沾益区与珠江流域各地青年深入交流。结合旅游促进各民族交往交流交融计划，举办珠江源马拉松、登山越野等体育赛事以及帐篷音乐节、朝阳节等大型活动，丰富珠江源全域旅游内涵。支持本土作家围绕沾

益区民族融合史开展创作,《充军云南》《汉族移民入滇史话》《珠源梦》
等 5 部反映人口迁徙、民族融合的文学作品公开发行。在博物馆、文化馆
定期举办历史文化主题展,充分展示秦修五尺道、诸葛亮南征、安氏土司
改土归流、红军长征两过沾益播撒革命火种等恢宏历史,多角度、多层次
阐明多元一体中华民族形成脉络,激发各族群众情感共鸣,增进民族
团结。①

(三)不断提升处理民族事务的能力

习近平总书记提出"依法治理民族事务,确保各族公民在法律面前人
人平等"的重要论述(中共中央党史和文献研究院,2021),沾益区把民族
事务治理融入党建引领基层社会治理体系,深入推进"平安沾益""法治沾
益"建设,建立健全风险隐患排查化解和重大网络舆情管控机制,创新
"一核统领、三网融合、群策群力"基层社会治理机制,深入推进普法强基
补短板专项行动,开设"沾益民族团结进步示范创建"线上专栏,3000 余
名专职网格员深入各族群众宣传民族政策、解决急难愁盼问题,涉及民族
因素的矛盾纠纷持续保持零发生。

菱角乡通过强化政治责任、开展全域创建、用好典型引路、突出特色
亮点、坚持守正创新、协同推进落实,加强民族工作的重要思想建设,全
面深入持久开展民族团结进步创建工作,以更高的工作标准、更大的工作
动力、更实的工作作风,努力推进新时代党的民族工作高质量发展,为铸
牢中华民族共同体意识坚实基础贡献力量。②

德泽乡成立了以乡党委、乡人民政府主要领导担任"双组长"的工作
领导小组,明确由乡宣传委员担任分管领导,配备 1 名业务员,在 12 个村
配备了民族宗教工作信息员,配齐配强骨干队伍为民族工作开展提供了有
力的组织保障,从而形成了党委统一领导、各单位通力合作、全社会共同

---

① 《【民族团结进步示范创建·县(市、区)篇】沾益区创建民族团结进步示范单位主要做
法》,"曲靖统战"微信公众号,2022 年 12 月 9 日,https://mp. weixin. qq. com/s/AznRGB-
pzB3vC5DaMoi2ghA。

② 《菱角乡:多措并举助力民族团结示范创建》,曲靖市沾益区人民政府网,2023 年 4 月 28
日,http://www. zhanyi. gov. cn/news/154/38996. html。

参与的新时代党的民族工作格局。①

西平街道在街道、社区党群服务中心设立"一站式"民族宗教服务窗口，调解各民族矛盾纠纷，健全落户、就学、就医、就业和创业技能培训等服务体系，克服和解决流动人口的特殊困难和问题，让各族群众办事少跑腿（蒋所昌，2023）。

沾益区白水镇大德村则充分发挥党建工作对促进民族团结进步的引领作用，把民族事务有机融入产业提档升级、治理提质增效等各项中心工作，推动基层党建与民族团结进步工作同频共振、双促双进，多措并用绘就多民族共建共治共享的和谐画卷。

二　沾益区推进民族团结进步的成效与经验

（一）以政治定基调，党的领导是民族团结的保障

创建全省民族团结进步示范区是沾益区的一项生命线工程，在这个过程中，党的领导是维护好民族团结"生命线"的根本保证（李正雄，2023），需要把党的领导贯穿民族工作的各领域和全过程。沾益区在实践中注重推广"民族团结进步+党员教育、组织生活、先锋表率"的基层党建经验，利用"三会一课"、主题党日等积极开展知识讲座、政策宣传、党群联谊、为民服务等实践活动，②督促党员争做共同体意识的引导员、群众交心的联络员、愁事难事的调解员，从而突出党组织团结各族群众的"主心骨"作用。

以播乐乡为例，播乐乡将民族团结工作融入了基层党建大格局，将铸牢中华民族共同体意识教育纳入党委理论学习中心组学习，列为各单位、各村委会教育培训的必修课，围绕深入学习领会习近平总书记关于加强和改进民族工作的重要思想，通过主题党日、日常例会等，加强对党的民族

---

① 《德泽乡：凝聚"四力"助推民族团结进步创建工作走深走实》，曲靖市沾益区人民政府网，2023年8月24日，https://www.zhanyi.gov.cn/news/154/40799.html。

② 《【民族团结进步示范创建·县（市、区）篇】沾益区创建民族团结进步示范单位主要做法》，"曲靖统战"微信公众号，2022年12月9日，https://mp.weixin.qq.com/s/AznRGB-pzB3vC5DaMoi2ghA。

政策法规的学习，同时深入开展民族团结宣传、民族政策宣讲活动，各包片领导分管负责各自区域，包村领导和干部深入村组进行民族政策宣传，组织开展专题讲座、集中讲座、专题研讨，充分发挥红色文化志愿服务队力量，依托新时代文明实践站、农家书屋、党员活动室等阵地，以小板凳、小专题、小讨论、小故事等形式，用群众熟悉、乐于接受的"土"语言开展宣传教育，截至 2022 年 9 月，全乡共开展各类铸牢中华民族共同体意识主题宣传和讲座 80 余场次，教育引导党员干部共同促进民族团结，不断强化思想引领，凝聚思想共识。①

（二）以经济求发展，推进各民族共同富裕

沾益区始终坚持以人民为中心的发展思想，推动全区各族群众整体实现共同进步，努力在经济建设中彰显中华民族共同体意识，推动各民族共同发展。具体有以下几项举措：首先，优化高原特色现代农业，打造工业集群，加快发展商贸物流、城市经济、电子商务，据统计，2021 年沾益区实现地区生产总值 353.62 亿元，按可比价计算同比增长 13.7%，高于全省6.4 个百分点，高于全市 1.7 个百分点，② 为各民族共同发展奠定了牢固的物质基础；其次，实施城镇化发展行动，统筹修编城乡空间规划和土地利用总体规划，促进城乡融合发展有规可依，城乡基础设施和公共服务有效衔接，2021 年城镇化率为 51.3%，城镇和农村常住居民人均可支配收入分别实现 42952 元、18540 元，收入之比从两年前的 1∶0.4 缩小到 1∶0.43，使得各族群众的距离不断拉近；再次，持续巩固拓展脱贫攻坚成果推进乡村振兴，守住防返贫致贫底线，实施巩固拓展脱贫攻坚成果和乡村振兴项目 100 个，打造乡村振兴示范点 22 个；最后，沾益区还发展了热水农旅融合、大德种养循环等特色产业，培育新型主体、有序流转土地完善群众利益联结，农村不动产确权登记保护群众合法权益，优化营商环境鼓励创业

---

① 《沾益区播乐乡："三点"齐发力深耕民族团结沃土》，曲靖市沾益区人民政府网，2022 年9 月 29 日，http://www.zhanyi.gov.cn/news/154/31732.html。
② 《曲靖市沾益区 2021 年国民经济和社会发展统计公报》，曲靖市沾益区人民政府网，2022 年5 月 5 日，https://www.zhanyi.gov.cn/uploads/attached/file/20220505/1651735142312099.pdf。

就业增加群众收入渠道，各族群众与时俱进的自我发展能力同步提升。上述各项措施使各民族得到跨越发展。

需要强调的是，沾益区在稳粮烟畜的基础上，因地制宜发展道地药材、绿色蔬菜、优质蚕桑、新兴花卉、优质水果等高效经作产业，不断优化品种结构，提高产业集中度。其中道地药材产业重点以炎方、播乐、盘江等片区为主；绿色蔬菜产业重点以花山、盘江、菱角等片区为主；优质蚕桑产业重点以盘江、花山、大坡、菱角等片区为主；新兴花卉（万寿菊）产业重点以大坡、菱角、白水、金龙、炎方、播乐为主；优质水果产业以花山、盘江等片区为主。沾益区积极培育配强特色产业，提升民族地区基地的农业数字化水平，共同织密民族致富"产业网"。

除此之外，沾益区还扶持培育壮大了一批本土农业龙头企业。通过龙头企业绑定农民专业合作社、农民专业合作社绑定各族群众发展农业产业，形成稳定的利益联结。通过建立"双绑"机制，实现各族群众共抓产业，让民族地区同全区同步共享经济发展红利，步入乡村振兴康庄大道，营造各民族群众广泛交往交流交融的浓厚氛围，促进经济社会发展共荣。[①]

以大德村为例，大德村始终把各族人民对美好生活的向往作为奋斗目标，立足优越区位、土地资源禀赋，引进以温氏集团为代表的龙头企业，以"村党组+龙头企业+合作社+农户"模式，带动村民发展迷迭香特色农经作物种植 1000 余亩，规模化养殖小区 1 个、养殖场 2 个，累计带动群众就地、就近和外出务工 856 人，实现村民人均稳定增收 1000 余元。完整、准确、全面贯彻新发展理念，依托蔬菜种植基地和特色经济作物样板区，构建"种—养—肥"循环农业示范园，形成废弃物资源化利用、农作物有机种植的良性循环。2022 年，全村人均收入为 24500 元，高于全镇平均水平，村级集体经济收入为 114 万元，同比增长 9.5%，[②] 大德村实现了从贫困村

①　《【民族团结进步示范创建·县（市、区）篇】沾益区创建民族团结进步示范单位主要做法》，"曲靖统战"微信公众号，2022 年 12 月 9 日，https://mp.weixin.qq.com/s/AznRGB-pzB3vC5DaMoi2ghA。

②　《沾益区白水镇大德村：用好党建"指挥棒"奏响民族团结进步新乐章》，曲靖市沾益区人民政府网，2023 年 5 月 8 日，http://www.zhanyi.gov.cn/news/154/39195.html。

到集体经济强村的"华丽蜕变"。

（三）以文化促繁荣，民族团结之花常开长盛

云南少数民族文化是中华民族文化的重要瑰宝，沾益区长期注重对民族优秀文化的保护与传承，采取各种措施积极推动民族文化繁荣发展。近年打造民族团结进步主题公园 3 个、主题街区 2 条，建设区级教育基地，设立乡镇（街道）主题教育馆 11 个、村委会（社区）主题教育站 105 个、村（居）民小组主题教育点 892 个，健全主题教育基层阵地；开通民族团结进步教育线上展厅和铸牢中华民族共同体意识微课堂，在七彩云端、曲靖 M 等主流媒体开设信息专栏，拓展主题教育网络阵地；开展"民族团结进步+"系列活动，举办"中华民族一家亲，喜迎新春共奋进"春节庆祝活动、"中华民族一家亲，法润珠源心连心"普法教育活动、"中华民族一家亲，童心向党绘明天"少儿实践活动等，组织宣传月、宣传周、宣传日等主题教育 120 余场；丰富"说写唱跳"宣传载体，在全社会推广使用国家通用语言文字，征集民族团结进步文艺作品 500 余幅，创作沾益区创建主题曲《同心同行》，并编排成广场舞走进乡村社区、公园广场。① 大力弘扬以爱国主义为核心的民族精神和以改革创新为核心的时代精神，让休戚与共、荣辱与共、生死与共、命运与共的共同体理念，在各族群众心中更有高度、更有厚度、更有温度。

沾益区把民族团结进步创建与巩固全国文明城市创建成果相结合，推动全社会积极践行社会主义核心价值观。依托新时代文明实践场所开展铸牢中华民族共同体意识宣传教育，并纳入市民公约、村规民约，作为文明村（社区）评选重要标准。塑造群众身边先进模范人物，评选"道德模范""珠源巾帼英才""最美人物""沾益工匠"等先进个人 203 名，大力宣传感动中国年度人物陈家顺、全国道德模范杜正云、全国劳模宋祝漫、残奥冠军邹连康等人物的光荣事迹和高尚品质，引领各族群众向上向善、团结互助、奋勇争先。

---

① 《曲靖沾益：奏响民族团结主旋律 谱写融合发展和谐》，"云南统一战线"微信公众号，2023 年 6 月 28 日，https://mp.weixin.qq.com/s/wyv6VHNMebKNYllmSsu43A。

　　沾益区将传统文化作为民族团结进步教育、精神文明教育、道德教育重要内容。持续开展"道德讲堂""诵读经典"活动，推进"书香校园"建设，在中华民族传统节日开展"我们的节日"主题节庆活动，创造各族群众共度共乐条件，根植中华民族共有精神烙印。推进"五旗五徽"进校园，广泛宣传展示长城、华表等中华民族形象符号，把"珠江源""小粑粑""辣子鸡"等元素打造为各族群众共有共享的文化印记。挖掘培育非遗传承项目27个、非遗传承人31名，建设中华文化民俗博物馆、文化传习所15个，鼓励开办传统文化培训演绎机构，推动中华优秀传统文化在各族群众心中大放光彩，形成共同的精神支柱、文化依托。

　　德泽乡大力开展群众性文化体育活动，积极开展"好媳妇好婆婆""美丽庭院""红灰黑榜"等评选活动，不断丰富群众精神文化生活，用先进文化占领全村的思想阵地，辐射带动乡村文明创建工作，实现精神文明建设与美丽乡村建设有效结合；同时深入挖掘、继承、创新优秀的风俗文化，加强农耕文化和民俗文化传承保护。以传统节日和活动节点为契机，举办"中华民族一家亲"等活动，营造浓厚的文化氛围。多角度融合民族团结文化元素，发展民族特色产业，广泛宣传民族大团结思想，为创建民族团结进步示范乡打基础。①

（四）以民生构和谐，改革发展惠民生、促团结

　　保障和改善民生是促进民族团结进步的有力支撑。沾益区在促进公共服务均等化中坚持"提升质量、完善体系"，推动各民族保障同质。为促进义务教育优质均衡发展，沾益区建成了曲靖市民族中学、曲靖一中沾益清源学校，学校调整布局、教师竞聘上岗、消除"大班额"，使得义务教育阶段辍学率控制在1.8%以内，劳动年龄人口平均受教育年限达13.5年；新建区第二人民医院，提升改造115个卫生院（所），建设紧密型医共体促进乡

---

　　① 《凝聚民族团结力量 助推德泽高质量发展》，曲靖市沾益区人民政府网，2023年10月23日，https://www.zhanyi.gov.cn/news/xzdt/41139.html；《曲靖：沾益区创建民族团结进步示范单位主要做法》，云南省委统战部，2022，http://www.swtzb.yn.gov.cn/mzzj/gzdt/202212/t20221212_1083506.html。

村诊疗水平不断提升，15.5 万重点人群完成家庭医生签约，基本医疗保险参保率达 96.2%；打造曲靖老年公寓养老示范样板，完善乡村养老服务体系，基本养老保险参保率达 95%；建设残疾人康复中心、托养中心，推行"救助+服务"多维救助方式提高困难群众兜底保障能力，持续推进殡葬改革，全区群众基本公共服务满意度达 99.3%。各民族生活保障不断巩固、公平公正不断彰显，在幸福美好中进一步坚定更好的日子还在后头的信心。①

德泽乡各村成立了由村党支部书记任组长、其他"两委"班子成员和村内德高望重的老党员、老干部、老乡贤为成员的移风易俗领导小组，坚持把禁止大操大办红白喜事纳入村规民约，广泛听取村民的意见和建议，从群众意见最大、反映最强烈的环节入手，修订完善了《村规民约》，并制定了符合村情实际的《红白理事会工作管理制度》等管理制度，用制度化的形式引导群众转变思想观念。② 大德村坚持"中华民族是一个大家庭，一家人都要过上好日子"的信念，持续巩固惠民工程，密切干群关系。聚焦宜居宜业环境建设，打造大德村、大湾村人居环境示范点，改造户厕 228 个，清理沟渠 1500 米，村内绿化 3000 余平方米，完善常态化保洁、收费、清运制度，破解农村环境"脏、乱、差"局面。在群众"急难愁盼"的就业难、就学难、就医难问题上下功夫，广泛宣传比亚迪企业促进就业福利政策，开展劳动力就业培训；改善办学条件，适龄儿童入学率达 100%，巩固率达 100%；全面实施社会保障提质行动，基本医疗保险参保率达 98.3%，居民养老保险参保率达 100%；动态监测 40 户 136 人，"一对一"开展医疗救助、教育帮扶。③

——————————

① 《【民族团结进步示范创建·县（市、区）篇】沾益区创建民族团结进步示范单位主要做法》，"曲靖统战"微信公众号，2022 年 12 月 9 日，https://mp.weixin.qq.com/s/AznRGB-pzB3vC5DaMoi2ghA。

② 《凝聚民族团结力量 助推德泽高质量发展》，曲靖市沾益区人民政府网，2023 年 10 月 23 日，https://www.zhanyi.gov.cn/news/xzdt/41140.html。

③ 《沾益区白水镇大德村：用好党建"指挥棒"奏响民族团结进步新乐章》，曲靖市沾益区人民政府网，2023 年 5 月 8 日，http://www.zhanyi.gov.cn/news/154/39195.html。

（五）以生态保安全，携手维护沾益亮丽风景线

在民族团结进步的进程中，坚持"绿水青山就是金山银山""以人为本、绿色导向"的理念尤为重要，只有这样，才能推动各民族宜居同住。沾益区注重对珠江源头生态安全屏障的保护，积极开展人工造林、封山育林等工程，实施石漠化、坡改梯等水土流失治理项目，提高森林覆盖率；打好污染防治攻坚战，使得主城区空气质量优良率达 99.6%，6 个河（湖）入选云南省最美河（湖），农业面源污染得到有效控制；大力发展绿色经济，建设光伏发电项目，积极开展节能降耗，淘汰落后产能，单位 GDP 能耗 5 年间累计下降 23%。在这个过程中各民族共同守护绿水青山的意识不断增强，携手维护了沾益区亮丽的风景线。

菱角乡践行"绿水青山就是金山银山"理念，以生态美、环境美、生活美为目标，团结带领各族群众植树护林，统筹山水林田湖治理，重点推进农村人居环境整治；采取"曝光制"和"红黑榜"的措施，打造干净整洁、绿树成荫、碧水环绕的优美环境，使各族群众的幸福感、获得感倍增。

大德村则打造了大德村、大湾村人居环境示范点，开展"五清一改"活动，改造户厕 228 个，清理沟渠 1500 米、清理三堆 50 余堆，拆墙透绿 60 余米，排水沟支砌 20 米，种植行道树 1700 余株，村内绿化 3000 余平方米。

炎方乡也掀起了乡村绿化美化提升高潮，扮靓乡村颜值。炎方乡开展了绿美村庄、绿美河湖、绿美庭院、绿美交通、绿美集镇、绿美景区、绿美矿山、绿美校园、绿美项目"九大行动"；采取规划建绿、拆危建绿、留白增绿、见缝插绿、拆墙透绿、修复还绿等方式，围绕"村旁、渠旁、路旁、屋旁"四旁进行绿化布局，全面清理村内公共空间、房前屋后和道路两侧的粪堆、草堆、建筑垃圾堆，规范柴堆，引导群众科学栽种树木、果林、花草、蔬菜，将"四堆"真正变成"三园"。① 这些举措提高了乡村绿化美化的质量和水平，村容村貌也不断提升。

---

① 《沾益区炎方乡"三个坚持"强力推进绿美乡村建设》，曲靖市沾益区人民政府网，2023 年 4 月 7 日，http://www.zhanyi.gov.cn/news/154/38404.html。

第二章 资源禀赋——系统内部乡村发展的基础

第一节 资源禀赋与社区发展

一 资源与资源禀赋

（一）资源

《新华词典》对"资源"这一概念进行了解释，资源指一国或一定地区内拥有的物力、财力、人力等各种物质要素的总称。资源，可分为自然资源和社会资源两大类。前者包括阳光、空气、水、土地、森林、草原、动物、矿藏等；后者包括人力资源、信息资源以及经过劳动创造的各种物质财富等。《辞海》也对资源进行了解释，指出其为"资财的来源，一般指天然的财源"。联合国环境规划署对资源的定义是："所谓资源，特别是自然资源是指在一定时期、地点条件下能够产生经济价值，以提高人类当前和将来福利的自然因素和条件。"上述定义只限于对自然资源的解释。马克思在《资本论》中指出："劳动力和土地，是财富两个原始的形成要素。"（王珏，1998）恩格斯也指出：劳动和自然界在一起它才是一切财富的源泉，自然界为劳动提供材料，劳动把材料转变为财富［《马克思恩格斯选集》（第四卷），1995］。

马克思、恩格斯的定义，既指出了自然资源的客观存在，又把人（包括劳动力和技术）的因素视为财富的另一不可或缺的来源。可见，资源的来源及组成，不仅是自然资源，还包括人类劳动的社会、经济、技术等因素，人力、人才、智力（信息、知识）等资源。据此，所谓资源指的是一切可被人类开发和利用的物质、能量和信息的总称，它广泛地存在于自然界和人类社会中，是一种自然存在物或能够给人类带来财富的物质。或者说，资源就是指自然界和人类社会中一种可以用以创造物质财富和精神财富的具有一定量的积累的客观存在，如土地资源、矿产资源、森林资源、海洋资源、石油资源、人力资源、信息资源等。资源是一切可被人类开发和利用的客观存在。资源一般可分为经济资源与非经济资源两大类。经济学研究的资源是不同于地理资源（非经济资源）的经济资源，它具有使用价值，可以为人类开发和利用。《经济学解说》将"资源"定义为："生产过程中所使用的投入。"这一定义很好地反映了"资源"一词的经济学内涵，资源从本质上讲就是生产要素的代名词。按照常见的划分方法，资源可被划分为自然资源、人力资源和加工资源（蒙德尔等，2000）。

（二）资源禀赋

资源禀赋又称要素禀赋，是指一个国家或地区进行社会生产经营活动时所需要的各种自然、资本、技术、土地等社会资源（宋晓东，2015）。不同区域的社会环境、资源条件、产业优势和文化传统等要素的不同，造成资源禀赋基础上的乡村振兴战略目标执行效果呈现差异化发展趋势。资源禀赋丰富的地区能够为当地乡村发展提供产业支持、人才支持、资金支持，积极推进乡村振兴战略的进程。资源禀赋匮乏的地区因其各种资源不足无法为实现政策目标提供必要的支撑，容易造成约束性贫困。因此，资源禀赋对乡村振兴战略目标具有内在的作用机制，在实践中只有充分发掘当地要素禀赋，发挥"资源福音"的积极作用，才能最大限度地抑制"资源诅咒"对乡村治理的制约（王勇、刘佳佳，2021）。

（三）产业振兴

随着城市化的发展，乡村人口流失、乡村空心化、乡村产业规模不健全等问题随之而来。基于此，乡村振兴作为新发展战略被提出，其本质是推动乡村经济发展，提升乡村居民生活水平，加快农业现代化发展。党的十九大报告提出了乡村振兴战略，《乡村振兴战略规划（2018—2022年）》提出：到2035年，乡村振兴取得决定性进展，农业农村现代化基本实现；

到 2050 年，乡村全面振兴，农业强、农村美、农民富全面实现。党的二十大报告提出了全面推进乡村振兴，党的十八大以来习近平围绕乡村振兴做了系列论述，逐步形成乡村振兴战略观点。乡村振兴战略的总体目标是实现农业农村现代化，围绕目标进一步有了"乡村产业、人才、文化、生态、组织振兴"的总要求。产业振兴、人才振兴、文化振兴、生态振兴、组织振兴围绕农业农村现代化总体目标，相互联系、相互依存。在五大振兴中产业振兴是乡村振兴的基石，是发展农村生产力的根本要求。习近平从历史唯物主义的角度把握乡村振兴战略部署的内在规律，指出在乡村振兴的实践上既要管全局更要抓重点，突出抓好加快建设现代农业产业体系，画好乡村振兴的全局图（于爱水等，2023）。

二 资源禀赋理论与可持续发展理论

（一）资源禀赋理论

不同村庄资源禀赋各不相同，进而决定了乡村产业振兴路径抉择的复杂性和多样性。资源禀赋也称要素禀赋，在初期主要包括资本、劳动力、土地、技术等要素。资源禀赋理论最早由瑞典经济学家俄林提出，他用劳动、资本、土地和技术等各种生产要素来解释国际贸易中交换的商品所拥有的比较成本优势（潘安敏、李文辉，2009）。早期的研究主要以成本优势为理论基础，探讨资源禀赋理论在经济发展过程中的作用，也因此资源禀赋对社会发展的影响一直是国内外的研究重点。在我国，林毅夫最早将资源禀赋理论引入乡村治理中（林毅夫、沈明高，1991）。国内学者研究的视角各不相同，有学者主要从土地流转视角开展研究，研究结果表示，村庄农业资源禀赋并不完全是农地流转实践可行的依赖条件，农地确权政策作用效果还受限于农村产业比例构成（李静，2018）。部分学者分别从乡村产业视角、收入增长与减贫视角、村庄异质性视角对资源禀赋进行了相关的研究。从以旅游业为典型案例的乡村产业视角来看，资源禀赋与特色产业的形成具有关联关系，特色产业的形成有助于乡村产业群进一步形成特色产业村。从收入增长与减贫视角来看，资源禀赋对农户收入有积极影响，主要体现在可以有效降低农户贫困脆弱性以及提升农户生计资本，收入增长与减贫视角分为两个阶段。第一个阶段是以自然优势为主的地貌、气候、物产等经济发展周期对于农户收入增长和乡村经济发展作用明显；第二个阶段是以物质优势为主的技术外部性、市场外部性等经济发展的后周期阶段。第二个阶段对于农户收入增长和乡村经济发展的作用也呈现显著性，综合发现禀赋效应呈现的一些异质性特征比较明显，且部分地区存在资源不足的困境。从村庄异质性视角来看，村庄的资源禀赋导致村庄的发展模式和选择路径呈现"异质性"特征。以村庄异质性为基础的资源禀赋是村庄综合发展潜力的有力呈现，也是村庄发展乡村产业的基础条件。现有资源禀赋研究主要集中在微观视角，没有站在宏观大背景——乡村振兴战略下思考微观主体的异质性影响因素。本章以资源禀赋理论为理论基础，探讨乡村产业振兴的发展和振兴分析框架、不同村庄不同资源禀赋对乡村振兴的影响。

（二）可持续发展理论

从 20 世纪 60 年代开始，发达国家首先认识到资源的有限性及以资源消耗为代价的发展模式的局限性，1972 年瑞典首都斯德哥尔摩举行的联合国人类环境会议上，"可持续发展"的概念被首次提出。1987 年，世界环境与发展委员会发表的报告《我们共同的未来》不仅正式使用了可持续发展概念，还对其定义做出了比较系统的阐述。其将可持续发展定义为："能满足当代人的需要，又不对后代人满足其需要能力构成危害的发展。"可持续发展以资源、环境、生态和人口为基础，其核心内容为经济发展，从而确保现代与后代的全体人类都能够在地球上持续生存、发展（冯华，2002）。在乡村振兴战略中，"生态宜居"和"乡风文明"要求顺应可持续发展理论的发展要求。

第二节　沾益区调查村落资源结构与资源禀赋分析

一　样本村的资源结构

（一）区位资源

区位资源是指一个地区因其地理位置而具有的固有优势，这些优势通常包括地理位置、交通条件、市场接近度以及与周边地区的相对关系等。具体来说，区位资源可以细分为地理区位资源、经济区位资源和市场区位资源等多个方面。

在乡村振兴中，区位资源中的地理位置与交通便利程度尤为关键。与城市的距离直接影响农产品的运输成本和市场的可达性。靠近城市的乡村，不仅物流成本更低，还能更快速地响应市场需求，扩大销售范围。同时，交通便利程度也极大地促进了乡村与城市之间的资源流动。拥有良好交通网络的乡村，能够吸引更多的城市资本、技术和人才，为乡村产业升级提供有力支持。市场区位资源决定了乡村产品与市场的接近程度，影响着乡村产业的发展方向。靠近消费市场的乡村，能够更快地获取市场信息，调整生产结构，满足市场需求，从而推动乡村经济的持续发展。

样本村中，老官营村通过区位优势推动农旅发展就是典型。老官营村位于曲靖市沾益区德泽乡西北边，是沾益区、会泽县、宣威市三县五乡的咽喉要道；距离乡政府所在地3.5公里，距离沾益区人民政府所在地75公里，沾会高速公路穿境而过且紧邻出口，区位优势明显。从距离县级行政中心的距离来看，老官营村是比较远的，在沾会高速公路开通之前属于较为远端的村庄，但是沾会高速公路的开通不仅使村庄到达沾益行政中心更为便利，也吸引了众多从昆明而来的游客。刘家庄村也是区位优势比较明显的村庄。刘家庄村位于菱角乡东南部，距乡政府25公里，有汉族、苗族、彝族，其中以汉族为主，距宣曲高速菱角收费站3.5公里，交通便利，区位优势明显。

（二）自然资源

对于农业社区来说，土地资源是最重要的自然资源，所调查的6个样本村土地资源差异比较大，这种差异不仅体现在面积上，还体现在土壤条件等方面（见表2-1）。

表 2-1　样本村土地资源状况

单位：亩

村落	耕地面积	基本农田面积	林地面积	园地（如果园、茶园等）面积	草地面积	养殖水面（如水库、鱼塘等）
土桥村	8600.0	1680	12100	300	0	0
老官营村	713.5	340	3800	22	200	5
青山村	13474.0	9000	11363	0	0	300
大德村	18700.0	14960	34100	300	1400	100
刘家庄村	8897.3	5000	3000	0	0	90
菱角村	9174.0	5730	37875	214	40	500

　　样本村中土地资源比较丰富的是大德村和青山村。以青山村为例，该村位于炎方乡西南方，距炎方乡政府 8 公里，距县城 47 公里，总人口 1872人，耕地面积有 1.3 万余亩，林地面积有 1.1 万余亩。青山村背靠珠江水源发源地，共 4 座水库，分布于青山村、海凹村和厦卡村之间，水资源丰富。青山村土地资源丰富，人均耕地面积达 7 亩，可流转土地资源丰富。青山村属中亚热带季风、山原气候，其特点是冬无严寒，夏无酷暑，四季不分明；冬春干旱，夏秋降水集中，干湿分明，光照充足，积温偏低，区域差异大；多年平均气温为 12.6℃，降雨集中在每年 5～7 月，7 月最多。距离乡镇 8公里，靠近乡县交通要道，交通便利，区位优势明显。青山村以农业生产为主，主要种植烤烟、蔬菜、玉米、银杏树和滇黄精等。滇黄精种植是青山村最具特色的产业，是该村 2020 年引进的中医药材产业。

　　除了土地以外，对乡村振兴影响比较大的自然资源还包括水资源、自然景观、特色农业等资源。在这方面，样本村中的老官营村和刘家庄村各有特点。老官营村总面积为 4.863 平方公里，耕地面积为 713.5 亩，人均耕地为 0.62 亩，林地面积为 3800 亩，森林覆盖率达 52%，地处地热河谷槽区，平均海拔为 1880 米，气候温暖，雨量充沛，年平均气温为 18℃，年平均降雨量为 1000 毫米。左水冲小河、车务河穿境而过，水源丰富，适宜种植特色水果和无公害绿色蔬菜，发展养殖业。自然生态景观丰富，老官营村地势平坦，气候适宜，独具乡村特色，有集吃、住、玩于一体的 3A 级旅游景区德庄庄园。中国长江上游干流金沙江右岸支流牛栏江流经德泽水库，是德泽水库的水源地，德庄庄园利用独特的地理优势在牛栏江下游开发牛栏江漂流旅游项目，吸引大批游客前往老官营村旅游。老官营村依托自身资源、产业、交通优势，致力于发展集休闲、娱乐、养生、观光于一体的地方特色旅游景点，因地制宜，多措并举，加快推进"宜居、宜业、宜游"的"旅游示范村"建设。刘家庄村总面积为 35.9 平方公里，海拔 2010 米，是一个山区农业村，资源丰富，有耕地 8897.3 亩，人均耕地面积为 2.6 亩，有林地 3000 亩，有各类小型水库、坝塘 6 座，蓄水量达 252 万立方米，有劳动力 1966 人，有村组道路 30 余公里，全村辖 6 个村民小组，有农户 791户 3413 人。刘家庄村是以烤烟和蔬菜等传统农业种植、光伏清洁工业和现代农业融合发展的聚居提升类村庄，通过示范点创建，打造全区"乡村振兴示范村""乡村治理示范村"。刘家庄村以传统种植业和农旅融合产业为基础产业，村域南部利用水田主要发展稻田观光、荷花种植、休闲农庄、蔬菜水果采摘园等农旅融合产业，村域北部主要发展烤烟种植、玉米种植。

（三）文化资源

乡村的文化资源是根植于乡村社会，具有浓厚乡土气息和地域特色的文化艺术、历史文物、民俗风情、传统技艺等非物质和物质财富。这些资源是乡村文化的重要组成部分，承载着乡村的历史记忆、社会结构和人文精神，是乡村独特魅力的源泉。具体而言，乡村文化资源涵盖古籍、传统建筑、地方戏曲剧种、传统器乐乐种、非物质文化遗产以及历史文物等。

文化资源对于乡村振兴具有至关重要的作用。首先，文化资源是乡村文化的核心组成部分，承载着乡村的历史记忆和人文精神。通过保护和传承这些文化资源，可以增强村民的文化自信，激发乡村的内在活力，促进乡村社会的和谐稳定。其次，文化资源是乡村经济发展的新引擎。通过开发具有乡土文化特色的文化产品和文化体验活动，如手工艺品、地方特色食品、农耕文化体验等，可以吸引游客，带动乡村经济发展。最后，利用现代科技手段，如网络平台和智能体验技术，可以拓宽文化资源的传播渠道，提升乡村文化的知名度和影响力，为乡村产业融合发展注入新的动力。

通过深入挖掘、保护和传承文化资源，不仅可以弘扬乡村优秀传统文化，增强村民的文化认同感和归属感，还可以推动乡村经济发展，提升乡村社会的整体文明程度。

样本村中，文化资源比较丰富的村是大德村。大德村是以"德"命名的彝族民族村，距离白水镇 13 公里，面积为 39.98 平方公里，全村辖 7 个村民小组，有农户 810 户，其中农业人口为 3303 人，农业人口中彝族、回族、苗族等少数民族有 214 户 1692 人。大德村民风淳朴，彝族文化源远流长，区域特色个性鲜明，有着深厚的彝族文化底蕴，曾被评为"中华孝心示范村""省级民族团结进步示范村"。

（四）外部资金和技术资源

在一些地方的乡村振兴过程中，企业的积极参与成为拉动本地特色农产品规模化种植、促进乡村产业振兴的重要外力。它们不仅为乡村带来了资金支持，用于完善基础设施、提升农业装备水平，更为关键的是，这些企业通过引入先进的农业技术和科学的管理经验，直接推动了本地特色农产品的规模化种植。在技术指导和市场导向的双重作用下，乡村农业生产效率显著提升，特色农产品的品质和市场竞争力得到增强，进而促进农业产业链的延伸和拓宽。此外，外部企业还可以通过品牌塑造、市场营销等手段提升特色农产品的知名度和附加值，为乡村产业振兴注入新的活力。

菱角村位于菱角乡人民政府西北部，面积为 41.46 平方公里，全村耕地面积为 9174 亩，人均耕地面积为 3.59 亩，辖 8 个村民小组，农户 888 户3542 人。菱角村主要种植万寿菊、花卉、蔬菜、辣椒、魔芋等农作物，菱角村温度、湿度和海拔适合万寿菊生长，近年来，当地把万寿菊种植作为主要产业。菱角村对产业结构进行调整后引入上市公司，组织农户规模化连片种植万寿菊，采取集约化生产管理。在菱角村设置有 30 多个鲜花采购站，农户一亩可增收 3000 元。菱角村实施万寿菊生产包村包片包组的包保责任制，形成一级抓一级、层层抓落实、片片有人负责的工作体系，多措并举抓好高产攻关，在产业效益模式上突出"增"字、在时间上突出"早"字、在进度上突出"快"字、在布局规划上突出"实"字、在移栽质量上突出"好"字，及早研究抓好万寿菊的种植布局，要求各村以连片种植为主，着力打造菱角村万寿菊标准化生产基地，辐射带动全乡万寿菊生产水平大幅度提升。当地政府同时采用召开会议、发放宣传单等形式，组织乡农科服务站、万寿菊站技术人员进村入户到地块，进行科技指导、强化服务，鼓励群众改变种植习惯，按照科学方式进行种植。

二　调查村落的资源禀赋分类

在乡村振兴战略背景下，产业振兴以各地独特的自然、人文、土地、旅游等资源要素为基础，沾益区各调查村落经济发展的关键在于产业振兴，产业发展需要相关要素支撑，挖掘地方资源禀赋优势能够激发地区潜在经济发展空间。沾益区各调查村落资源结构存在差异，在城市产业转型升级背景下，挖掘地方独特资源优势有利于发展特色产业，进而增强特色产业的经济效益和竞争力。

（一）资源禀赋优势型

1. 基层组织能力和民族文化禀赋

基层组织能力主要包括招商引资能力、项目获取能力、产业规划能力以及产业发展创新能力。大德村以"党建+循环产业"双核驱动，不断增强村党组织的政治引领和服务群众功能，不断提升村党组织的凝聚力、号召力和战斗力，以党建强村推进组织振兴，助力乡村振兴。在招商引资和项目获取方面，大德村在 2018 年引进弗兰德公司种植工业大麻，发展工业大麻 1000 亩，每亩可产工业大麻干叶 300 公斤，每公斤 10 元，每亩产值在3000 元以上，种植工业大麻对比传统的种植玉米、洋芋，每亩增收 1000元。2019 年，大德村引入尤加利种植，共发展 196 亩，每亩产值达 0.8 万元，带动村内 600 人就近务工，增收 6 万元；带动 50 户农户流转土地 196亩，增收 9.8 万元。除了引进种植工业大麻和尤加利以外，大德村在 2022年引进云南湘菊农业发展有限公司，种植迷迭香；2022 年引进云南京福农业有限公司，发展养牛产业；2017 年引进龙头企业温氏集团，建设大德生猪养殖小区；2020 年回引本村优秀人才孙买方在海子头创立云南拓新农业科技有限公司，引进人工菌种植；引进蔬菜种植及发展红露苹果。[①]

2. 文化资源禀赋

大德村是一个以"德"命名的彝族民族村，民风淳朴，彝族文化源远流长，区域特色鲜明，有着深厚的彝族文化底蕴，曾被评为"中华孝心示范村""省级民族团结进步示范村"。大德村建造了同心文化广场，名字来源于"同心同德"，寓意大德村彝汉同胞同心同德，共建美丽家园。大德村在保护民族文化的过程中多措并举，庆祝火把节和祭山神节；为传承民族服饰文化成立刺绣小组，在增加妇女收入的同时促进了民族团结。为更好地保留和传承民族文化，大德村设立了彝族文化传习所，传习所内收集了大量彝族文化特色展品，按照类别分成了节祭庆典、民族服饰、生产劳动3个板块，传习所共收集了100多件展品，包括彝族文化元素鲜明的彝族服饰、刺绣、银饰、乐器、器皿、生产工具等。丰富的民族文化资源为大德村的发展奠定了基础，大德村在文化资源方面具有优势。

3. 自然资源禀赋

实现脱贫致富必须立足于当地资源禀赋条件和社会经济发展水平等实际情况进行开发性生产。青山村和老官营村自然资源丰富，拥有良好的土地资源、气候资源和便利的交通条件。种植滇黄精的青山村地理位置优越，该地位于珠江源头保护地，水质良好，水资源丰富，地广人稀，地势平坦，适宜滇黄精整片种植与管理。老官营村则交通便利、地势平坦，气候适宜，适合种植特色水果小西瓜和无公害蔬菜茄子等。近年来，老官营村按照"机制活、产业优、百姓富、生态美"的要求，依托自身资源、产业、交通优势，致力于发展集休闲、娱乐、养生、观光于一体的地方特色旅游景点。老官营村独具特色的水域景观资源、自然生态资源及农业文化资源为发展乡村旅游产业和创新乡村旅游产品奠定了基础。

（二）资源禀赋中间型

资源禀赋中间型村庄既没有特殊的资源优势，也没有明显的资源劣势。

---

① 《大德村委会2022年工作总结》，大德村委会内部资料，2022年12月15日。

资源禀赋中间型村庄的特点有：第一，远郊性，即村庄距离城市较远，难以有效地实现城乡互动；第二，封闭性，即村庄交通并不发达，虽然具备村镇级别公路，但离省级公路和国道仍存在一定距离，交通相对封闭；第三，农业性，即村庄以发展农业为主，这是由远郊性和封闭性特征造成的；第四，传统性，即村庄仍较大程度上保持着传统村庄特色，如熟人社会、无诉讼等；第五，空巢化，大量农民开始向城市迁徙、进城务工，但其并未实现由农村人向城市人的身份转化，青壮年外出，老人和孩童在"巢"（于水等，2019）。刘家庄村以传统种植业和农旅融合产业为基础产业，菱角村在"两委"班子的引领下主要种植万寿菊。刘家庄村和菱角村因无特殊资源优势，因此是资源禀赋中间型。

（三）资源禀赋劣势型

资源禀赋劣势型指综合资源难以满足人们的生产生活需要，不适宜人类生存和发展。资源禀赋劣势型村庄发展不平衡与不充分特征尤为突出。资源禀赋劣势型村庄分为两种，即资源稀缺型村庄和极度贫乏型村庄。资源稀缺型村庄指资源禀赋勉强满足居民的生活需要，但远不能满足居民的发展需要；极度贫乏型村庄指村庄资源无法满足人类生存需要，饮用水和食物匮乏及自然灾害频发。土桥村面临水资源匮乏问题，在2010年发生的那场百年一遇的干旱后，土桥村水库水位下降，在兴修水利设施的情况下土桥村仍然面临人畜饮水困难。自大旱导致土桥村水库水位下降后，政府分别在长冲、六角冲和土桥修建深井，虽缓解了土桥村人畜饮水困难，但随着持续干旱，深水井水位下降。水资源匮乏问题是阻碍土桥村发展的原因之一，"之前两年干旱，村中水库的水蓄不起来，农业这块就比较缺水，收成也不怎么好，导致大量的水田撂荒"。在与土桥村党支部书记的访谈中我们了解到土桥村面临土地撂荒的问题。"我们主要是引进外面的老板，想让他们承包，但是这些老板一看这里水田缺水就不承包了，所以目前我们这些撂荒的地还没有流转出去；我们也想劝农民重新耕种这些水田，但是没有什么效果。"受水资源匮乏及城镇化发展影响，大量的村民外出务工。

第三节　资源禀赋对村落发展路径的影响

一　资源禀赋对乡村发展的影响

乡村振兴的总要求是"产业兴旺、生态宜居、乡风文明、治理有效、生活富裕"，乡村振兴战略的精确实施依赖于对乡村发展水平的科学评价。乡村振兴实质上是对影响乡村地域发展的多种要素进行优化组合，从而找到适合区域发展的最佳路径，地区发展受到自然环境条件和社会经济条件的共同影响，是二者综合作用的结果，而资源禀赋是乡村振兴的物质基础，乡村战略的实施要立足于乡村地区的资源状况，资源禀赋对于乡村发展而言意义非凡。

（一）优势资源禀赋对乡村发展的促进作用

对于资源禀赋优势型地区，无论是拥有丰富的自然资源还是文化资源等，只要合理利用，无疑都将成为该地区发展的强大助力。在资源优势背景下，根据存在的资源优势情况，一方面，可以深挖本地自然资源和人文资源优势，把两大优势与旅游元素有机结合起来，通过美丽乡村建设使之充分"升华"，转化为看得见、摸得着的产业优势，打造并发展文旅产业，激活乡村产业生命力，形成良性循环的造血机制，让老百姓有更多幸福感、获得感，充分利用乡村自然资源，开发旅游项目，有效带动农村经济发展，也能够加强城乡之间的生活、文化交流，更好地促进城乡融合发展，真正实现绿水青山就是金山银山。老官营村所处地是半山半坝区，自然条件得天独厚，远离城市喧嚣、空气质量好、高山田园风景如画，境内小河流水人家，四季都有翠绿的农田，是乡村旅游的绝佳之地，基于此老官营村坚持走发展乡村旅游的新型道路，近年来不断提升辖区人居环境，统筹推进美丽、宜居、和谐新农村建设。按照"机制活、产业优、百姓富、生态美"的要求，依托自身资源、产业、交通优势，致力于发展集休闲、娱乐、养生、观光于一体的地方特色旅游景点，因地制宜，多措并举，加快推进

"宜居、宜业、宜游"的"旅游示范村"建设，全面带动餐饮住宿、交通、服务等相关产业的快速发展，促进农民增收致富，推进老官营村的全面发展。

另一方面，习近平总书记指出，地方特色产业发展潜力巨大，要善于挖掘和利用本地优势资源，加强地方优质品种保护，推进产学研有机结合，统筹做好产业、科技、文化这篇大文章。^① 依托本地优势资源，地方可以发展特色农业、工业，从而衍生出具有市场竞争力的特色产业。立足资源优势、深耕特色产业，通过得天独厚自然条件，种植特色农产品，青山村正是依托其三江源头的自然优势，发展珠江源沿线农旅融合，振兴珠江源高原特色农业，是实现产业振兴不可或缺的村落。青山村所属乡镇炎方乡积极招商引资，创新产业发展模式，加强对中药材种植康养模式、农旅融合模式的推进，在青山村引入曲靖市撒缘康为民生物科技有限公司，主要种植滇黄精、滇重楼等中药材，以此带动青山村农业产业发展，为实现青山村乡村振兴奠定基础。

（二）劣势资源禀赋对乡村发展的制约

村庄的自然资源和历史文化资源是乡村振兴的内生动力，自然山水风光较好的村庄或者拥有独特历史人文的村庄可以发展为旅游型村庄，通过乡村旅游打造村庄特色；有着矿产资源的村庄，依托自身资源禀赋也可以带动地区的发展；有着适宜发展特色农业的气候条件的村庄，可以发展出特色产业链。而很多地区的村庄缺乏自然和历史文化资源，单一地依托小农经济发展，这类村庄缺乏自身的特色，农业基础设施滞后，在自然灾害的侵蚀下，在乡村振兴的道路上难以可持续发展。村庄的区位条件也影响着村庄的发展，很多村庄地理位置偏僻，位于山沟沟中，交通不便，人多地少，依靠传统的小农经济自给自足。随着经济的发展，村庄传统的农业经济已不适应当前社会的发展，这进一步加剧了村庄人口资源的流失。因

---

① 《挖掘利用优势资源 创新发展特色产业——习近平总书记在河南考察调研时的重要讲话在河南文化和旅游业界引起热烈反响》，中华人民共和国文化和旅游部，2021年5月17日，https://www.mct.gov.cn/whzx/whyw/202105/t20210517_924510.htm。

此对于资源匮乏型村庄来说，由于其交通区位一般，自然资源及历史文化资源匮乏，村庄特色不明显，制约了村庄的发展。如何促进这类村庄的振兴发展，是当前乡村发展面临的困境。沾益区土桥村因受水源保护限制，制约了村庄的发展，属于省级贫困村。土桥村人均耕地面积仅有 0.58 亩，又因为地理位置处于西引水库上游，西引水库是曲靖市人饮用水保护区域，上游大面积农田、耕地为保护西引水库水资源不受污染处于撂荒状态，这对土桥村农业、养殖业、加工业等整个产业链的发展造成了限制，不利于土桥村经济发展。同时土桥村水资源匮乏，影响农作物种植，是发展农业的一大制约因素，土桥村村民收入除了外出务工，主要靠种植烤烟和万寿菊两种传统经济作物，而在土地有限的情况，这难以为农民增收和促进村庄的发展。

二　资源禀赋视角下各调查村落发展路径探究

（一）资源禀赋优势型村庄的发展之路

1. 扶持特色产业，打造特色形象

产业兴旺是乡村振兴的重点，是乡村振兴战略的物质基础，也是提升现代农业竞争力、实现乡村振兴的关键，相关部门通过因地制宜、精准施策、循序渐进，可以探索出一条适合本地的三次产业融合发展路径。因地制宜就是要对乡镇深入调研，准确把脉，挖掘该镇资源禀赋特色与发展潜力，实现乡村振兴（陈丽晖等，2019）。

青山村委会就依托其优势资源制定了产业发展规划，形成土地规模化、生产有机化、扶贫精准化和农旅一体化的"四化一体"产业发展新路径，村民流转土地收租金、就近务工得薪金，村集体经济发展有真金。入驻企业用工信息通过网格员发布，精准快速找到工人，形成良性互动循环，企业、群众均从中受益。青山村以乡村治理为突破口，着力打造全民参与的乡村共建共治共享发展格局，为乡村全面振兴探索出一条新路子。近年来，沾益区结合紧靠珠江源的水源优势、高原山地的自然优势，发挥自身资源禀赋，围绕珠江源一线，以产业发展为先导，紧紧围绕中药材、蚕桑、蔬

菜、花卉、林果、山地牧业等产业，并与珠江源旅游优势相结合，实施科技兴农、质量兴农等十大工程，突出地域特色，发挥比较优势，打造"珠源益品"区域农业公用品牌，农旅融合发展模式，中药材种植康养一体健康理念，建基地、扶龙头、创品牌、优服务、增效益，大力助推乡村产业振兴，不断实现沾益区乡村振兴。种植滇黄精的青山村地理位置优越，该地位于珠江源头保护地，水质良好，水资源丰富，地广人稀，地势平坦，适宜滇黄精整片种植与管理。2020 年，滇黄精中药材种植项目在青山村落地，以高原特色中药材滇重楼、滇黄精种植为主。目前，在青山村委会支持下，企业成功流转土地 500 亩，投入大量资金发展滇黄精等特色中药材种植加工，以"党支部+公司+工厂+合作社+基地+农户"的模式带动当地农户增收致富。[①] 青山村委会滇黄精种植基地计划用 3~5 年时间建成高原特色中药材规范化种植区、休闲观光农业区，建设完善产地农特产品初加工体系、集滇黄精系列特色产品生产、销售于一体的农旅融合产业示范园，打造青山特色，突出青山形象，促进青山发展。

大德村是沾益区一个典型彝族、汉族聚居的村落，民族文化丰富多彩。作为强根基、稳增收的重要手段，大德村以产业振兴为乡村振兴战略的重要抓手，牢固树立以高质量党建引领高质量发展的理念，强力实施集体经济强村工程。大德村立足自身地理位置优越、土地资源丰富、气候适宜等条件，种植工业辣椒、迷迭香；利用资源平台，引进龙头企业京福养殖场、云南湘菊农业发展有限公司，不断完善"分公司+合作社+贫困户+龙头企业+项目"的资产收益产业扶贫模式，[②] 以龙头企业带动产业发展，促进群众增收，大德温氏"五方聚力"是全省产业扶贫典型模式。

2. 立足丰富资源，发展特色旅游

将乡村旅游发展与当地的特色资源、特色农业发展相互融合，打造出独具特色的乡村旅游发展模式，是促进乡村振兴的主要途径。我国自实施

---

① 《党建引领 曲靖沾益小黄精成为群众"致富经"》，人民网，2023 年 3 月 7 日，http://yn.people.com.cn/n2/2023/0307/c372451-40327774.html。

② 《沾益白水：发展壮大集体经济 助力"三农"工作》，"沾益发布"微信公众号，2024 年 5月 13 日，https://mp.weixin.qq.com/s/JKNkB3LiNiNRlLMTpW7mGg。

乡村振兴战略以来，在乡村振兴工程的建设过程中，乡村旅游业发挥了十分重要的作用。其不仅为农民带来了可观的收益，还解决了农村的就业问题，对实现共同富裕、全面落实乡村振兴战略、带动农村经济的发展和进步等发挥了重要作用。资源禀赋优势型村落充分利用自身资源禀赋，发展乡村旅游业，提升竞争力，结合政府政策，合理开发旅游资源，促进村庄的进一步发展。通过建设延伸资源禀赋优势型村落的乡村旅游产业链，打造具有资源文化特色的旅游产品，稳定当地农户的经济效益，吸引更多人才进入乡村，为乡村振兴战略的实施提供坚实的保障。老官营村基于自身资源优势，发展乡村旅游，以德庄庄园为典型案例，将其作为重点建设项目吸引外来游客，提升老官营村乡村旅游知名度，以点带面，加强乡村旅游项目扩展和乡村旅游总体规划，不断加大乡村治理力度，不断促进农旅融合，将农业资源转化为旅游吸引物，催生出农业观景园、果园采摘、农业科技园等新业态，促进农业产业结构的优化升级，拉长农业和旅游业的产业链，同时拉动农产品的加工和销售，促进三次产业的融合，从而助力乡村振兴，促进老官营村的进一步发展。一方面，老官营村在做大做强传统主导产业的基础上，从延长产业链条方面考虑，完善产业发展配套体系，打造产业联动发展模式，探索乡村的多元化发展路径，重视通过发展精深加工等提高产品附加值，通过主题体验、节庆活动、度假项目等引爆市场，带动客流量增长，推动乡村产业复兴和经济发展。另一方面，村庄应从满足产业发展需要的角度出发，在社会化服务及生产性服务等领域深耕，以市场需求为导向，优化配置资源要素，重点培育多元化服务主体，充分发挥龙头企业的引领示范作用，突出"优、新、高、特"的产业导向，在绿色生产、质量把控、科技创新、产品营销、品牌推广等环节重点突破，推进产业发展提质增效。从规划开始提高美丽乡村建设者的品牌意识，整合品牌资源，全盘统一思想和建设理念，进行品牌价值定位与深挖掘，品牌精神提炼与形象识别设计。在建设前、建设中、建成后，进行全方位、立体化的美丽乡村特色及价值的推广。完善村品牌文化个性化定位与独特的概念打造，美丽乡村品牌标识及基本应用要素、应用系统设计，美丽乡村品牌文化建设及形象识别导入，等等。深挖乡村独有的文化内涵，塑造个性化品牌，统一规划美丽乡村形象识别系统，加强文化内涵挖掘，带动农民增收。自老官营村发展特色旅游产业以来，按照贫困户优先参与经营、管理的原则，提供多个就业岗位，带动周边贫困户实现稳定脱贫。

（二）资源禀赋中间型村庄的发展之路

1. 引进优质项目，促进产业融合

对于资源禀赋中间型的村庄，无特色自然资源、无丰富历史文化资源，且风景与一般农村无异，产业结构以种植业和养殖业为主，如何走出乡村发展新路子是这些村庄值得考虑和认真规划的。刘家庄村作为资源禀赋中间型村庄，积极引进华能光伏、若谷农业等优质项目，农户通过流转土地、到产业基地务工增收致富。村党总支牵头为企业入驻做好土地流转、手续办理、水电路保障等服务，通过为企业服务收取服务费，不断壮大村集体经济。刘家庄村属于太阳能资源丰富地区，积极因地制宜地引入"农光互补"项目。2021 年，"农光互补"项目（一期）由华能清洁能源（曲靖沾益）有限公司牵头承建，最终落地刘家庄村，该项目在不改变土地性质的基础上，同时进行农业生产和光伏发电，在整个运行过程中，用较少的生态破坏换得较高的经济收益，这种绿色可持续的发展模式，不仅有利于促进周边群众就近就业、经济收入增长，还有利于优化能源结构。在保证乡村生态环境不受到破坏的同时，又实现当地经济的发展，走出一条经济发展与生态保护的双赢路径，以"光伏+特色产业"绿色可持续的发展方式，兼顾了工业、农业两方面，带动群众就近就业和增收，以工农业相结合的方式，促进产业融合性发展，根据不同的季节，种植相应的农作物，充分利用了刘家庄村的土地资源，"农光互补"同时也成为当地推动乡村振兴发展的一大亮点，促进了刘家庄村产业融合和乡村可持续发展。近年来，刘家庄村以传统种植业为基础产业，发展光伏清洁工业和现代化农业，取得优秀成果，刘家庄村还着力于稳定烤烟、水稻发展规模，重点发展蔬菜种植，结合坝区水田资源和丰富的水网布局，打造观光农业和体验式农业，以促进农旅融合发展。

2. 组织、人才引领，促进资源的引进和盘活

菱角村位于云南省曲靖市沾益区菱角乡，属于大块平整耕地，季节性缺水较为严重。为了克服资源禀赋上的限制，在乡村振兴背景下菱角村坚持以党建为引领，以人才回引为抓手，在镇村工作组、驻村工作队以及村"两委"的带领下，采取"内培本土技能人才+外引优秀技术人才"方式积极盘活人才资源，充分利用本地资源，切实为乡村发展插上人才"翅膀"。在现任书记的带领下，菱角村通过与企业、乡贤精英等合作，结合本地平坦广阔的耕地面积优势，土地集中管理，进行农业现代化改革，因地制宜制定发展规划和策略。

引进致富能手，凝聚发展合力，为创新发展村级集体经济、培育厚实产业基础。李书记通过自己之前积累的人脉和菱角村蒸蒸日上的建设环境吸引企业的苏总带着资源"回流"，进行玉米制种的农作物生产，苏总作为返乡精英，除了自带的资源还有经验与眼界，他不是只承包土地进行种植，而是形成了自己的产业链，"生产—加工—销售"一条龙，消除了村民后顾之忧。

用好乡贤能人，发挥内在潜力。菱角村成立乡贤理事会，通过多种方式积极引导从农村走出去的农民工、知识分子、工商界人士、退休干部等乡贤精英回乡参与乡村治理。菱角乡多措并举，通过发出一封公开信、开展一次动员会、组织一次乡贤座谈、开展一轮实地走访、建一个微信群等方式，以浓浓乡情呼唤游子，激发在外公职人员的"反哺情怀"。

为"两委"注入新鲜血液，坚持组织引领，增强组织活力。2021年，菱角村"两委"进行换届选举，将"真干事，干实事"、"双好双强"、村民认可的村干部选拔上去，将那些不符合要求的干部调整下去，形成了村党组织书记主任"一肩挑"的领导班子，引入新鲜血液，思想上注入"源头活水"，积极发掘和培育优秀年轻人才作为储备干部培养；新书记将组织资源链接至乡村，主动掌握最新政策信息，因人而异、因地制宜地选择政策为民所用、为村所用，进一步提高了国家政策、资源在乡村的配置效率，获得了村民对政府和基层组织的信任。

新书记作为精英回归，利用个人能力与眼界，链接外部资源，利用国家资源、社会资源、个人资源为乡村谋福利，搭建沟通交流平台，引领村民主动参与特色产业发展，带动村集体经济发展，让各类优质资源更好地服务乡村建设，提高乡村治理效率。

（三）资源禀赋劣势型村庄的发展之路

1. 开展职业培训，增加人力资本

土桥村因为缺乏优势资源，同时由于其地形地势和地理位置，发展受限，属于典型的资源禀赋劣势型村庄。由于地形地势的限制，村庄交通不便，封闭的地形使得村庄仍保持传统自给自足的农业经营方式，产业结构极其单一。村庄土地较少且传统农作物种植无法满足村民增收致富需求，因此近年来，土桥村村民主要收入来自外出务工，劳务输出成为村民谋发展的主要出路之一，外出务工对村庄的收入结构及资源禀赋产生较大的影响，政府结合务工实际情况开展职业培训以增加人力资本。青壮年随着务工工龄增长和政府组织的劳动培训，逐渐转变为技术娴熟的工人，年收入有所增加；同时，少量农民由于具备商业头脑，外出承接工程、经商，年收入远远超出务农收入（于水等，2019）。土桥村为促进村庄发展，促进村民增收致富，在劳务输出方面可以从以下几个方面着力发展。

一是集中办班"点对点"培训。依托各类职业技能培训资源，让群众主动"点菜"，对群众有普遍需求的务工技能和种养技能采取集中办班的方式开展培训，由群众自主选择培训机构和培训工种，群众按照自己的需求进行"点餐"，对有劳动力转移就业培训需求的农村劳动力进行职业技能培训，让有就业愿望的农村劳动力有一技之长，拓宽其就业渠道。二是劳务输出转"心连心"对接。坚持把培训后输出转就业作为增收致富的重要抓手，广泛宣传劳务输出转就业报销车费、劳务奖补政策，组织人力资源、劳务派遣服务机构培训期间在培训班向群众提供优质务工企业和工作岗位，实实在在为群众解决务工难的问题。近年来，土桥村实施半工半耕型发展策略，通过青壮年外出务工，共享城市发展成果，同时为农地流转与规模化经营提供可能。政府应建立相应的农民培训、农地流转的配套机制，进

而实现农民增收与农业现代化。

2. 建设美丽乡村，鼓励创业创新

美丽乡村建设不仅包括乡村的基础设施建设，还包括乡村治理机制培育、乡村产业可持续发展、社会公共服务和乡村文化建设等。有序推进乡村建设需要坚持可持续发展的理念，从人口、居住、产业、基础设施建设和社会公共服务等方面进行科学规划、有序推进。在推进乡村建设中，农民群众不仅是受益者，更是重要的参与者、建设者、监督者（本刊编辑部，2022）。美丽乡村建设步伐不断加快，如今土桥村早已旧貌换新颜，农民及大学生返乡创业不仅具备良好的外部环境，他们也可以成为加快建设美丽乡村的内在动力。因此对于资源禀赋劣势型村庄，应该鼓励农民及回乡大学生创业创新，同时提供政策资金支持，使其更好地助力美丽乡村建设。

近年来，土桥村积极发展创新产业，鼓励村民创业创新，在一定程度上也带动了乡村发展。为了切实培育新型种业，发展新型产业，帮助村民增产增收，2022 年，土桥村立足村情，积极发挥自身优势，多方了解与争取，与云南西都种业有限责任公司合作，进行杂交玉米制种试验，试种成功后逐步推广种植技术，扩大种植规模。同时，为进一步促进增收，土桥村还积极争取种子基地建设项目来完善基础设施，严格按照"一村一品"要求，努力将土桥村打造成杂交玉米种子种植基地和示范村。

"95 后"大学生田刚回乡创业，依靠自己掌握的科学技术进行大胆尝试，带动村里的贫困户发展人工菌种植，为贫困户增收找到了一条新路子。土桥村委会在田刚申请创业贷款之初就积极支持，村党总支书记更是帮这个刚毕业的年轻小伙跑贷款、流转土地、找销路，还帮助田刚成立了食用菌种植农民专业合作社。成立合作社后，贫困户来跟他合作，田刚出技术、出投资，贫困户出劳力、出地块，每亩土地一年可以有 1.3 万元的收入。① 这为土桥村带来了脱贫致富的希望。村党总支、村委会也竭尽全力把这个

---

① 《沾益 95 后小伙田刚：回乡创业天地宽》，"沾益发布"微信公众号，2018 年 7 月 23 日，https://mp.weixin.qq.com/s/84pV6M8tt3xUOwv1TfD5vw。

产业扶持壮大起来，带动更多贫困户脱贫致富，逐步把这个产业培育成土桥村的经济产业、主导产业。

电商追梦人张吉文从事电商行业已有七年之久，在其中遇到了许多的困难与挑战，但他依然选择坚守在农村电商行业，在实现个人增收的同时也带动部分村民增收。他因地制宜，挖掘"土特产"，打造核心品牌优势。张吉文将本地大量生产的胡萝卜作为自己的一个重要品牌，不仅把胡萝卜作为产品销售还将以前废弃的胡萝卜叶开发为一种新的商品。张吉文在经营自家承包地的同时，还借耕了同村耕地。向他供货的 10 余户村民也不同程度地借耕了同村其他村民的耕地。电商产品供给的刺激不仅在一定程度上缓解了村中土地撂荒的问题，还进一步提升了村民的耕种技能，为村民增收。

综合来看，资源禀赋是一个地区发展的基础，各个地区只有从实际情况出发，发挥其资源要素优势，才能获得竞争优势和长期发展，只有克服资源限制，寻求发展新渠道，才能实现可持续发展。很多学者指出，如果对资源有正确的认识，并进行合理利用，那么资源的富集将有利于经济增长。因此，对要素进行区分，有效率地调动要素，是获得竞争优势的关键（杨歌谣，2019）。不同村庄的资源禀赋不尽相同，进而决定了乡村振兴路径选择的复杂性和多样性。乡村振兴没有普适性的"最优"模式，资源禀赋的差异决定了乡村发展应采取分类治理策略而非"一刀切"策略。农村经济水平、区位条件、生态环境等的差异影响村庄内生发展动力，乡村振兴战略必须与内生环境有效结合，即资源禀赋优势型村庄，按照禀赋优势完善配套设施，发展优势产业；资源禀赋中间型村庄，重视组织引领，通过挖掘优秀人才促进资源的引进和盘活，挖掘村域特色产业发展潜力，促进产业融合发展从而助力乡村发展；资源禀赋劣势型村庄，乡村振兴需要立足于村民发展诉求，从物质层面和村民精神文化层面振兴发展，扎实推动乡村人居环境、公共服务设施和基础设施、村庄产业、土地全要素建设，激发乡村振兴的潜力，主张加强农民劳动技能培训，提升外出就业能力，通过进城务工，分享城市发展成果，加强乡村治理，鼓励村民回乡创业，发展新兴产业，促进村民增收致富，带动乡村发展。同时，要促进乡村发展也要加强党的领导和政府统筹服务功能，立足资源禀赋，加强科学规划，以农业为基本依托，找准主导产业，延伸产业链，提升产品附加值，打通产业界限，形成新的农村产业发展方式和产业集成，三次产业相互支持，相与为用，构建现代农村产业体系，促进产业兴旺。要因地制宜，突出地区发展优势，突出重点，整合资源，联动发展，依托乡村振兴，不断提升资源潜力，大力发展特色产业，以实现乡村振兴。

第三章 多元组织——系统内部乡村治理的主体

乡村振兴战略是一个涉及城市与乡村协调发展，经济生态文化协调发展，政府、社会组织、农户等多元主体协调发展的多层次、多主体、多目标的发展战略和系统工程，难点多、挑战大。这一系统工程的全面系统推进，需要坚强的领导核心和组织全面振兴作为保障，只有推动以基层党组织建设为核心的各类组织建设，充分发挥各类组织在乡村事业发展中的作用，才能凝聚各方力量，推动乡村振兴战略的顺利实施，实现既定目标，因此，组织振兴既是乡村振兴的目标也是保障。其中，乡村组织振兴的主体——基层党组织、基层政府、村民自治组织、农村经济合作组织和其他社会组织各自发挥作用、凝聚社会力量，形成乡村治理的组织体系，逐步完善党委领导、政府负责、社会协同、公众参与、法治保障的现代乡村社会治理体制，有助于促进乡村全面振兴。

沾益区以党组织建设为切入点，从县委到村党支部，深化乡（镇）管理体制改革，健全乡（镇）党委统一指挥和统筹协调机制，加强乡（镇）领导班子建设。同时，建立村党组织全面领导、村级事务统一管理、村干部分工负责的村级组织"大岗位制"，健全党组织领导的"三治"——自治、法治、德治结合的乡村治理体系，各村还通过优化农村经济合作组织形式、提升村民自治组织能力等各种形式，构建乡村多元治理体系，助力乡村振兴。

第一节 乡村振兴的组织结构

一 乡村振兴的组织主体

党的十八大以来，党中央始终坚持党的领导在农村工作中的核心地位，充分发挥党组织的政治核心作用和战斗堡垒作用，通过不断完善基层组织制度、激发基层组织建设活力，并加强党的领导和党员队伍建设，为实现农业农村现代化提供了坚强的组织保证。这一系列举措在乡村治理和农村发展中发挥着重要的推动作用，对于促进农村经济的发展、农民收入的增加和农村社会稳定具有重要意义。

农村基层组织体系的构建和建设，关乎乡村治理成效和乡村振兴的实现，基层党组织、基层政府、村民自治组织、农村经济合作组织、其他社会组织等是基层组织体系的重要主体，从县委到村党支部的各级党组织始终发挥着堡垒和引领的作用，是乡村治理的政治和组织保证；基层政府发挥主导作用，落实党和国家的政策方针，引导各类社会组织力量、社会发展资源，激发社会主体活力，推动大众参与和民主协商，化解社会矛盾，解决社会问题，建设人人有责、人人尽责、人人享有的社会治理共同体；以村民委员会为主要代表的村民自治组织协同发挥治理主体的力量，代表广大农民群众的利益，是公众参与的重要阵地；融合各种创新形式的农村经济合作组织，实现了新时期的农民联合，保证了广大农民群众在经济参与上的主体地位，并且促进了农村产业的兴旺；经济、文化、教育等其他各种乡村社会组织，为乡村基础设施建设、公共服务、文化传承、乡风文化建设等各个方面注入新的活力，协同构建多元的乡村治理体系。

（一）基层党组织——乡村振兴事业的领导核心

基层党组织是党执政大厦的地基，是党全部工作和战斗力的基础，乡村振兴这一复杂和庞大的战略体系，其各项政策方针，最终要靠各级基层党组织来落实（孟祥夫，2023）。作为宣传党的主张、贯彻党的决定、领导基层治理、团结动员群众、推动改革发展的重要基层主体，乡镇党委和村党组织全面领导乡镇、村的各类组织和各项工作，讨论和决定本乡镇、本村的经济建设、政治建设、文化建设、社会建设、生态文明建设和党的建设以及乡村振兴中的重大问题，领导基层治理，这是一条贯穿始终的红线，[①] 能够

---

① 《以农村基层组织振兴引领乡村全面振兴》，新华网，2021 年 1 月 20 日，http://www. xin-huanet. com/politics/2021-01/20/c_1127003037. htm。

在乡村振兴实践过程中发挥重要作用。在乡村社会中，党领导下的乡村治理是将党在乡村的政治优势转化为基层社会治理效能的重要举措，基层党组织的建设是乡村治理复杂体系和过程中强有力的政治和组织保证。

面对复杂的内外部发展环境和深刻变化的社会结构，通过党建引领乡村治理、实现乡村治理现代化，是乡村社会适应中国式现代化发展进程的战略选择。在广大的农村基层社会，党组织发挥着思想教育、政治引领、组织建设、干部队伍管理、乡风文化建设等多重作用，有效引导和推动着乡村社会的发展进步。因此，基层党组织应该不断完善制度建设——规章制度、工作流程，以及明确各级权责清单和工作标准，提高组织决策效率和执行效果，避免"悬置"性工作；增强干部队伍的能力和作风建设，加强农村干部队伍的专业培训，鼓励和引导其再学习、学习终身化，提升农村干部队伍的整体素质和综合能力；进一步完善农村基层党组织的激励保障机制，将资金、人才、政策向乡村倾斜，做好基层党组织的激励和保障工作。

（二）基层政府——乡村建设的主导力量

乡村振兴战略是新时代处理农业农村问题的总纲领，厘清乡村振兴中的政府责任、角色、与其他各类组织的关系等具有重要的意义。政府主导，就是要做好乡村振兴总体规划，提出乡村振兴任务，明确乡村振兴目标和要求，制定具体政策措施，发动和组织各方面开展工作，引导乡村振兴沿着正确的方向发展（冯海发，2018），即各级政府应该承担乡村振兴的主导责任，从宏观层面制定规划及地方性法规等，在乡村振兴的宏观推进中不断统筹协调（赵薇薇等，2023），力图实现农业农村现代化。当前，我国正处于实现"两个一百年"奋斗目标的"历史交汇期"，人民美好生活需要也日益广泛，不仅对物质文化生活提出了更高要求，而且在民主、法治、公平、正义、安全、环境等方面的要求也日益增长。这对我国政府的服务能力和治理能力提出了更高的要求，要求各级政府加强"精到化"的社会治理和"精细化"的公共服务，发挥我国行政体制和政府治理体系的制度优势和作用。①

"精到化"的社会治理和"精细化"的公共服务要求摒弃控制、粗放型的社会管理方式。在打赢脱贫攻坚战、全面建成小康社会后,进一步巩固拓展脱贫攻坚成果,接续推动脱贫地区发展和乡村全面振兴的重要历史时期,基层政府对广大乡村地区的治理方式、制度、手段、作风都应有一定的转变,协调统筹其与村民自治组织、农村经济合作组织、其他社会组织的关系和角色,在发挥党委领导、政府主导的重要作用的同时,又充分激励和支持各方面社会力量积极参与,乡村的事务尽量交由乡村自主管理、自主协调,给予乡村一定的自主性,实现政府治理和社会自我调节良性互动、"网格化"管理和乡村居民自治良性互动。同时,在人民美好生活需要的日益广泛性和多层次性的背景之下,"精细化"的公共服务要求政府注重薄弱处的民生建设和基础生活保障。在党委全面领导、政府主导之下,实现乡村产业兴旺、生态宜居、乡风文明、治理有效、生活富裕的美好图景。

(三)村民自治组织——公众参与的基础

村民委员会作为基层群众性自治组织,是乡村组织振兴必不可少的重要力量和组成部分。村民自治组织是乡村治理体系的重要主体之一,是体现人民当家作主的重要基点,是自我管理、自我监督、促进自我发展的重要组织依靠,有助于激发村民的自治动能,鼓励公众参与,构建共建共治共享的乡村治理共同体,书写"三农"发展的新篇章。村民委员会,是由村民自愿组成、以村民为基础的自治组织,主要通过民主决策、自我管理和自我服务等方式保证广大农民群众的主体地位。在我国乡村治理体系中,形成了以村民委员会为主,以人民调解、治安保卫、公共卫生与计划生育委员会等为辅的村民自治组织架构(汤玉权、黄丹,2021)。

首先,村民自治组织通过与政府部门建立良好的沟通机制和合作关系,可以更好地利用政府资源和政策支持,为乡村全方位发展提供基础支撑;同时,村民自治组织中不乏具有领导力、组织能力、号召力的"乡贤""能

---

① 《【中国稳健前行】坚持以人民为中心完善政府治理体系》,求是网,2020 年 1 月 15 日,ht-tp://www.qstheory.cn/wp/2020-01-15/c_1125463355.htm。

人"等，通过这些突出的人力资源优势，与其他社会组织合作，可以共享资源、共同开展项目、增加公共服务、提高治理效能、提升农民群众的幸福感和参与感。其次，村民自治组织可以积极推动基层民主建设，加强村民的参与感和自治能力。通过举办村民代表大会、居民议事会等形式，让村民直接参与决策和管理，增强他们的自治意识和能力；通过组织一系列知识教育和技能培训以及创业指导等活动，帮助村民掌握新的农业技术和经营管理知识，提高村民法治意识和专业知识水平，打造一批又一批的"新农民"，增强他们的生产能力，提高农村生产生活的整体水平；制定村规民约，成立红白理事会、道德评议会、禁毒禁赌会、村民议事会等，移风易俗，革除陈规陋习，在满足农民的现实生活需求的同时，通过挖掘和提升内生性资源，构建与现代生活相适应的文明生活理念，为乡村振兴提供全面充分的精神文明保障，进一步体现农村村民自治的内在潜能和治理成效。

（四）农村经济合作组织——产业振兴的重要纽带

全面实施乡村振兴战略，开展促进乡村产业振兴、人才振兴、文化振兴、生态振兴、组织振兴，推进城乡融合发展等活动。产业是发展的根基，也是巩固拓展脱贫攻坚成果、全面推进乡村振兴的主要途径和长久之策。只有做到产业振兴，才能全面巩固拓展脱贫攻坚成果，筑牢乡村全面振兴的物质基础，实现乡村高质量发展（周林洁，2022）。农村经济合作组织指农民尤其是以家庭经营为主的农业小生产者为了维护和改善各自的生产及生活条件，在自愿互助和平等互利的基础上，遵守合作社的规章制度，联合从事特定经济活动所组成的企业组织形式，其盈利以成员与农村经济合作组织的交易额分配为主。[①] 要实现乡村产业兴旺，促进农业现代化发展，激发乡村发展活力，在传统"小农经营"的生产模式影响并长期存在的情况之下，必须提高农民的组织化和规模化生产经营能力，通过多种形式的适度规模经营，实现农业、农村的现代化发展。由此农村经济合作组织的龙头带动作用才能在农村产业兴旺的实践过程中充分展现。

---

① 《（受权发布）中华人民共和国农民专业合作社法》，新华网，2017 年 12 月 28 日，http://www.xinhuanet.com/politics/2017-12/28/c_1122176566.htm。

新时期的农民合作社，不仅实现了农民、资本等多元主体的汇聚，还是一个信息咨询、技术指导、生产销售的多元协作平台，实现了农民群众在经济发展、信息交流、知识教育等方面的联合。农民合作社通过提供共同利益和收益的分配机制，吸引广大农民群众加入并共同经营，在其中农民群众可以参与合作社的决策制定和管理活动，在充分尊重农民群众主体性的同时，还能够汇聚各种技术、资金、渠道等资源，联合农民通过集体合作、民主管理、集体决策等方式，形成互补协作关系，实现规模化和组织化生产经营，将村集体利益最大化。

（五）其他社会组织——协同构建乡村多元治理主体的组织体系

作为充满活力和创造力的非官方组织，社会组织是乡村治理组织体系的重要主体，也是组织振兴板块中的重要组成部分和主要参与者，它在改善乡村单一治理主体状况、协同推进多元共治、构建新时代乡村治理体系方面发挥着不可忽视的重要作用。2018 年中央一号文件提出"大力培育服务性、公益性、互助性农村社会组织，积极发展农村社会工作和志愿服务"；2022 年发布的《农业农村部关于落实党中央国务院 2022 年全面推进乡村振兴重点工作部署的实施意见》明确要求"制定鼓励引导社会组织参与乡村振兴的意见"；2021 年，党的十九届六中全会通过的《中共中央关于党的百年奋斗重大成就和历史经验的决议》指出，党始终把解决好"三农"问题作为全党工作重中之重，实施乡村振兴战略，加快推进农业农村现代化；2022 年《民政部国家乡村振兴局关于动员引导社会组织参与乡村振兴工作的通知》指出：参与乡村振兴，既是社会组织的重要责任，又是社会组织服务国家、服务社会、服务群众、服务行业的重要体现，更是社会组织实干成长、实现高质量发展的重要途径和广阔舞台。同时，国内许多学者也在探究社会组织参与社会治理的作用和价值，大多数学者从以下研究视角对其进行探讨——社会组织是创新社会治理体制、构建社会治理共同体和提升社会治理效能的重要力量，也是新时代推进社会治理现代化的重要主体，社会组织能够在化解社会矛盾、提供公共服务、推进协同治理和维护社会秩序等方面发挥重要作用（刘凤萍、李海金，2023）。可见，充分发挥社会组织治理优势推进社会有效治理，以组织振兴促进乡村振兴，是政策实践和学术研究的共识。

从党和国家政策方针、全国各地的乡村振兴实践以及各类学术研究来看，社会组织在乡村振兴中具有重要作用，通过推动农村治理创新、促进农村经济发展、引领农村文化建设、加强农村社会服务和增强农村社会动员能力，提供政治、经济、社会、文化、生态建设的资源和动力，能够有效推动乡村振兴目标的实现。

二　乡村振兴下的治理体系

党的二十大报告提出全面推进乡村振兴重大战略，全面建设社会主义现代化国家，最艰巨最繁重的任务仍然在农村。2023 年中央一号文件提出要提升乡村治理效能，必须坚持党建引领乡村治理，强化县乡村三级治理体系功能，压实县级责任，推动乡镇扩权赋能，夯实村级基础。本章以乡村治理的组织体系为切入点，从不同治理组织主体论证其重要性和价值，展现以基层党组织为领导、基层政府和村民自治组织为基础、集体经济组织和农村经济合作组织为纽带、各种社会组织为补充的乡村治理组织体系（见图 3-1），乡村治理既是国家治理的重要组成部分，又是实现乡村振兴的保障，二者统一于全面建成社会主义现代化强国的实践中。

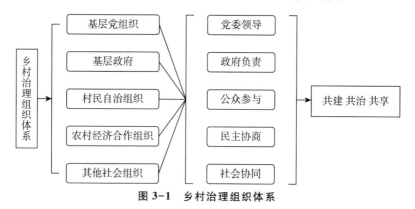

图 3-1　乡村治理组织体系

乡村是最基本的治理单元，乡村治理是否有效事关国家治理现代化的整体水平与质量，没有乡村的有效治理，就没有乡村的全面振兴，因此，乡村治理是一个不能忽视的国家治理组成部分（周文、司婧雯，2021）。不同的组织构成了乡村内部的治理组织体系，基层党组织、基层政府、农村经济合作组织、村民自治组织以及文化、教育等其他社会组织是乡村治理的主体，各种主体发挥各自的作用并形成联动机制，即在党中央和各级党委政府的坚强领导下，夯实农村基层党组织根基，发挥农村基层党组织在乡村事业发展中的领导核心作用，同时推动农村经济合作组织、社会组织和村民自治组织的建设与完善，最终实现乡村组织振兴，为乡村振兴提供坚强的组织保障。实现党全面领导和政府引导下的社会共治，各主体共同参与社会建设、共同享有社会治理成果的共建共治共享，有助于提高乡村治理效率，以组织建设和力量整合推动乡村振兴战略目标的实现。

基层党组织——全面领导、组织协调、政策贯彻和执行。基层党组织是党在基层的战斗堡垒，负责领导和组织党员、干部和群众开展各项工作，发挥着政治引领的作用，通过组织宣传教育、培训指导等方式推动农村工作的落实，确保各项政策和决策的有效执行。

基层政府——作为全面推进乡村振兴的规划制定者和政策统领者，政府能够引导各类生产要素向农业农村聚集，并在企业、农民与社会等共促乡村全面振兴中发挥重要作用。

村民自治组织——自我管理、自我发展、矛盾冲突解决的重要主体。村民自治组织代表村民利益、促进民主参与、提升社区服务质量、保障社会稳定，通过村民代表、自治机构建设和民主决策等方式，提高村民的自治能力和参与乡村建设的积极性、主动性，充当干部与村民之间、村民和村民之间的沟通桥梁，实现自我管理、自我发展，拓宽矛盾调解的解决渠道。

农村经济合作组织——推动多元主体联合、资源汇聚、产业兴旺。农村经济合作组织通过资金、技术、人才、市场等各种资源的聚焦融合，能够形成规模效应，推动农村特色产业的蓬勃发展。

其他社会组织——丰富社会资本、补充公共服务、建设乡村文化。提供专业服务和支持，弥补政府公共服务的不足，整合社会资源和力量，通过自上而下的体制通道与政府联合或者通过市场化运行渠道向乡村提供公共服务，提高经济发展能力、推进生态文明建设、维护传统文化、培育乡风文明。

第二节　乡村振兴中的组织建设

一　强化党建引领

农村基层党组织与基层群众距离最近、联系最广、接触最多，是党在农村全部工作和战斗力的基础，推进乡村振兴战略要充分发挥基层党组织的战斗堡垒作用和广大党员队伍的先锋模范作用，夯实农村基层党组织根基，发挥农村基层党组织在乡村事业发展中的领导核心作用，同时推动农村经济合作组织、社会组织和村民自治组织的建设与完善，促进乡村组织振兴，为乡村振兴提供坚强的组织保障。这就要求坚持农村基层党组织的领导地位不动摇、合理设置基层党组织、加强党组织干部队伍的能力建设等。

在基层党组织的结构设置上，既要延续以行政村为基本单元的组织架构体系，也要适应农村改革发展新变化，及时跟进建立党组织，实现对农村各领域的组织覆盖和工作覆盖。例如，农村经济合作组织、社会组织中成立的党组织，一般由所在村党组织或者乡镇党委领导。保证党在农村各领域工作的领导地位，积极发挥其他组织主体在经济发展、文化建设、公共服务等各方面的作用，从中央到地方、从党委到支部再到党员，由面到点，加强组织体系的建设，能够为乡村改革发展、乡村振兴提供强有力的组织保障。

（一）完善乡村治理制度：党建引领基础上的制度规范和工作体系

乡村振兴是推进中国广大农村现代化发展的重大战略途径，其包含着经济发展、政治民主、乡风文明、社会和谐、生态宜居等相互影响、相互作用的基本要素，我们必须在党的领导下协调各种关系，将成熟的发展理念、原则和经验上升为制度，指导不同主体在乡村振兴之路上统筹协进、循序渐进，获得更高的效能。加强农村基层党组织的制度建设，不断激发农村基层治理战斗堡垒的"爆发力"，并始终保持党组织的先进性，持续提升基层党组织引领基层治理的能力和水平。这包括在党的全面领导之下，形成权责明确、运行高效的工作体系；激发农民参与治理主动性和创造性的可行性制度；农村社会风险与矛盾的预防和化解机制；各级党组织的监督和考核机制；等等。

沾益区坚持党建引领，发挥基层党组织领导核心作用，积极强化县级党委抓乡促村职责，深化乡（镇）管理体制改革，健全乡（镇）党委统一指挥和统筹协调机制，建立村党组织全面领导、村级事务统一管理、村干部分工负责的村级组织"大岗位制"，持续排查整顿软弱涣散村党组织。完善村级重要事项、重大问题经村党组织研究讨论机制。同时，各村党支部贯彻上级党委的"党建+"工作理念，从村党支部规范化、干部队伍专业化做起，提升村党组织的凝聚力、号召力和战斗力，以党建强村推进组织振兴；通过网格化管理，设置多名网格员，党员和干部发挥带头作用，参与乡村服务和基层社会治理工作，形成治理和村民自治的良性互动，及时妥善把各类矛盾纠纷解决在村里和萌芽状态，确保小事不出村、大事不出镇、矛盾不上交、精准发力，聚焦民生福祉解难题。

（二）乡村干部队伍的建设：管理和服务能力的专业化和现代化

干部是乡村振兴战略的中坚力量，乡村产业的发展、群众矛盾和冲突的解决、干群关系的调和等，都与干部队伍的能力和素质息息相关。广大乡村基层干部队伍的突出问题主要是结构不优、能力不足，即组织结构上呈老龄化的趋势、学历较低、缺乏创新思维和能力，具体来说就是年龄偏大、学历偏低、带富能力不强、后备力量不足，所以提升乡村干部管理和服务能力的专业化、现代化水平对于增强乡村治理效能具有重要的作用。

菱角村持续推进党建引领乡村振兴，以党建引领发展，同时该村也存在干部队伍老龄化特征明显、受教育程度低、专业水平不足等问题，这些问题带来的最明显的影响则是乡村各方面发展的内生动力不足。在进行访谈时，菱角村一位村干部表示："像我们乡村振兴、产业振兴，人才也是很重要的一部分，但是我们村子，特别是村'两委'基本上没有年轻人。"当被问及是否想过怎样把年轻人留下来或者吸引人才到菱角村时，该村干部表示："这个我们当然是想，我们也特别希望有年轻血液加入进来，我们特别需要这种人才，但是你想，怎么才能把他们留下来，只有经济发展了我们才能提高待遇，才能吸引人进来，所以我们现在调整产业结构，大力搞好经济，经济和人才是我们最稀缺也是最需要的。"之前的菱角村，干部与群众之间关系较差，矛盾多发，甚至还涉及经济利益的纠纷。一位村民在访谈中说："我现在告诉（你）村委会以前的领导班子没有一个不差我钱，（之前的）书记最低还要给我 4000 元，这是我拉烤烟的钱，我以前就是帮农民拉烤烟，有一份运费还没给我算，现在我不在村委会，（现在）这个书记，喊我办，人家当场给钱。""他（现任书记）还是有规划的，有一天他指着我家这个路灯，就是那块电线杆上面的那个，说它弯得好啊，我说这是'民心灯'，能不好吗？人（现任书记）是挺热情的、性格挺直爽的，他该做事做事。"

同样地，刘家庄村也面临上述问题，同时又存在其特殊情况——在现任村党支部书记上任之前，刘家庄村的政治生态并不和谐，历经了八任村支书的轮换，但他们对于村庄建设、集体经济发展等各个方面并无明显的贡献，并且在任期间干群关系淡漠、矛盾冲突比较尖锐、干部任命离职频繁，这些在一定程度上导致了刘家庄村经济发展、乡村建设等综合层面落后于菱角乡其他行政村。转折点出现于 2021 年底新任年轻书记的上任，刘家庄村重点发展产业项目——"农光互补"项目一期正式投入建设，由于光伏组件的铺设需要占用大量土地，刘家庄村干部队伍面对的首要难题就是大规模的土地流转，此过程涉及多家农户以及流转价格问题，其间也产生过纠纷和矛盾，在走访刘家庄村村民和村干部的过程中笔者也了解到，"农光互补"项目在前期进行土地流转期间，产生过一些肢体和言语冲突，纠纷和矛盾凸显，村支书带领着其他村干部，依法解决冲突、听取群众各方意见、公平公正划分村民利益等，最终还是完成了 2300 亩土地的成功流转，保证了光伏项目的正常建设和运行。

因此，干部队伍应注重提升问题解决能力，在面对群众矛盾冲突时，体现处理矛盾纠纷的专业水平和技巧；推进依法治理，干部仍然要以法律为准绳，依法行政，确保公平正义，对于涉及法律问题的矛盾，干部要按照法定程序和规定进行处理，依法解决矛盾，维护群众合法权益。乡村干部队伍管理和服务能力的专业化和现代化——问题解决能力的强化，对于乡村产业的推进、群众矛盾和冲突的解决、后备人才的补充等能够产生积极的影响，有利于构建产业蓬勃、关系和谐的乡村。

二　提升基层政府在乡村振兴中的主导作用

乡村振兴接续着巩固拓展脱贫攻坚重要成果的任务，同时也在为推进农业农村现代化而奋斗。从乡村脱贫到乡村振兴，再到全面建成小康社会，基层政府都是身处一线的执行者，具有十分重要的作用（张高军、易小力，2019）。按照《中华人民共和国宪法》，中国的行政区域划分如下：第一，全国分为省、自治区、直辖市；第二，省、自治区分为自治州、县、自治县、市；第三，县、自治县分为乡、民族乡、镇。三个层级分别对应省级人民政府、县级人民政府和乡级人民政府。国家相关法律法规并未对"基层政府"的定义做出明确解释，但一般认为基层政府是相对于中央政府而言的。在乡村振兴战略实施过程中，县级人民政府直接接触乡村地区，贯彻落实中央、省、市的各项工作，因此本章将基层政府界定为县级及其以下的人民政府，包括县级人民政府和乡（镇）级人民政府。基层政府的作用十分关键，县级人民政府扮演乡村振兴"总指挥"的角色，乡（镇）级人民政府是推动乡村振兴战略政策落地的实践者，而各个行政村、自然村则是乡村振兴末端的基础性力量。基层政府在乡村振兴中发挥主导作用，通过统一、标准的组织体系发挥应有的作用，包括基本公共服务的保障、人才和技术等发展资源的整合与调配、各类组织关系的协调等，提高社会发展效率与公平性、促进城乡二元均衡发展，是实现产业兴旺、治理有效、乡风文明、生态宜居、生活富裕的乡村振兴图景的重要方式。

（一）公共服务与基本民生的保障

各地在巩固拓展脱贫攻坚成果、接续推进乡村振兴中，聚焦农民群众在养老、教育、医疗、文化等方面日益增长的需求，持续补短板、建机制，不断提高农村基本公共服务的标准和水平，推进城乡基本公共服务均等化，完善健全的公共服务，促使农民群众生活更加幸福。

因此，在满足人民日益增长的美好生活需要、缩小城乡发展差距、改善乡村发展不足等的过程中，政府应在基础设施的完善、公共服务的保障等方面发挥主导作用。作为社会公共管理机构，政府的根本职能是为社会发展和人民群众提供优质公共服务。我国政府是人民的政府，尤其要把履行好社会治理职能和社会服务职能、促进以人民为主体的社会协调可持续发展作为自己的根本职能，适应社会发展和人民群众的需要改进行政作风、创新行政方式、提高行政效能、不断改善民生，建设人民满意的服务型政府。[1] 但是，多数村庄基础设施建设、运营和维护水平不高，甚至面临经费不足、难以为继的困境。公共服务和基本民生只是有了基础性保障，与村民对美好生活的追求相比还有较大差距。

以乡村医疗卫生体系为例，基层医疗卫生工作在乡村振兴工作中占据重要位置，党和国家重视推动优质医疗资源下沉、坚持基本医疗卫生事业的公益性，全面提升基层医疗卫生机构基本医疗、公共卫生服务能力，推动卫生健康工作重心下移、医疗卫生资源下沉和城乡基本公共服务均等化，为群众提供安全、有效、方便、价廉的医疗卫生服务。沾益区在推动基层公共医疗卫生服务综合能力提升的工作中，明确了区（县）人民政府的领导责任职能，卫健、医保、财政等其他政府部门的职能分工，形成了由区负总责、乡镇（街道）抓落实、村协助实施的组织运行体系，逐级明确任务书、时间表、路线图、责任方，但由于人力、信息等多方面的现实因素影响，政策的落实总会存在各方面问题，在此次调查的六个行政村中，一些没有受益或受益较小的家庭对于基本医疗保险积极性不高，同时由于村

---

[1] 《【中国稳健前行】坚持以人民为中心完善政府治理体系》，求是网，2020 年 1 月 15 日，ht-tp://www.qstheory.cn/wp/2020-01/15/c_1125463355.htm。

干部学历层次低、年龄较大等因素的影响，代收医保费难度大，医疗保险的稳定性和可持续性面临挑战。

（二）政策贯彻与组织协调

《乡村振兴战略规划（2018—2022 年）》提出了夯实基层政权，增加农村公共服务供给，健全农村基层服务体系。乡镇政府是最低层级的属地政府，在我国行政体制中占据着基础性地位，是广大农民群众和国家联系的重要枢纽，发挥着承上启下的关键作用，是党和国家为农民群众服务的最终落脚点，其服务质量的好坏是党和国家方针政策贯彻落实的最直观反映（吴春宝，2022）。

沾益区在建设优质高效的基层医疗卫生服务体系，全面提升基层医疗卫生机构的实践过程中，医保、财政、信息、发展与改革等政府各组织机构在横向上通力合作，纵向上则是县/区级组织履行统管职责，乡镇（街道）落实属地管理责任，支持基层医疗卫生机构基础设施建设，协助滞拨缓拨资金清理、债务化解等工作，配合医疗纠纷化解，村（居）委会协助村（社区）卫生室（卫生服务站）提供公共卫生服务，并承担对村医的履职监督工作。其他公共服务供给——教育、就业、养老等，一以贯之，由区（县）级人民政府总负责，明确教育、卫健、民政等各单位的分管牵头责任，落实到乡镇街道、村，在监督考核方面按照明确清单指标进行年度、季度考核，一级带一级，一级抓一级。

（三）资源整合与调配

党和国家大力推进乡村振兴战略，其目的是要从根本上改变长期牺牲农村、牺牲农民的发展现状，不能让农村成为荒芜之地、留守之地、记忆之地，因此，农业强、农民富、农村美是乡村振兴的战略指向。但是在现代化、城镇化的浪潮之下，城乡不平衡依然是亟须解决的难题，各类资源越发不可阻挡地向城市、向非农业部门聚集，使乡村中的人力资源、生产资料、生活资料等不断流出，为工业化、信息化、城镇化提供了生产要素，乡村发展方式、基础设施、人才储备等方面有明显的短板。资源配置和协调是治理能力的重要组成部分，政府要对人才、资金、技术等各类资源合理地集中与调配，在乡村产业发展过程中发挥好政府这只"无形的手"的作用，高效地集合资源，优化资源配置，为乡村振兴提供坚实的物质基础。

乡（镇）人民政府在经济活动方面的职能包含制定和组织实施经济、科技和社会发展计划，制定资源开发技术改造和产业结构调整方案，组织生产、商品流通，协调好本乡与外地的经济交流与合作，招商引资，项目开发，不断培育市场体系，组织经济运行，促进经济发展等综合内容。① 在尊重农民意愿、保证农民利益的前提下，用行政命令、政府推动和市场化手段统筹配置乡村振兴各项政策、资金，吸引各类社会经济组织、工商资本投入乡村，实现乡村产业兴旺。

沾益区政府积极推进产业体系的构建，在乡村产业振兴方面提供各类专项财政支持、优惠政策扶持，打造乡村特色产业，积极主动推进产业振兴，推动经济社会高质量跨越式发展，响应党和国家的乡村振兴战略。《曲靖市沾益区构建现代化产业体系三年行动计划（2022—2024年）》通过各乡、各村逐级贯彻和落实，例如，位于沾益区德泽乡西北部的老官营村，基于区位优势、自然环境优势、自身特色资源，在党委、支部的领导之下，依靠政府财政支持、税收优惠等，建立了背靠德庄庄园（乡村旅游度假村）的股份制合作社，为当地村民增加了就业岗位和收入来源；菱角村在保持传统种植优势的基础上，坚持"一村一品"的乡村特色产业发展规划，积极推进其他产业的发展，通过土地流转、有偿转让等方式，与企业开展结对共建，把农村资源优势转化为产业发展优势，为乡村振兴提供源源不断的内生动力，从而避免了盲目推进产业振兴，选择"一刀切""简单化"的错误方式，提高了农村经济市场化运作的水平。

三 推进农村经济合作组织建设助力产业兴旺

产业兴旺是乡村振兴的重要基础，也是解决农村一切问题的前提。新

① 《曲靖市沾益区菱角乡人民政府职能职责》，曲靖市沾益区人民政府网，2023年11月13日，https://www.zhanyi.gov.cn/pub/description/21169.html。

型农民合作社是一种经济合作组织，其重要的作用就是促进产业的振兴，即它可以通过人才的吸纳和凝聚，激活农民这一重要主体参与乡村建设和经济发展的积极性，同时能够聚集更多主体参与乡村振兴，激活乡村社会的活力和内驱力。首先，新型农民合作社通过聚合人才，激活乡村振兴中的人力资源，激发农民参与日常生产活动的积极性和主动性，同时搭建城乡人才共享的桥梁，实现多元主体的联合；其次，在基层党组织的带领之下，对乡村产业的发展进行统一的筹措和规划，发挥其在乡村振兴、乡村治理等各环节的引领作用。从横向上来看，新型农民合作社连接了乡村内分散的农民，实现了村与村、城与村的合作与联结；从纵向上来看，打通了基层政府与农民个体之间的阻隔，使党组织与农民之间的关系更加密切。

（一）新型合作社实现多元主体联合

新型农民合作社是指以农民合作为基础，由多个农民组成的农业生产合作社，[①] 其主要特点是以农民的利益为出发点，以农业生产为主要业务，同时兼顾农产品销售、农民就业等其他方面的发展，在资源整合与规模效应提升、技术创新与产业升级、风险分担与保障机制建设以及组织能力与专业素养提升等方面，为农业发展和农民收入增加带来积极影响，实现农民、企业、资本、技术、市场等多方主体的有效联合。

沾益区刘家庄村推进的"农光互补"项目，兼顾光伏发电、种植业，将实现土地立体化增值利用，提高土地空间的经济价值，建成后将成为云南省"畜牧+种植+光伏"示范项目，也是沾益区"农光互补"光伏领导技术基地项目。它能够落地建设并持续产生利好效益——项目建设为周边居民提供岗位、土地流转带来集体经济收入、经济作物种植提高经营性收入……在科学技术、国家政策等各方面的影响之下，农业与光伏会产生更加显著的协同效应，开创经济高效、生态和谐的乡村发展新局面，实现经济与生态的融合发展，打破生态保护禁锢产业发展的"怪圈"，为新时代农业与工业的融合和环保发展提供新思路。该村创新集体合作模式，激励村民参与，

---

① 《〈受权发布〉中华人民共和国农民专业合作社法》，新华网，2017 年 12 月 28 日，http://www.xinhuanet.com/politics/2017-12/28/c_1122176566.htm。

不仅实现了乡村产业的发展，还惠及本村及周边村民。

在合作模式上，由刘家庄村委会牵头，实施"光伏+乡政府平台公司+农业+农户"的模式，其具体运行逻辑是：由村级分公司兜底出资向村民流转2300亩闲置的荒地、偏坡地，再将这些土地以每亩950元的价格租给华能清洁能源（曲靖沾益）有限公司建设光伏项目，项目建成后，再以每亩30元的价格从公司手中租回土地，转租给村民、外来承包者，根据各自意愿种植大豆、蔬菜、万寿菊、牧草、辣椒等粮食经济作物。在该复合项目开展初期，村民对于"农光互补"项目并不熟悉，缺乏对投资企业的信任，该村村支书也反映道："以前村里也有企业来投资项目，不过没做多久就撤资了，农民因此受了损失，就不敢再接受投资项目了。"村民对于乡村产业发展的不信任迫使村干部队伍必须改变以往的合作模式，使村民利益有保障，进而得到其支持。通过上述合作模式，又有村级分公司兜底做保障，村民不仅可以获得每亩950元的土地流转租金，还可以以相当低廉的价格再次承包土地进行农业生产，获得相应的经营性收入，村集体也能从土地流转中获得服务费，增加集体经济收入。

因此，农村经济合作组织的创新发展和因地制宜的做法，能够有效整合土地、资金、技术、人才等资源实现规模化经营。不同主体之间的合作与交流能实现技术的共享与合作，发挥各方资源和优势能够扩大销售渠道，助力乡村品牌的打造，多方主体的联合还可以使得经营风险合理分散，减少单个主体承担风险的压力，通过合作经营、交流学习等形式提升集体组织能力和专业素养，为广大农民的生产带来规模效应，有助于解决"三农"问题。

（二）吸纳人才、汇聚资本的协作平台

农村经济合作组织通过资源整合、技术创新、市场开拓、风险分担和培养农民的组织能力等方式，能够有效促进产业发展，它们在农业农村发展中具有重要作用，是提高农民的收入水平、促进就业创业、推动乡村产业现代化转型的重要协作平台。

沾益区多个乡村通过党员干部推荐、群众公推公选等方式，将有威望的退休干部、有影响力的经商人士、具备专业技能的技术人才、有丰富经验的返乡务工人员，以及在村内和外部受到尊敬、具备才能和声望，并且乐于参与乡村振兴和基层治理的人员纳入乡村贤达群体，并且鼓励返乡创业大学生参与乡村产业发展……在外人才返乡后，利用自身积累的专业知识、技术、经验借助农村经济合作组织，反哺家乡产业的发展，例如，在沾益区土桥村，一名大学生毕业后返乡创业，成立农民合作社，村党总支书记带领其跑贷款、流转土地、找销路，还帮助其成立食用菌种植农民专业合作社。这名大学生成立合作社后，贫困户跟他合作，他出技术、出投资，贫困户出劳力、出地块，每亩土地一年可以有 1.3 万元的收入，带领农民走出了一条致富路。村党总支、村委会将竭尽全力把这个产业扶持壮大起来，带动更多贫困户脱贫致富，逐步把这个产业培育成土桥村的经济产业、主导产业，该村实现了人才、资金、技术、管理等多种资源的整合，推进了乡村产业特色化、现代化发展。

（三）组织力量统筹产业发展

2022 年，沾益区菱角乡党政办公室发布了《曲靖市沾益区菱角乡巩固拓展脱贫攻坚成果同乡村振兴有效衔接三年行动计划（2022—2024)》，要求各村各党支部抓实乡村发展，聚焦产业促进乡村发展，大力发展富民产业，加快发展壮大乡域经济，持续促进农民就地就近就业创业，深入推进农业农村绿色发展。在沾益区菱角乡"一村一品"的产业路径指导下，刘家庄村在原有产业结构的基础之上，进行村产业规划，统筹乡村产业发展方向并明确可实现目标。2022 年，刘家庄村实施集体经济壮大工程，由村党总支牵头为企业入驻做好土地流转、手续办理、水电路保障等服务，通过为企业服务收取服务费，不断壮大村集体经济。服务好华能农业光伏发电项目和风电项目，计划流转土地 3000 亩，规模流转土地 2000 亩种植西瓜、蔬菜；实施产业基础设施建设；持续引进特色产业入驻刘家庄村，扩大规模化种植面积。

同样地，菱角村依托乡、村两级公司规范运作，加大招商引资力度和土地流转力度，引进曲靖博浩生物科技股份有限公司、曲靖市沾益区欧亚美农业科技开发有限责任公司等多家龙头企业和曲靖沾益菱鸿种植农民专业合作社等多个合作社，完成"五个千亩"规模种植特色产业，种植包括万寿菊、魔芋、雪莲果等优势作物，使得村集体经济收入逐年增长。

四　协同推进乡村多元共治

乡村振兴是一项艰巨复杂的战略工程，以社会团体、社会服务机构（民办非企业单位）和基金会为主体的社会组织可以发挥各自优势，在促进乡村振兴过程中大显身手。社会组织可以助力乡村产业的发展、人才的培养、生态的保护、乡风文化的保护和传承，同时还能在乡村社会治理中发挥补充作用。

社会组织在乡村治理转型以及推进国家治理体系和治理能力现代化进程中扮演着越来越重要的角色，是乡村治理和乡村建设的依靠性力量（刘凤萍、李海金，2023）。本章所提到的社会组织主要是在县级以上民政部门登记的社会团体、基金会、社会服务机构（民办非企业单位）等。它们能够提供专业服务和支持，覆盖政府力量和资源无法触及的部分，整合社会资源和力量，促进民主参与和社会稳定，推动乡村产业发展和经济转型，增强乡村治理的透明度和效能，在乡村振兴和乡村现代化的场域之中，在提供社会服务、助力乡村建设、推动乡风文明建设等方面发挥独特的价值，从而使政府部门在统筹规划、顶层设计、资源调配、监督考核等宏观职责上发挥更大的作用，而社会组织则更多地承担具体的服务生产与递送工作，实现了各取所长、优势互补。另外，社会组织既是团结群众、联系群众的基层治理单元，也是自我组织、互助服务和互惠合作的重要载体。

（一）政策倡导与公共服务的补充

我国的主要矛盾为人民日益增长的美好生活需要和不平衡不充分的发展之间的矛盾，其在乡村表现得最为突出，要让亿万农民共享改革发展的现代化成果，同全国人民一道迈入全面小康社会，实现产业兴旺、生态宜居、乡风文明、治理有效、生活富裕的总要求，必须加快补齐农村公共服务短板，依靠政府资源和力量无法完全顾及一些偏远或落后地区的公共服务，此时社会组织的加入是非常重要的，它可以通过非单一行政化的渠道将差异化和多元化的养老、慈善、文化等各种具体公共服务贯彻到广大农村地区。社会组织的参与，可以弥补政府在公共服务供给上的不足，并提高公共服务供给的效率和质量。这样可以在城乡基本公共服务均等化的基础上，满足人民群众日益多元化、差异化、多样化的公共服务需求，因为接受优质高效的公共服务是公民的基本权利，也是人们所能享有的最真实的、最基本的正义（贾康等，2023）。社会组织通过在基层的实践，进行数据收集、经验总结、调查研究等专业化的操作，并且通过与政府部门、教育机构、媒体和其他利益相关方建立合作关系和对话机制，提出更加具有可操作性、可实施性的政策倡导，这是社会组织使命和目标的驱使，也是现实的呼唤。

沾益区也在逐步推进社会组织服务社会、服务社区、服务居民的进程，曲靖市、区（县）两级政府充分发挥社会组织孵化中心作用，结合实际设立社会组织孵化培育专项资金，依托社会力量建立社会组织发展专项基金，引导社区社会组织在提供社区服务、开展志愿服务、扩大居民参与、培育社区文化、促进社区和谐等方面发挥积极作用。曲靖市社会组织孵化中心已有6家来自各地的社会工作服务机构——上善社会工作服务中心、启程社工、初心社工、珠源社工等，虽然曲靖市在推进各类社会组织的孵化和培育，但是受制于经济社会发展现状，在广大农村地区社会组织对于农村公共服务的参与度并不高，笔者调研的多个行政村，都缺少社会组织的参与。

（二）聚集社会资本提升乡村治理成效

布迪厄对社会资本的定义是"社会资本是实际或潜在资源的集合体，他们与或多或少制度化了的相互认识与认知的持续关系网络联系在一起……通过集体拥有的资本的支持提供给他的每一个成员""某一主体拥有的社会资本量取决于他能够动员的关系网络的规模"（周红云，2003）。因此社会资本的两个特征是：与群体成员资格和社会网络是密切联系的；以人们的相互认知为基础。社会资本理论可用于解释社会关系和社会网络如何影响社会发展和个体行为，社会资本的形成和积累依赖于人们之间的互动和合作，包括人们之间的信任、互助等。

公益慈善、文化建设等各种社会组织汇集了各种具有专业性、技术性的人才，融合了政府、个人等多方面的支持性和发展性资源，并且通过社会组织，形成相互联系的社会网络，个体或集体可以融合自身的资源和能力，与其他主体进行合作共享，实现资源的相互补充和优势互补，加之社会组织为成员提供了共同的目标和价值观，激发了成员之间的合作意愿和信任。因此，社会组织既是各种社会资本汇集的总体，也是社会资本的建设者，通过其特有的功能塑造乡村社会人际网络之间的合作信任、社会支持、资源共享等，推动和谐乡村的构建，提升乡村治理成效。

（三）乡村文化的建设

文化自信是一个国家、一个民族发展中最基本、最深沉、最持久的力量，乡村文化振兴是乡村振兴的重要内容和有力支撑。在全面推进乡村振兴战略背景下，乡村文化自信能为乡村振兴提供持久的精神力量。乡村文化资源是乡村地区的独特财富，通过保护、传承和利用这些资源，可以提升乡村的文化品位和吸引力，促进乡村旅游和文化产业的发展，同时也为乡村的可持续发展提供重要的支持——人才的吸引和教育、农村社区文化的营造。

文化资源是乡村振兴的重要支撑，传统工艺、民俗文化、历史遗迹等文化资源是乡村的独特财富，具有独特竞争力和吸引力，能够吸引游客和投资，推动乡村的发展和振兴；文化资源是乡村特色的体现，反映了乡村的历史、传统和乡土文化，是乡村的特色和标识，通过保护和传承乡村的文化资源，可以打造乡村的特色品牌，打造具有中国特色的乡村；文化资源是乡村旅游的重要支撑，作为旅游资源的重要组成部分，是吸引游客前来参观和体验的基础保障；文化资源是乡村教育的重要内容，通过教育和培训可以传承乡村的文化传统和技艺，培育更多文化传承人才；文化资源是乡村社区建设的重要元素，通过社区文化的营造，可以促进乡村社区的融合和共享，以文化资源为媒介增强社区凝聚力和归属感。

在此次调查的几个村中，不乏具有特色文化资源——歌舞、刺绣、文字、服装等的村落，例如，大德村的彝族刺绣、三月属马女人节、彝族歌舞等，但是在各种社会经济因素的限制下，这些文化资源的开发程度并不高，并且当地村民缺乏保护和传承意识。所以，在这种情况下，社会组织在乡村文化的传承和再创造上能够发挥重要的作用，例如通过整合乡村的文化资源，打造乡村的文化品牌；通过推广乡村特色的传统工艺品、农产品、民俗文化等，提高乡村的知名度和影响力，扩大消费，增加投资；积极参与乡村文化设施的建设，如乡村图书馆、文化礼堂、艺术馆等，通过各类渠道筹措资金、组织志愿者参与建设，为乡村居民提供更多的文化场所和文化资源；承担村民的文化教育和培训工作，提高乡村居民对于文化资源的认知和保护意识。

五　增强乡村社会的自我组织与管理能力

实现乡村振兴离不开广大群众，乡村治理工作的开展，也需要广大农民群众的支持和参与，村民自治是群众有序参与乡村治理的有效载体，也是全过程人民民主在基层的重要体现。而村民自治组织作为乡村建设的"领头人"，其密切联系群众的独特优势，为乡村治理夯实了群众基础（罗艳，2023）。村民自治组织，是由村民自愿组成的，以村民为基础的自治组织，主要通过民主决策、自我管理和自我服务等方式保证广大农民群众的主体地位。村民自治组织代表和维护村民利益，促进社区参与和民主决策，推动社会治理创新，促进乡村经济发展，是乡村社会自我管理、自我监督、自我发展、解决矛盾冲突的重要主体。

（一）乡村社会的自我管理

以村民委员会为代表的村民自治组织，通过组织村民代表大会或居民议事会等会议，让村民参与决策和规划，充分听取村民提出的意见和建议，讨论并决定村庄的发展方向、项目投资和资源配置等事项，让村民能够自主参与和管理村庄的事务；通过选举产生村委会成员，建立村民小组或村民互助组织，负责具体的事务管理和协调，村民自治组织提供必要的培训和指导，帮助村民了解和掌握自我组织和管理的技能。已有的监督机制和村规民约让村民自我监督和约束，同时还可以通过组织选举和评议等方式，对村民自治组织的工作进行评估和监督，这就要求乡村制定公开透明的财务制度和管理规定，确保村民自治组织的工作公正、透明。以上方式有助于提高群众参与公共事务管理和决策的主动性、积极性。作为群众性的自治组织，村民委员会产生的基础、工作的阵地都是广大农村地区，并且对村情民意、乡风文化、乡村人际等人际网络都有着深刻的了解和把握，基于上述在地化优势，村民委员会在促进乡村自治、调解乡村矛盾纠纷、促进乡村事业发展方面发挥着重要作用。但是，当前我国一些地方的村民委员会在发展过程中，由于管理者综合素质不高、责任意识较弱，尤其是对自身角色定位不清晰，工作缺乏主动性，没有很好地发挥村民委员会在乡村治理中的作用，没能很好地保障村民权益。村民委员会作为乡村组织振兴的重要组成部分，未来要进一步提升服务意识和责任意识，发挥村民委员会在促进乡村自治方面的重要作用。

我们在沾益区乡村的调查走访中发现，各个村都在培育和发展不同类型的村民自治组织，例如，大部分乡村成立了本村的红白理事会，该组织由村中具有影响力、号召力的领头人物组成，并且对村民的收入、习俗等都非常了解，在知识、经验等各个方面都属于各村的"领头羊"，制定了村民易于接受的从简的红白喜事标准。此外，大部分村庄还成立了民主评议小组、道德评议小组、民族团结协商会、村民议事会、禁赌禁毒会和道德评议会等村民组织，用以解决村民日常生活中的急难愁盼问题，此外还广泛发动村民积极参与"十星级文明户""五好家庭""党员示范户"评比等活动，推动乡村形成尊老爱幼、扶贫济困、热心公益的社会风尚，完成认知、行为等各个方面的自我管理。

从村民在村里参加组织或团队活动的情况来看，参与率最高的就是红白理事会，其次是志愿者组织与体育健身和休闲娱乐团队。参与率最低的是宗教信仰类组织，另外，剪纸/刺绣/插花等传统艺术团队的参与率也比较低（见表3-1）。

表 3-1　在村里参加组织或团队活动的情况（$n=156$）

单位：%

组织/团队/小组	参与	没有参与	村里没有这样的组织/团队/小组	合计
党团组织	10.9	88.5	0.6	100.0
志愿者组织	18.6	74.4	7.1	100.0
农业协会或合作组织	10.3	75.0	14.7	100.0
妇女/老年人/青年人等群体的自发组织	13.5	67.3	19.2	100.0
红白理事会	76.9	21.2	1.9	100.0
体育健身和休闲娱乐团队	17.9	59.6	22.4	100.0
宗教信仰类组织	0	66.0	34.0	100.0
读书会等学习类组织	8.3	72.4	19.2	100.0
治安和纠纷调解组织	10.3	85.9	3.8	100.0
剪纸/刺绣/插花等传统艺术团队	2.6	68.6	28.8	100.0

（二）农村资源的充分调动

农村资源包括土地、房产、人力、文化生态等，这些资源同属于一个系统，任何一个元素的变动都会引起其他元素的变化，资源的有效利用，即资源资本化有利于农村可持续发展，增加农民收入，推动农村地区的科技创新。可以说有些地区是不缺资源的，但关键是这些资源没有充分调动起来，导致农村发展不起来，因此盘活农村资源是迈向乡村振兴的一大步。盘活农村资源需要强有力的组织，包括基层党组织、村民自治组织的双向配合，基层党组织有方向，村民自治组织与农村有着基于地缘、人缘、业缘的先天优势，二者的相互配合必不可少。二者的相互配合以沾益区白水镇大德村的做法为例。

第一，在人才资源方面。沾益区白水镇大德村委会为了加强村内治安治理，引导村里的网格员组成了志愿巡逻队，定期在村内巡逻，还结合白水镇司法所加强村民遵纪守法教育，以及对外来人口的管理，有效预防了各类案件的发生，大德村内群众上访、"民转刑"的案件为零，离不开该组织的管理。同时为了弘扬志愿服务精神，大德村除了上述的由村小组长和网格员组成的志愿巡逻队还积极组建了村内的义务扑火队、卫生保洁队、突发应急队等组织，开展走访慰问村内孤寡老人、清理辖区卫生死角等服务，有效提升了村内的文明治理水平。

第二，在文化传承与弘扬方面。沾益区大德村是一个以"德"命名的彝族民族村，民风淳朴，彝族文化源远流长，区域特色鲜明，有着深厚的彝族文化底蕴，曾被评为"中华孝心示范村""省级民族团结进步示范村"。为了继续弘扬和传承民族文化，大德村不仅投资修建火把节广场，用来给村民举办火把节、祭山神节等民族传统节日，还在广场上成立了妇女刺绣小组，传承彝族刺绣文化，同时激发村内妇女的兴趣，增加妇女收入，促进彝族、汉族融合团结。同时，大德村还在村里成立了彝族文化传习所，用于存放彝族的文化特色展品，展品由村民自发捐赠，包括彝族服饰、刺绣、银饰、生产工具等，在沾益区文化部门的关心下，大德村的彝族确比舞被确立为沾益区非物质文化遗产。

（三）调节干群关系、解决群众矛盾

乡村振兴的主体是干部和群众，只有干部与群众形成"组织化合力"，形成多元协同共治的格局，才能形成乡村振兴强大的主体力量。推进乡村的发展是为了提升群众的获得感、幸福感，是我们党对实现共同富裕的承诺，而不是"干部干，群众看"的面子工作。在农村社会中，可能出现土地征收、房屋拆迁补偿等利益分配不均引发的矛盾，还可能出现基层干部腐败、滥用职权、不作为的问题，甚至可能会因为双向沟通渠道的不健全以致无法及时向群众公开信息，或是信息传递有误，这些都会造成群众矛盾，影响干群关系。走访过程中一位村干部表示，村民们对于村干部工作不理解，认为村干部每天都很闲散，没什么事情做，"得给他们找点事情做"，同时认为村干部的工作就是给村民解决这些日常琐事，一部分村民对于目前的国家政策不了解，总是会出现一些不符合实际的想法，以此来要求村干部给予其本人或者其家庭以更多的"关照"。以上种种因素都可能让干部和群众产生误解和不满，或者是群众相互之间由于沟通的失效、调解不到位等而产生冲突和矛盾，村民自治组织则是调节干群关系、解决群众

矛盾的重要主体。

　　笔者根据在 6 个村的观察和访谈发现,许多村会出现群众不理解干部、群众与群众间关系疏离及矛盾频发的问题,例如,有的村民经常来村委会找干部们帮忙解决日常生活中遇到的琐事——哪家的鸡掉进了厕所,都要干部帮忙打捞,还得帮忙给鸡吹干才能离开,或者会直接给村干部们打电话要求"上门服务"。这一方面体现了村民对于村委会职能和作用的认同和信任,另一方面也是问题解决渠道单一的表现。此时作为重要的村民自治组织——村委会或者专设的矛盾纠纷调解委员会就应该发挥调解作用,搭建村民、干部等多方之间沟通的桥梁,充分听取各方意见和说法,维持乡村秩序的稳定。

第四章　社会关系——系统内部
良性运行的纽带

村落中的社会关系是指村落内部的各种主体在共同生活中通过互动而形成的相互关系的总和。传统村落中的社会关系除了相对紧密的邻里关系以外，往往还更加重视血缘关系和亲缘关系。"乡里乡亲""远亲不如近邻"等观念深深扎根于乡村的社会土壤，构成了乡土社会的一个重要特征。随着乡村社会的现代化，村落内的社会关系在一定程度上发生了转变。伴随着农村人口的高流动性和日益原子化的农村社会结构，村落内部的社会关系日趋松散。但必须看到的是，在现代乡村社会的治理中，村落内的社会关系仍然发挥着重要的纽带作用，对村落共同体的形成和维系至关重要，是促进产业振兴和乡村发展的内生力量。因此，村落内部的社会关系再凝聚和再整合对于推动乡村振兴具有重要价值。

第一节　村落社会关系影响乡村振兴内生力量的形成

作为乡村社会的基本单元，村落内部的社会关系基于地缘、血缘及文化认同而形成。良好的社会关系形成独特的村落共同体意识，是乡村社会良性运行的基础，也为乡村的持续发展提供了强大的支撑，有利于乡村振兴中内生力量的形成与维系。

一　良好的社会关系是乡村良性运行的纽带

（一）良好的社会关系有利于维护乡村社会稳定与和谐

良好的社会关系有助于形成村落内部的舆论监督和道德约束。在村落熟人社会中，村民的行为受到村落内部舆论和道德规范的双重约束。这种约束力量使得村民在行为上更加谨慎，不敢轻易违法乱纪。同时，当发生矛盾或冲突时，村民更倾向于通过调解、协商等方式解决，而不是采取暴力手段。这种解决方式不仅有助于维护村落社会的稳定与和谐，还能够促进村民之间友好关系的建立。

此外，良好的社会关系还有助于形成村落内部的互助机制。当村民面临困难或需要帮助时，他们通常会首先向邻居求助。这种互助机制不仅体现了村民之间的团结和友爱，还能够为村民提供及时有效的帮助，减轻他们的负担。

（二）良好的社会关系方便信息传递与资源共享

在村落熟人社会中，良好的社会关系使信息传递变得更高效，村民之间通过日常交流能够迅速获取农业生产、市场动态等关键信息。这些信息对于村民来说至关重要，因为它们直接关系到农业生产的效率和经济效益。例如，当某种农作物暴发病虫害时，村民能够迅速从邻里那里获取防治方法，从而及时采取措施，减少损失。

同时，良好的社会关系还能促进资源的共享。在村落中，村民之间经常互相借用农具、土地、劳动力等资源。这种资源共享不仅提高了资源的利用效率，还降低了村民的生产成本。此外，随着现代农业技术的发展，一些村民开始尝试新的农业生产方式，如智能化种植、精准施肥等，这些新技术和新方法的推广也离不开村民之间的紧密合作与资源共享。

（三）良好的社会关系有助于增强集体行动能力

良好的社会关系为集体行动奠定了坚实的基础。在村落中，村民之间如果能形成紧密的关系网络，在面临共同问题时就能够迅速组织起来，共同应对挑战。例如，在自然灾害发生时，村民能够迅速组织起来进行抗灾救灾工作，减少灾害带来的损失。此外，在乡村基础设施建设、公共服务能力提升中，村民也能够通过紧密合作与共同努力推动项目的顺利实施。

集体行动能力的提升不仅有助于解决村民面临的实际问题，还能够增强村民的凝聚力和归属感。在集体行动中，村民之间有着共同的目标和利益诉求，这使得他们更加团结一致，共同为乡村的发展贡献力量。

二 良好的社会关系是推动乡村振兴的内生动力

（一）良好的社会关系助力乡村产业振兴

在乡村地区，良好的社会关系不仅是情感的纽带，更是推动产业发展的关键。村民们在长期的共同生活中相互依赖形成了深厚的情感联系，这种紧密的关系如同一张巨大的网，将大家紧密相连，为产业合作和共同发展提供了得天独厚的条件。

当村落内部建立起基于信任与互助的良好社会关系时，村民之间的沟通和协作变得更为顺畅。他们更容易就共同关心的议题达成一致，比如联合开展农业种植项目、共享先进的种植技术和市场信息；共同投资畜牧养殖业，形成产业链上下游的紧密配合；携手发展乡村旅游，挖掘和传承乡村文化，打造独具特色的乡村旅游品牌。这种合作模式不仅能够有效整合村落内部的资源，提高生产效率，还能通过规模经济效应，显著增强村落的整体经济实力和市场竞争力。随着产业的蓬勃发展，村民们的收入水平不断提高，生活水平也随之提升，幸福感油然而生。可以说，良好的社会关系是乡村产业振兴不可或缺的助力器，它可以为乡村的进一步发展带来更多的机会和希望。

（二）良好的社会关系激发乡村创新活力

在村落中，村民之间频繁的交流碰撞、模仿与学习容易激发新的想法和创意。这些想法和创意可能来自农业生产实践中的经验总结，也可能来自对外部世界的观察和思考。当这些想法和创意得到村民的认可和支持时，它们就有可能转化为实际的创新行动。

除此以外，良好的社会关系有助于营造乡村内部的创新氛围。在村落中，村民之间互相学习、互相借鉴，形成了良好的创新环境。这种环境不仅激发了村民的创新意识，还为他们提供了更多的创新机会和资源。通过传、帮、带的方式，新方法和新思路更容易传递，从而使更多村民受益。

在乡村振兴过程中，一些村民开始尝试新的农业生产方式和技术手段，如智能化种植、精准施肥、生态养殖、数字化销售等。这些新技术和新方法的引入，不仅提高了农业生产的效率和品质，还为村民带来了更高的经济收益。同时，一些村民还开始探索乡村旅游、农村电商等新兴产业的发展路径，为乡村经济的多元化发展提供了新的动力。

（三）良好的社会关系促进乡村文化的传承与发展

在乡村社会中，村民往往对本土传统文化有深厚的情感认同。良好的社会关系可以提高村民参与节日庆典、传统民俗活动等的积极性，从而更积极地传承和弘扬乡村文化及传统美德。这些文化活动不仅为村民提供了丰富的精神文化享受，还可以增强他们对乡村社区的归属感和自豪感，促进乡村文化的内部传承。

乡村社会在生产生活方面展现出独有的特性，这些特性为乡村自然环境的保护、文化遗产的维护以及传统习俗的延续提供了坚实的基础。乡村社区内部的协作与共同努力，有助于提升乡村的整体价值，增强村庄对外界的吸引力。在乡村振兴的背景下，一些地区已成功将传统文化元素融入乡村旅游产品的开发中，形成了具有鲜明地域特色的旅游品牌。这种做法不仅为乡村旅游产业带来了新的增长点，也为传统文化的保护与传承提供了新的动力，促进了传统文化在现代社会的适应性发展。

此外，良好的社会关系有利于在乡村内部构建强大的文化认同感和社区凝聚力。在乡村社区中，居民共享着一套文化传统和价值观念，这种共享的文化基础使他们在面对外部文化冲击时，能够保持文化自信，从而维护乡村文化的独特性和连续性。这种文化认同感和凝聚力是乡村社会持续发展的重要支撑，也是乡村文化传承与发展的重要保障。

（四）良好的社会关系提升乡村治理效能

乡村的良性治理需要提高村民对相关政策的认同感和参与度。当政策符合村民的利益诉求时，他们才会积极响应并参与其中，共同推动政策的落实和效果的提升。这种参与不仅有助于增强村民的政治意识和法律意识，还能够为政策的制定和实施提供更多的意见和建议。

同时，良好的社会关系还有助于形成乡村内部的监督机制。在村落中，居民之间互相监督、互相制约有利于形成良好的监督氛围。这种监督机制不仅有助于防止权力滥用和腐败行为的发生，还能够促进乡村治理的民主化和法治化。

此外，良好的社会关系还有助于提高乡村的吸引力和竞争力。村民之间形成紧密的关系网络，在一定程度上有利于吸引外部人才、资金等资源的流入。沾益区的一些村庄有效吸引了在外的企业家和投资者关注本村的发展，将目光投向了乡村旅游、乡村电商、养老和教育等公共事业领域。这些外部资源的流入不仅为乡村经济的发展提供了新的动力，还为村民提供了更多的就业机会和创业机会，改善了村庄的公共事业状况。

总而言之，村落内部的良好社会关系不仅是乡村社会良性运行的纽带，更是推动乡村振兴的内生力量。在乡村振兴战略的大背景下，应该充分认识和发挥这种社会关系的重要作用，通过加强村落文化建设、完善村落治理体系、培育乡村精英人才和加强村落基础设施建设等措施，进一步巩固和发展良好的社会关系。同时，也应该注重保护和发展乡村社会的独特性和多样性，推动乡村社会的可持续发展和繁荣进步。只有这样，才能够实现农业强、农村美、农民富的目标，让乡村成为人民群众安居乐业的美丽家园。

第二节　干群关系再整合夯实乡村治理的基层土壤

干群关系是指干部和群众之间的关系，既包括基层党政机关干部与群众的关系，也包括村委会干部与群众之间的关系。在社会主义制度下，良好的干群关系是社会主义政治文明的重要体现，是人民民主的具体实践。干群关系的好坏直接影响着政府的形象和群众的信任度，影响着社会的和谐稳定和人民群众的生活幸福感。通过一系列措施和方法梳理和维系良好的干群关系，可以提高基层政府的公信力和服务水平，增强群众的参与感和获得感，推动社会和谐稳定和经济发展，提高乡村社会基层治理的水平。

一　乡村的干群关系影响基层治理的效果

村民集体行动的内生力量主要来自干群关系的亲密程度。如果干群关系疏离，那么村民集体行动的内生力量会受到影响，难以发挥集体行动的效果。因此，从疏离到亲密，重塑干群关系，是重建村民集体行动内生力量的关键所在。

（一）干群关系影响政策落实与资源分配

在乡村治理的实践中，干群关系和谐与否直接关系到政策能否得到有效落实以及资源能否实现公平分配。和谐的干群关系如同一座桥梁，连接着政策的制定者与执行者，是政策从理论到实践转化的重要保障。当村民对村干部建立起深厚的信任，他们便会更加积极地响应政策号召，主动参与到政策的执行过程中，这不仅减少了政策落地的阻力，还提升了政策执行的有效性，确保政策目标的顺利实现。

同时，和谐的干群关系也是促进乡村资源高效、公平分配的前提。在信任的氛围下，村民对村干部的决策过程更为认同，愿意给予更多的理解和支持。这促使村干部在制定资源分配方案时，能够更加全面、深入地考虑村民的实际需求，确保资源精准投放，满足乡村发展的多元化需求。这种基于信任的分配机制，可以有效避免资源的浪费和滥用，确保资源的优化配置，为乡村的可持续发展奠定坚实的基础。

因此，构建和谐的干群关系，不仅是提升政策执行效率的关键，也是促进乡村资源公平分配、推动乡村全面振兴的必然要求。通过加强干群之间的沟通与互动，增进相互理解和信任，可以进一步激发乡村发展的内生动力，为乡村社会的和谐稳定与繁荣发展注入新的活力。

（二）干群关系影响村民参与乡村振兴的积极性

在推进乡村振兴的过程中，干群关系的和谐构建是激发村民广泛参与乡村公共事务与发展活动的驱动力。当村民察觉到自身意见与需求在村庄治理进程中得到真正重视与有效回应时，他们会体验到一种深刻的被包容

与被赋权的感受。这种正面情绪的累积，不仅可以激发村民参与乡村建设
与发展的内生动力，还会促使他们更加主动地投身于乡村振兴的实践。

　　良好而稳固的干群关系在增强村民对村庄的归属感和认同感方面扮演
着至关重要的角色。当村民与村干部之间建立起基于相互尊重、理解与信
任的桥梁时，这种积极的互动模式会促使村民更加珍视并致力于维护村庄
的公共利益，形成一种"村庄是我家，发展靠大家"的共识。这种共识的
深化，不仅增强了村民对村庄发展的责任感与使命感，还可以使他们更加
团结一致，携手共进，共同探索适合本村特色的乡村振兴之路。

　　所以，构建和谐的干群关系，不仅能够有效激活村民参与乡村振兴的
积极性与创造力，还能进一步凝聚乡村社会的共识与力量，为乡村振兴战
略的高效实施与持续深化奠定坚实的群众基础与社会基础。

（三）干群关系影响乡村社会的稳定和治理水平

　　在乡村基层社会系统中，干群关系作为关键要素，对维护社会稳定及
提升治理水平具有不可忽视的作用。良好的干群关系犹如社会稳定的基石，
其正面效应显著。村民对村干部工作的认可与支持，不仅能激发村民的法
治意识与对规则的遵循，还能有效降低社会矛盾和冲突的发生频率，为乡
村振兴的实施奠定和谐稳定的社会基础。在这种氛围下，村民更倾向于通
过合法途径表达诉求，共同参与乡村治理，形成良性互动。

　　和谐的干群关系也是乡村治理现代化的重要驱动力。通过构建有效的
沟通桥梁，村干部与村民之间的信息流通得以畅通无阻，这不仅有助于及
时捕捉村庄发展的痛点与难点，还能确保治理措施更加贴近民意、精准施
策。这种基于双向互动的治理模式，可以显著提升决策的科学性与执行效
率，使得乡村治理更加精细化、高效化。因此，优化干群关系，不仅是增
强乡村社会凝聚力的关键，也是推动乡村治理体系和治理能力现代化的必
由之路。

（四）干群关系影响乡村文化和精神文明建设

　　作为乡村社会治理架构中的核心纽带，和谐的干群关系对乡村文化建
设与精神文明的提升具有不可忽视的影响。和谐的干群关系有助于激活乡

村文化的内在活力，推动其传承与发展，并进一步促进乡村的精神文明建设。

在乡村文化建设层面，和谐的干群关系为本土文化的挖掘、保护与弘扬奠定了坚实的基础。村干部与村民携手并进，共同致力于乡村文化资源的深度发掘与创造性转化，不仅可以增强村民的文化认同感与归属感，还可以推动乡村文化的多元化与现代化发展。通过举办文化节庆、手工艺展示、民俗体验等活动，乡村文化的独特魅力得以广泛传播，形成具有鲜明地域特色的乡村文化景观，为精神文明建设注入深厚的文化底蕴。

在精神文明建设方面，和谐的干群关系同样发挥着重要作用。村干部以身作则，通过组织多样化的文化活动与知识讲座，不仅可以丰富村民的精神世界，还可以潜移默化地提升村民的道德观念与文明素养。村民在积极参与乡村治理中不仅增强了自我提升的意识，还可以形成共建共享的文化氛围，促进乡风文明的整体提升。这种基于干群关系和谐的文化建设模式，不仅有利于提升乡村社会的凝聚力与向心力，还能为乡村的全面振兴提供强大的精神动力与文化支撑。

二 样本村干群关系状态

（一）样本村整体的干群关系状态

村民对村委会工作的满意度可以间接反映村落的干群关系状态。整体来看，样本村调查对象对村委会工作的满意程度是良好的，当然，在某些方面也客观存在一定的负面评价。

问卷调查数据分析表明，调查对象对村委会工作的满意度较高，选择"比较满意"的比例为37.8%，而选择"非常满意"的比例达到了26.9%（见图4-1）。这一数据无疑是对村委会工作成效的一种肯定，表明在大多数村民的心中，村委会在推动村落发展、维护村民利益方面做出了积极努力，并得到了相应的认可。

当然，仍有部分村民选择了"说不上满意不满意"、"比较不满意"甚至"非常不满意"的选项，这提醒我们干群关系并非完全向好，仍存在一些问题和挑战。这些不满意可能源于村委会在某些方面工作的不足，如政策宣传不到位、村民参与度不高、决策过程不够透明等。此外，个别村干部的工作作风、服务态度也可能成为影响干群关系的因素。因此，我们需要进一步分析这些不满意背后的原因，采取有效措施加以改进，以提升干群关系的和谐度。

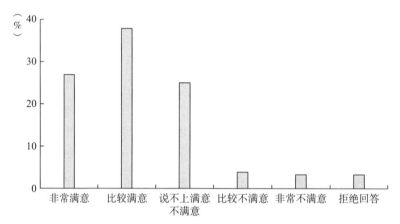

图 4-1　调查对象对村委会工作的满意程度

（二）样本村干群关系的差异

1. 干群关系融洽型

在干群关系融洽的村庄，整体呈现和谐发展的景象。村干部与村民之间沟通顺畅，村民积极参与村庄事务，对村庄发展充满热情。村庄决策过程公开透明，村民的意见和建议得到充分尊重与采纳。基础设施建设得到加强，村容村貌焕然一新，村民生活水平显著提高。同时，文化活动丰富多彩，村民精神面貌积极向上，形成了良好的社会风气。这样的村庄，干群之间互信互助，共同推动乡村振兴，展现出新时代农村的勃勃生机与活力。

本次调查的样本村菱角村和刘家庄村都是干群关系比较融洽的村庄。在这两个村庄，村干部积极倾听村民的意见和需求，及时解决问题，深受村民的信任和支持，形成了良好的干群关系。

首先，村干部经常组织村民开展各种形式的民主讨论和民意调查，了解村民的意见和需求，及时解决问题。例如，在菱角村，村干部发现村里的老年人缺乏社交活动，便组织了各种活动，如舞蹈、唱歌等，让老年人有了一个交流的平台。在刘家庄村，村干部发现村里的小孩上学路途较远，便主动联系学校，争取增加校车班次，方便孩子们上学。

其次，村干部重视提高村民参与意识和自治意识，鼓励村民积极参与村庄的管理和发展。例如，在菱角村，村干部建立了"村民代表制度"，每个村民代表都要负责宣传村里的政策和活动，收集村民的意见和建议，向村委会反映情况。在刘家庄村，村干部鼓励村民自己动手、自力更生，开展各种致富活动，如养殖、种植等，提高了村民的收入水平。

最后，建立有效的奖励机制。对于积极参与村庄建设和发展的村民和干部，村委会给予一定的奖励和鼓励，增强他们的积极性和参与度。例如，在菱角村，每年都会评选出先进村民和先进党员，给予表彰和奖励。在刘家庄村，村委会设立了"优秀村民"和"优秀干部"等荣誉称号，并发放奖金和证书。

在菱角村和刘家庄村，村干部走好群众路线，重视民意调查和民主讨论，注重增强村民自治意识，建立了有效的奖励机制，形成了融洽的干群关系。这种融洽的干群关系，不仅促进了村庄的发展和繁荣，也大大提高了村民对党和政府的信任度。

2. 干群关系疏离型

在干群关系较为疏离的村庄，社会整体呈现一种冷漠与隔阂的特征。村干部与村民之间的互动较少，沟通渠道不够顺畅，导致村民对村庄事务的参与度不高，对村庄发展的关注度也相对较低，村民只关心自己家的事情，原子化特征比较明显。

干群关系的疏离首先体现在决策层面。当村庄的决策过程缺乏透明度时，村民容易对村干部的决策产生疑虑，甚至产生误解，进而影响到他们对村干部的信任度。信任是干群关系和谐的基石，一旦信任基础受到动摇，干群之间的疏离感便会悄然滋生。村民由于参与度不高，他们的声音难以在决策中得到充分体现，可能导致村庄制定的规划与政策偏离村民的实际需求与期望。这种偏差不仅会削弱政策实施的效果，还可能引发村民的不满与抵触情绪，进一步加剧干群关系的紧张局势。

另外，干群关系比较疏离的村庄往往也是在发展方面没有明显优势的村庄。这种村庄由于经济基础薄弱、产业结构单一、基础设施落后等，导致村民生活水平不高，对村庄未来的发展前景缺乏信心。在这样的背景下，村民往往对村干部的期望与要求更高，但同时也更容易因不满现状而产生失望与不信任感，进而与村干部之间形成疏离的关系。村庄发展没有明显优势时，村民对村庄公共事务的参与度可能降低，对村庄政策的关注度也不足。在这种情况下，村干部在推进村庄发展过程中可能会遇到较大阻力，难以获得村民的充分支持与配合。同时，由于资源有限，村庄在公共服务、基础设施建设等方面的投入可能不足，难以满足村民的基本需求，可能进一步加剧村民对村干部的不满情绪。有的村庄虽然拥有众多的企业和资产，但由于村庄发展的不平衡，村民感受不到来自集体的利益分配，也看不到村庄发展对自己生活水平的直接影响，对村庄的公共事务会表现冷漠甚至产生对村干部的不满情绪。

在干群关系疏离的村庄，村民对村干部的信任度有所降低，对村庄事务的参与度不高，对村庄发展的关注度相对较低。村干部在推进工作时可能会遇到较大的困难，难以充分获得村民的理解与支持。此外，村庄内部的社会凝聚力可能会减弱，村民之间的互助合作精神也可能受到影响，从而制约了村庄的整体发展。

三　干群关系再整合的途径

良好的干群关系是乡村振兴的社会基础，要解决干群关系疏离的问题，除了伴随乡村振兴的资源下乡让村民产生明显的获得感，还需要从村庄内部的多方面入手。

（一）加强培训以提高村干部的素质和能力

作为连接政府与农村基层的桥梁，村干部的素质与能力直接决定了农村发展的速度和稳定性，对于实现基层治理现代化、促进组织振兴具有深远的意义。提高村干部的素质与能力，需要加强对村干部的培训和管理。

加强对村干部的培训，首要且关键的一步在于提升干部队伍的整体学历与文化素质。随着乡村社会的持续现代化，基层工作的专业性和技术要求日益提升，这要求村干部不仅要具备丰富的实践经验，还要具备一定的理论基础和较高的文化素养。在当前的时代背景下，如果村干部的知识结构和个人素养无法与时俱进，难以满足新时代乡村治理的需求，那么乡村振兴的各项政策措施在执行过程中就可能遭遇梗阻，难以达到预期效果。村干部的知识和素养不足，可能导致政策理解偏差、执行不力，进而影响村民对村庄工作的满意度。作为乡村振兴的直接受益者，村民对村庄发展的期望与村干部的工作成效息息相关。一旦村干部的工作未能满足村民的期待，就可能引发村民对村庄发展前景的悲观情绪，降低他们对未来发展的信心与期望。长此以往，还可能对干群关系造成负面影响，削弱村干部在村民中的威信与号召力，不利于乡村社会的和谐稳定与长远发展。因此，加强对村干部的培训，提升其学历与文化素质，不仅是提升乡村治理能力的内在要求，更是确保乡村振兴政策有效落地、增进村民福祉、促进干群关系和谐的重要途径。

云南省委组织部自 2019 年连续 6 年开展学历、能力水平"双提升"行动，组织 4.5 万名村干部参加本专科学历教育，村党组织书记大专以上学历的占 48.6%。[①] 云南在选优配强村党组织书记、锻造头雁队伍方面取得了突出成效。

除了提升整体学历水平，相关政府部门还需要采取灵活多样的培训方式，以精准对接具体工作领域和任务需求。这既包括系统性的集中培训，也涵盖有针对性的分散指导。相关政府部门可以定期举办集中培训，邀请专家学者、优秀村干部或行业领军人物，围绕乡村振兴、基层治理、政策法规、农业科技等核心议题进行深入讲解和案例分析，促进村干部之间的

---

① 《云南网：学历、能力水平"双提升"！云南组织 4.5 万名村干部参加本专科学历教育》，云南省人民政府网，2024 年 7 月 15 日，https://www.yn.gov.cn/ynxwfbt/html/2024/zuixin-baodao_0905/7121.html。

经验交流与思想碰撞。这种培训有助于形成统一的认识，提升整体工作效能。同时，针对村干部在实际工作中遇到的具体问题和挑战，开展分散式、个性化的培训尤为重要。相关政府部门可以利用网络平台进行远程教学，或是派遣专家实地指导，确保每位村干部都获得贴合自身工作实际的帮助。此外，鼓励村干部参加在线课程、研讨会和工作坊，通过自学与互学相结合的方式，不断拓宽知识视野，提升解决实际问题的能力。

（二）建立有效的沟通和交流机制

建立有效的沟通和交流机制对于和谐干群关系的形成起着至关重要的作用。有效地沟通能够增进干部与群众之间的理解和信任，减少误解和矛盾。干部通过倾听群众的声音，可以更好地了解村民的需求和期望，从而制定出更加贴近民生的政策。同时，群众也能通过沟通渠道表达自己的意见和建议，增强参与感和归属感，促进干群之间的良性互动。这种互动不仅有助于提升政策执行的效率，还能营造和谐稳定的村落环境，为村落的可持续发展奠定坚实基础。

要建立有效的沟通和交流机制，首先，要搭建多样化的沟通平台。可以利用村民会议、意见箱、微信公众号等多种形式，确保信息交流畅通无阻。在有条件的地方，村干部可以建立信息发布平台，向村民及时发布最新的政策、资讯和服务信息，让村民了解政策、了解村干部工作，提高村民对乡村振兴的参与度。其次，要注重培养干部的沟通技巧和服务意识，鼓励他们主动下沉到群众中去，以平等、尊重的态度与村民交流。最后，还应建立村民意见反馈机制，村民应该有权利对村干部的工作提出意见和建议，村干部应对村民的意见和建议进行及时回应和处理，让村民感受到自己的声音被重视和尊重，解决问题和矛盾，建立良好的互动关系。通过这些措施，我们可以逐步构建起一个开放、包容、互动的沟通环境，为干群关系的和谐稳定提供有力保障。

（三）提高村民参与水平

提高村民参与水平是促进干群关系融洽的有效途径。通过增强信任基础、促进沟通理解以及激发村庄活力等措施，可以推动乡村振兴战略的深入实施，构建更加和谐、紧密的干群关系，为村庄的繁荣发展奠定坚实的基础。村民的广泛参与能够增强他们对村庄事务的了解与认同，进而提升他们对村干部的信任度。当村民能够亲自参与到决策过程中，看到自己的意见与建议被重视与采纳时，他们会更加信任村干部的决策能力与公正性。这种信任的建立是干群关系融洽的前提与基础。除此以外，提高村民参与水平也有助于促进干群之间的沟通与理解。通过参与村庄事务的讨论与决策，村民能够更深入地了解村干部的工作内容与难处，而村干部也能更准确地把握村民的需求与期望。这种双向的沟通与交流有助于消除误解与隔阂，增进彼此之间的理解与尊重。

首先，要保障和增强村民的知情权与参与意识。村庄应建立健全的信息公开机制，确保村民对村庄规划、政策制定、项目实施等关键事务的知情权得到充分保障。村干部可以通过公示栏、村民会议、网络平台等多种渠道，及时向村民传递村庄发展的最新动态与重要决策信息，让村民了解村庄的发展现状与未来规划。同时，村干部可以通过宣传教育、培训活动等方式，提高村民的参与意识与责任感，激发他们的主人翁精神，让他们认识到自己的参与对于村庄发展的重要性。

其次，要培养村民的参与能力与素质。提高村民的参与水平还需要注重培养村民的参与能力与素质。村庄可以通过举办技能培训、法律知识讲座等活动，提高村民的文化素质、法律意识与参与能力，让他们能够更好地理解村庄政策、把握发展机遇，并在参与过程中提出建设性意见与建议。同时，鼓励村民积极参与村庄的志愿服务、文化活动等，培养他们的社会责任感与奉献精神，促进村民之间的互助合作。

最后，要拓宽村民的参与渠道与方式。为了进一步提高村民的参与水平，村庄应拓宽村民的参与渠道与方式。除了传统的村民会议、村民代表会议等形式外，还可以探索建立村民议事会、村民监督小组等新型参与平台，为村民提供更多表达意见与监督村庄事务的渠道。同时，利用现代信息技术手段，如社交媒体、在线调查等，方便村民随时随地参与村庄事务的讨论与决策，降低参与门槛，提高参与效率。

（四）加强村庄的发展和公共服务建设

加强村庄的发展和公共服务建设，是实现乡村振兴战略的核心组成部分，对于提升村民的生活质量和幸福感具有深远意义，同时也能显著增强村民对村庄及村干部的信任度与满意度。加强村庄发展和公共服务建设需要从多个方面入手，着力于那些能够提高农业生产水平、影响村民生活的建设项目。

第一，产业发展与对农民的扶持是提升村民经济水平的关键。通过因地制宜地发展乡村特色产业，如生态农业、乡村旅游等，可以有效增加农民的收入来源，创造更多的就业机会，让村民在经济发展中切实感受到获得感与幸福感。同时，政府应提供技术支持、资金补助等扶持政策，帮助农民克服生产困难，激发其创业热情，进一步巩固产业基础。

第二，加强基础设施建设。村落的基础设施包括但不限于道路、桥梁的修建与维护，确保村民出行便捷；电力与通信设施的完善，为村民提供稳定可靠的能源与信息服务；水利设施的升级，保障农业灌溉与生活用水的充足与安全。这些基础设施的强化，不仅提升了村庄的硬件条件，更为村民提供了优质、高效的公共服务，有力推动了村庄的整体发展。

第三，提升村落公共文化设施建设。农村文化建设是提升村民精神风貌的重要途径。通过定期举办文艺演出、民俗活动、知识讲座等，不仅丰富了村民的文化生活，还促进了传统文化的传承与创新，提升了村民的文化素养与审美水平。这样的文化氛围有助于增强村民的凝聚力与归属感，加深他们对村庄及村干部的信任并提高他们对村干部的支持度。

第四，重视乡村的生态环境建设。良好的生态环境是村庄可持续发展的前提。因此，需加强对水资源、土壤质量、空气质量的保护，实施垃圾分类、污水处理等措施，减少污染，保障村民的身体健康与居住环境的优美。一个干净整洁、生态宜居的村庄，是提升村民生活质量与满意度的重要基础。

第五，提高乡村公共服务水平。这涵盖了医疗、教育、养老等多个方面，旨在构建覆盖全体村民的社会保障体系。通过优化医疗资源配置，提升教育质量，完善养老服务体系，可以确保村民在不同生命阶段都享受到应有的关怀与服务，从而全面提升他们的生活品质与幸福感。

综上所述，加强村庄的发展和公共服务建设是一个系统工程，需要政府、社会与村民的共同努力。通过实施一系列综合措施，不仅能显著提高村民的生活水平和幸福感，还能极大地增强村民对村庄及村干部的信任度与满意度，为乡村振兴战略的深入实施奠定坚实基础。村干部作为引领者，应勇于担当、积极作为，确保各项措施落地见效，共同绘就乡村振兴的美好蓝图。

第三节　睦邻文化再建设重塑农村和谐发展的内生力量

睦邻文化强调邻里之间的互助和关爱，既包括物质上的帮助，如借用工具、互相帮忙修理房屋等，也包括精神上的支持，如关心邻里的生活和健康状况等；睦邻文化还强调邻里之间的友好和和谐，鼓励人们相互尊重、理解和包容。睦邻文化在农村社会发挥着重要作用。它可以促进邻里之间的和睦相处，增强农村居民的归属感和认同感，也可以提高邻里之间的互助和支持能力，增强农村社会的凝聚力和稳定性。睦邻文化是我国传统文化的重要组成部分，守望相助的观念在我国具有悠久的历史传统。农村地区的居民在生产生活和交往方面具有与城市居民不同的特性，邻里之间相互帮助和支持是农村生活的重要基础。然而，在城市化进程加快、社会经济变革和人们观念转变等多方面的影响下，睦邻文化在今天的农村逐渐失去了传统的影响力。重塑农村睦邻文化的再建设是构建和谐农村社会的必然需要，也是农村社会和谐发展的内生力量来源。

一　样本村邻里关系整体状况

本次调查的个人问卷中设计了 2 个测量邻里关系的问题，一个是关于邻里相处的观念和态度方面的问题，反映出调查对象与邻里相处的主观态度和观念；另一个是关于调查对象对村里同辈人工作的了解情况的问题，反映出客观的邻里之间的相互熟悉程度。

我们从表4-1可以看出，调查对象对邻里之间相处的观念和态度总体上是正向积极的，在所有问题中选择"比较同意"和"非常同意"的比例都超过了70%。

表4-1　调查对象关于邻里相处的观念（$n=156$）

单位：%

	非常不同意	不太同意	一般	比较同意	非常同意	合计
住在这个村里的人经常互相帮助	0.6	1.9	6.4	38.5	52.6	100.0
我可以信任住在这个村里的人	1.9	2.6	18.6	44.9	32.1	100.0
看到村里有孩子在破坏花木或公共物品，我会上前阻止	1.3	3.2	7.7	39.7	48.1	100.0
看到村里有孩子在路边打架我会上前阻止	0.6	1.9	8.3	42.9	46.2	100.0

我们从表4-2可以看出，调查对象对村里同辈人工作的了解情况一般，3个样本村的调查对象选择"大部分不知道"的比例超过30%，另外3个样本村的调查对象选择此项的比例分别为15.4%、19.2%和23.1%。

表4-2　调查对象对村里同辈人工作的了解情况（$n=156$）

单位：%

	大德村	老官营村	菱角村	刘家庄村	青山村	土桥村
全部都知道	0.0	3.8	3.8	0.0	11.5	3.8
大部分知道	38.5	34.6	26.9	46.2	46.2	11.5
知道一些	42.3	30.8	26.9	23.1	23.1	30.8
大部分不知道	15.4	30.8	30.8	30.8	19.2	23.1
全部都不知道	3.8	0.0	11.5	0.0	0.0	30.8

我们通过上述主观态度和客观认识的情况可以看出，调查对象对于良好邻里关系的认识仍然秉承中华优秀传统文化的观念，认同"远亲不如近

邻"的原则，但是随着村庄现代化进程的加快，村庄人口的外流，越来越多的青壮年外出务工，返回村庄的时间有限，与本村同辈人的交流交往急剧减少，关系日渐疏离。笔者结合对 6 个样本村质性资料的分析，大致将这些村庄的邻里关系分为相对亲密型和相对冷漠型。

（一）邻里关系相对亲密型

有的村庄邻里关系相对较为亲密，邻里之间互动较为频繁，例如本次调查的样本村大德村。大德村是本次调查的 6 个样本村里典型的少数民族村落，其中心小组的人口主要是彝族。在大德村，邻里相互之间关系比较亲密，有较好的守望相助的氛围，村民们尤其重视邻里之间的友谊和互助关系的建立。无论是生活中的小事情还是大事情，人们总是自觉地提供帮助。比如，有人家里需要修房子，邻居们会主动提供帮助；有人生病了，邻居们会主动去看望并照顾他们；有人收获了好的庄稼，大家也会一起庆祝。除此以外，大德村的公共文化活动也是远近闻名、很有吸引力的。每年农历三月大德村女人节的前一天，每家每户的女主人就会聚在一起商量当年的活动事宜，做好相应的筹备。女人节当日由妇女们主导活动的程序，一起聚餐。这一节日已经成为连接大德村家家户户的纽带。除了女人节，一年一度的火把节也是远近闻名的节日。火把节当天，除了大德村村民，往往还会吸引周边村庄的村民，一起享受文化盛宴。大德村建有一个面积很大的广场，这在其他村落里很少见。这一广场除了庆祝节日的时候使用，平时也是村民们晚上休闲娱乐、唱歌跳舞的场所。凭借共同的民族文化、丰富的公共文化活动以及对传统文化的认同，大德村村民保持了比较亲密的邻里关系。

（二）邻里关系相对冷漠型

有的村庄邻里关系是相对冷漠的，邻里之间交往并不密切，邻里矛盾较多。邻里关系变得不再那么密切与村庄的整体社会结构变迁有关。

首先，大量村民外出务工，村庄变得比较冷清。外出务工的村民常年不居住在村里，甚至把孩子也带到务工城市上学，通常逢年过节才会返回村庄，因此与村里其他居民缺少相处和来往的机会。

其次，邻里关系也与现在的村落居住格局有关。当调查员走在村里的时候，感受到村庄氛围日益城市化。如果没有什么特殊情况，村民们并不常聚在一起。几乎所有新建的住房都是独门独院，邻居之间都有高高的围墙，外面是高大的铁门，进入邻居家也需要先打招呼甚至打电话告知后才有人来开门。如今的村庄，居住质量大大提高，但是村民之间的交往与城市一样变得没有那么便利了。在青山村，为了拉近村民之间的距离，促进邻里的交往，村委会积极倡导村民降低围墙或栅栏高度。可见村委会也已经认识到，村民邻里关系疏远与如今的村落居住格局有密切关系，并采取积极行动促进邻里交往。

最后，农村邻里关系日益淡漠其实也是整个农村社会现代化变迁的结果之一。如今的农村社会，通信日益便利，网络覆盖面广。在本次调查的村里，移动网络、有线电视、智能手机的使用率都比较高。便捷的通信拉近了村民与外部世界的距离，同时也为村民提供了丰富的娱乐休闲方式。所以，传统村庄里邻里交往的信息沟通和休闲娱乐功能也日益消失，现代化的通信取代了邻里交往。

二 影响村落邻里关系的因素

影响村民关系的因素是多方面的，既包括资源和利益的分配机制，也包括地方文化背景、沟通交流的机会等。

（一）资源和利益的分配机制

随着乡村振兴战略的深入实施，较之以前更多的资源如政策扶持、资金投入、技术支持等纷纷涌向乡村，为乡村建设与发展注入了强劲动力。在这一过程中，各类项目的推进不仅带来了前所未有的发展机遇，也必然触及机会与利益的分配问题。作为一个复杂的社会系统，乡村内部存在多元的利益主体和纷繁复杂的利益关系，因此，构建一个合理公平的村庄资源和利益分配机制尤为重要。

在村庄的快速发展中，土地流转、资源开发、项目引进等环节带来的经济利益分配问题，往往是村民关注的焦点。合理且公平的分配机制，能够确保每位村民都从村庄的发展中受益，从而增强他们的归属感和满意度。当村民看到自己的努力与贡献得到应有的回报时，他们更愿意积极参与村庄的各项事务，共同推动村庄的繁荣与进步。更重要的是，公正透明的利益分配机制有助于促进村民之间的信任与理解。在这样的机制下，村民能够清晰地了解利益分配的原则和过程，减少因信息不对称而产生的猜疑和误解。这种信任与理解的氛围，为村民之间的和谐相处提供了坚实的基础。当村民们在利益分配上达成共识，他们就更愿意相互支持、相互帮助，共同应对村庄发展中的各种挑战。反之，若分配机制缺乏透明度与公正性，部分村民可能会感到被剥夺，从而产生不满情绪。这种不满情绪若得不到及时疏导，便会逐渐累积，破坏村庄的和谐氛围，引发村民之间的矛盾与冲突，进而威胁到乡村社会的和谐稳定。

（二）生活方式的转变

乡村居民的生活方式，特别是职业分化程度、消费方式等具体实践，对邻里关系产生了直接且深远的影响。在不同的村庄中，这些生活方式的不同表现，塑造了各具特色的邻里关系格局。

在一些相对传统的村庄里，村民们的职业分化程度相对较低，大多从事农业或与农业紧密相关的手工业。这种生产方式不仅使得村民们的工作节奏相对一致，生活空间也相对集中，为邻里间的交流和互动提供了便利。在这样的环境下，村民们通过互相帮助、分享资源，共同应对生活中的挑战，形成了紧密的邻里关系网络。同时，这些村庄的消费方式也相对传统，村民们更倾向于在本地进行消费和社交活动，这进一步强化了邻里间的联系。在这样的村庄中，邻里关系被视为一种宝贵的资源，是情感交流和精神寄托的重要渠道，因此受到了高度的重视。

然而，在那些变迁较快的村庄里，村民们的生活方式发生了显著的转变。随着工业化、城镇化的推进，职业分化日益明显，村民们可能从事着多种不同的职业，这导致他们的生活节奏和工作模式变得多样化。这种变化不仅带来了经济上的繁荣，也在一定程度上削弱了邻里间的联系。村民们可能因工作忙碌、生活节奏加快而减少了与邻居的交流，也可能因职业差异而减少了共同话题和兴趣点，从而减少了邻里间的互动。此外，消费方式的转变也是一个重要的影响因素。随着现代化进程的推进，一些村民可能更倾向于追求个人消费和享受，而忽视了邻里间的互助与合作精神。他们可能更愿意在城市或更远的地方进行消费和娱乐，这进一步减少了与邻居的接触机会，加剧了邻里关系的淡漠。

总而言之，乡村居民的生活方式对邻里关系具有深远的影响。在一些相对传统的村庄里，村民的职业分化程度低、消费方式传统，因此邻里关系更受重视；而在那些变迁较快的村庄里，村民的职业分化明显、消费方式多样化，导致村民间的联系减少，邻里关系变得相对淡漠。这种差异不仅反映了乡村社会的多元性和复杂性，也为我们提供了在新时代背景下如何构建更加和谐、紧密的邻里关系的思考方向。

（三）沟通交流的机会

随着乡村社会现代化进程的加快，传统村落的结构发生了显著变化，邻里间的紧密联系逐渐被稀释，邻里之间的沟通交流大大减少。这一现象与乡村人口外流、网络技术的使用以及居住格局的变化都有关系。

一是乡村人口的大量外流。伴随城市化进程加速以及城乡就业机会的不均等分布，青壮年劳动力纷纷涌向城市，乡村留下的更多是老人和儿童。这一流动不仅改变了乡村的人口结构，还导致了村庄内部社会资本的流失，邻里间基于长期互动形成的信任、互助与合作网络被削弱。随着青壮年劳动力的迁移，留守老人与儿童成为乡村常住人口，他们之间的交流与互助需求虽然存在，但因能力限制而难以充分实现，邻里关系的紧密性也因此受损。

二是网络技术在乡村的推广使用。如今，越来越多的村民开始使用智能手机，一部分村民家中已安装网络宽带。网络通信技术的推广虽然极大地拓宽了人们的信息获取渠道和社交范围，却也在无形中构建起一道道虚拟的墙。线上交流的便捷性让人们习惯于屏幕后的沟通而忽视了面对面交流的温度与深度，邻里间的实际交往被冷冰冰的电子设备所取代。网络空间的匿名性与即时性降低了面对面交流的必要性，无形中削弱了邻里间基于地理邻近性的自然交往，使得邻里关系趋于淡漠。人们更倾向于在虚拟社区中寻找归属感与认同感，而忽视了实体社区中邻里关系的构建与维护。

三是村庄居住格局的转变。随着农村居民生活水平的提高，越来越多的村民盖起了新房，大多数新建的房子倾向于采用独门独院的居住设计，这种物理空间上的隔离进一步加剧了邻里间的疏离感。高高的围墙、紧闭的大门，不仅阻隔了外界的视线，也隔断了邻里间自然发生的问候与互助，传统的"远亲不如近邻"观念逐渐淡化。

（四）乡村居民的价值体系

在乡村振兴的浪潮中，不同村庄的居民对于传统价值体系和文化的认同程度呈现显著的差异，这种差异直接影响了他们对邻里关系的重视程度。

在一些相对传统的村庄里，人们对传统价值体系和文化的认同尤为深厚。这些村庄往往保留着丰富的历史文化遗产和独特的民俗风情，村民们自幼便在这些传统文化的熏陶下成长，形成了对社区、家庭和邻里关系的深厚情感。在这样的环境中，邻里关系被视为生活中不可或缺的一部分，村民们愿意为了维护和谐的邻里关系而付出努力。他们相信，良好的邻里关系不仅能够带来生活上的便利，更包含着情感上的支持和精神上的寄托。因此，在这些村庄中，邻里间的互助与合作精神得到了充分的体现，村民们共同营造了一个温馨、和谐的社区环境。

然而，在那些变迁较快的村庄里，随着现代化进程的加速推进，村民们的价值体系发生了显著的变化。个人主义倾向的增强使得村民更加关注自己的利益和需求，而忽视了邻里间的互助与合作。他们可能不再愿意为了维护邻里关系而付出时间和精力，而是更加注重个人的生活品质和享受。同时，随着信息的广泛传播和外来文化的冲击，村民们对于邻里关系的看法也发生了变化。他们可能不再认为邻里关系是重要的社交资源，而是将其视为一种负担或干扰。这种观念的变化进一步加剧了邻里关系的淡漠，使这些村庄中的邻里交往变得日益稀少。

综上所述，乡村居民的价值体系在现代化进程中呈现多元化的特点。在一些相对传统的村庄里，人们对传统价值体系和文化的认同度更高，因此邻里关系更受重视；而在那些变迁较快的村庄里，各种因素导致村民价值体系的转变，使得他们不再那么重视邻里交往和邻里关系。这种差异不仅反映了乡村社会的多元性和复杂性，也为我们提供了思考和探索如何构建更加和谐、温馨的乡村共同体的新视角。

三 农村睦邻文化再建设的途径

相互扶助的邻里关系是中国农村社区传统文化的一部分，加强睦邻文化建设既是重拾传统文化的需要，也是乡村振兴的需要。邻里之间亲密相处、相互扶助，这一深厚的文化传统在中国农村社区中源远流长，它体现了乡村社会淳朴的人际关系和互助精神。加强睦邻文化建设，不仅是对这一宝贵传统的重拾与弘扬，更是乡村振兴的迫切需求。在快速城镇化的背景下，农村社区面临着人口流失、文化断裂等挑战，加强睦邻文化建设有助于维系乡村社会的稳定与和谐，增强村民的归属感和凝聚力。同时，亲密的邻里关系能够促进资源共享、信息交流和技能互助，为农村经济发展注入新的活力。因此，加强睦邻文化建设，不仅是对传统文化的尊重与传承，更是推动乡村振兴、实现农村全面发展的重要途径。

（一）加强睦邻文化的宣传教育，提升村民认知度

推进睦邻文化建设首先要加强宣传教育，提升村民对睦邻文化的认知度。宣传教育应该广泛覆盖且深入细致地进行，村委会可以通过村庄的公共宣传栏、网络社群、文化活动等多种渠道，普及睦邻文化的内涵、价值及实践方法，让村民在日常生活中能够潜移默化地感受到睦邻文化的独特魅力。同时，村委会可以邀请当地有威望的长者、村庄能人或者借助社会组织等开展座谈会、讲座等活动，深入讲解睦邻文化的历史渊源、现实意义及实践案例，以加深村民对睦邻文化的理解并增强认同感，结合社会主义核心价值观的宣传与教育，提升村民的知识素养和道德素养，为睦邻文化的落地生根奠定坚实基础。

在宣传教育过程中，村委会应当引导村民从被动接受转为主动参与，通过组织讨论、分享会等活动，深化村民对睦邻文化的理解，并传播睦邻

文化的正能量。这种参与式的宣传教育模式，有助于提升村民的参与感和归属感，为睦邻文化的持续发展注入动力。

（二）完善村落利益分配机制，化解邻里矛盾纠纷

在推进睦邻文化建设的过程中，完善利益分配机制和化解邻里矛盾纠纷的机制至关重要。村内要建立健全的利益分配机制，确保村民在资源利用、收益分配等方面享有公平合理的权益，通过制定明确的规章制度，规范村民的行为，避免因利益冲突而引发邻里矛盾。

同时，建立有效的矛盾纠纷调解机制，及时化解邻里间的矛盾纠纷。增强调解委员会和调解员的作用，为村民提供调解服务，引导他们以和平、理性的方式解决矛盾。加强法律法规的宣传教育，提高村民的法律意识和维权能力，使他们能够依法维护自己的合法权益。这些机制的建立和实施，有利于维护乡村社会的和谐稳定，为睦邻文化的持续发展提供有力保障。

（三）完善村落基础设施建设，搭建交流平台

完善的基础设施是推进睦邻文化建设的重要支撑。乡村社会应加大对文化设施的投入力度，建设乡村图书阅览室、棋牌室、休闲娱乐活动场所等，为村民提供信息交换与情感交流的空间。这些设施不仅可以丰富村民的文化生活，还可以为邻里交流提供便利，有助于增进邻里间的友谊与团结。在设施建设过程中，可以融入乡土元素和传统文化，打造具有地方特色的文化地标，以提升乡村的文化品位并增强村民的归属感。

在完善基础设施的同时，还应充分发挥这些设施在睦邻文化建设中的积极作用。乡村可以通过组织舞蹈大赛、丰收节、技艺比赛等文化活动，吸引村民积极参与，促进邻里间的交流与合作。此外，乡村可以鼓励村民自发组织文化团体或兴趣小组，如舞蹈队、非遗传承小队等，以丰富村民的文化生活，推动睦邻文化的深入发展。

（四）开展丰富的睦邻活动，增进邻里互动

举办丰富多样的文化活动是推进睦邻文化建设的有效途径。可以通过邻里文化节、民俗活动、手工艺展示等活动，鼓励村民积极参与，展示个

人才艺，以丰富村民的精神文化生活，并增进邻里间的交流与合作。在邻里文化节中，村民可以欣赏到各种精彩纷呈的表演，感受邻里之间的热情与友谊；在民俗活动中，村民可以共同体验传统文化的魅力，增强对乡土文化的认同感；在手工艺展示中，村民可以展示自己的手工艺作品，分享创作心得，以提升文化素养，促进邻里之间的情感交流。

此外，可以设立邻里互助日，鼓励村民在特定日子互相帮助解决生活难题，以形成互帮互助的良好风尚。同时，可以组织志愿服务活动，如环境整治、关爱老人等活动，以培养村民的社会责任感和奉献精神，进一步增进邻里间的感情。通过这些活动的持续开展，营造一个和谐、友爱、互助的乡村社会氛围。

（五）弘扬邻里传统美德，树立典型和榜样

传统美德是睦邻文化的重要组成部分。乡村社会应大力弘扬尊老爱幼、诚信友善、互帮互助等传统美德，这些美德不仅体现了中华优秀传统文化，也是睦邻文化的重要内涵。可以通过教育、宣传等方式，使这些美德深入人心，成为村民日常生活中的行为准则。同时，举办道德模范评选活动，表彰在邻里和睦相处、互助友爱方面表现突出的个人或家庭，以树立典型和榜样，激发村民向善向上的积极性。

除了树立典型和榜样，还应注重发挥他们的示范引领作用。通过宣传道德模范的先进事迹和崇高精神，引导村民向榜样学习、向典型看齐，以提升道德素养，营造崇德向善的良好氛围。同时，可以利用宣传栏、网络社群等媒介，传播传统美德故事和乡村好人好事，以丰富村民的精神世界，增强对乡村的归属感和自豪感。通过这些举措的持续实施，推动传统美德在乡村社会的广泛传承与实践。

第五章　政策措施——系统外部乡村振兴的支持环境

第一节　政策措施是乡村振兴的外部支持

一　社会政策的界定

目前学界对于社会政策尚没有一个完全统一的概念，一般来说，广义的社会政策是指国家、政府制定的针对各项事业发展的方针、策略，包括社会事业政策，如人口政策、劳动政策、社会保障政策、医疗卫生政策、环境保护政策、文化体育政策、社会服务政策、教育政策、居民收入分配和消费政策、社会治安政策等。狭义的社会政策是指国家为解决各种社会问题所采取的基本原则和方针，只涉及社会生活的某些领域，它以社会问题为对象，以解决社会问题为出发点，目的在于通过社会政策的实施，使社会问题得到缓和或解决，使社会各组成部分之间能够协调发展，促使社会进步（张海鹰，1993）。社会政策是特定利益的载体，其本质取决于社会制度的属性，是统治阶级实现其利益的重要工具，同时它也反映生产力发展水平和社会富裕程度。

这里所提到的社会政策，是指国家运用立法、行政手段制定的基本方针或行动准则。其目的在于加强社会保障，改善社会福利，稳定社会秩序，使社会各组成部分之间协调发展，促进社会进步（邓伟志，2009）。

因为社会问题是多种多样且不断变化的，所以社会政策兼具多样性与时间性的特征。社会政策的目的是确定发展和建立社会关系的基本方向，保障和进一步完善社会的安定和稳定，其核心是解决市场经济下公民的社会风险。在新时代背景下，社会政策作为产业振兴和乡村发展的外部支持，对于巩固拓展脱贫攻坚成果，进一步助推乡村振兴，促进乡村发展起着关键作用。

二 政策措施是乡村振兴的外部系统因素

社会生态系统理论是考察人类行为与社会环境交互关系的重要理论之一，它将个体生存的社会环境视为一种多层次的、社会性的生态系统，强调社会环境对于分析和理解人类行为的重要性（彭华民，2016）。该理论将社会生态系统划分为三个层次，即微观系统、中观系统和宏观系统。其中，微观系统是指生态系统中的独立个体；中观系统是指与个体紧密相连的小规模群体，如家庭和职业群体等；宏观系统是指比小规模群体更大的系统，如文化、制度和组织等。三个系统处在相互影响和相互作用的情境中，对个体产生影响。

乡村振兴可以看作一个系统，就系统的层次而言，政策支持是影响乡村振兴的宏观系统中的关键因素，会对乡村振兴战略的实施和推进产生重大影响。与此同时，在乡村振兴整个系统的内部和外部也在不断地进行资源和信息的交换，系统外部的其他系统及环境对系统本身而言有着不容忽略的影响和作用。政策措施作为系统外部的重要因素，在获取乡村振兴所需资源的同时，也能够保持系统内部的运行稳定，促进各子系统之间的互动和相互作用，为乡村振兴提供良好的支持环境。

第二节 沾益区乡村振兴的主要政策梳理

乡村振兴战略是我国在全面建设社会主义现代化国家新征程上的一项重大战略，对于促进农村经济、社会和生态发展，加强城乡融合发展，实现现代化乡村建设具有重要意义。党的十九大报告提出了乡村振兴战略，与此同时，一系列相关政策也为乡村带来了新的发展机遇。在此背景下，沾益区结合自身发展优势，出台了一系列促进乡村振兴的政策，为乡村振兴提供了良好的外部支持环境。

一 不同层次的政策

根据社会政策的不同层次来划分，沾益区关于乡村振兴的政策，既包含按照国家出台的政策配套出台的地方政策，又包含地方政府直接出台的政策（见表5-1）。

表5-1 近五年沾益区出台的有关乡村振兴的政策文件（按层次分）

政策层次	文件名	时间
按照国家出台的政策配套出台的地方政策	《曲靖市沾益区人民政府办公室关于推进基层综合性文化服务中心建设的实施意见》	2018年1月31日
	《曲靖市沾益区人民政府办公室关于进一步加强残疾人就业保障金征收使用工作的通知》	2019年3月20日
	《关于进一步加大创业担保贷款支持力度服务保障创业就业工作的通知》	2022年8月22日
地方政府直接出台的政策	《曲靖市沾益区人民政府关于切实抓好2018年万寿菊生产的通知》	2018年2月23日
	《曲靖市沾益区人民政府办公室关于新一轮退耕还林省级陡坡地生态治理建设突出问题限期整改的通知》	2018年12月31日
	《曲靖市沾益区国民经济和社会发展第十四个五年规划和二〇三五年远景目标纲要》	2021年7月12日
	《曲靖市沾益区人民政府关于推进现代农业高质量发展的实施意见（2021—2025年）》	2021年12月22日
	《曲靖市沾益区构建现代产业体系三年行动计划（2022—2024年）》	2022年6月13日
	《曲靖市沾益区生态环境建设三年行动计划（2022—2024年）》	2022年6月6日
	《曲靖市沾益区生态环境突出问题整治三年行动方案（2022—2024年）》	2022年6月8日
	《曲靖市沾益区持续增进民生福祉三年行动计划（2022—2024年）》	2022年5月27日
	《曲靖市沾益区珠江源生态环境示范区建设实施方案》	2022年7月20日
	《云南沾益西河国家湿地公园管理办法》	2022年7月15日

资料来源：曲靖市沾益区人民政府官方网站。

进入新时代发展的新阶段，乡村振兴战略在我国现代化体系建设中的关键地位越发凸显，国家及地方都陆续出台了一系列政策促进乡村振兴，为产业发展和乡村振兴提供了政策支持。

一方面，沾益区积极响应国家号召，为认真贯彻落实《中华人民共和国残疾人保障法》（中华人民共和国主席令第3号）、《云南省残疾人就业规定》（云南省人民政府令第192号），沾益区人民政府于2019年3月20日出台了《曲靖市沾益区人民政府办公室关于进一步加强残疾人就业保障金征收使用工作的通知》，切实做好残疾人就业保障金征收使用管理工作，促进残疾人就业创业和融合发展。为贯彻落实国务院和云南省人民政府关于稳住经济"一揽子"政策措施，加快惠企利民政策落实落地，以更强有力的举措做好稳市场主体保就业工作，沾益区人民政府于2022年8月22日出台了《关于进一步加大创业担保贷款支持力度服务保障创业就业工作的通知》，针对云南省和沾益区实际情况对创业担保贷款扶持创业就业工作的一系列新政策做出了延伸和细化等。沾益区根据国家政策和战略方针调整，积极响应党和国家的号召，配套出台相应地方政策，为促进产业发展、维护人民生活稳定提供了政策支持。

另一方面，沾益区紧跟时事，因地制宜，根据自身发展情况和资源优势出台了一系列促进乡村振兴的政策文件。2022年，为认真贯彻落实沾益区委、区政府奋进新征程推动新跨越三年行动部署和曲靖市委、市政府沾益现场办公会议精神，打造经济增长新引擎，全面提升沾益全区生态环境建设水平，结合沾益实际，出台了《曲靖市沾益区构建现代产业体系三年行动计划（2022—2024年）》《曲靖市沾益区生态环境建设三年行动计划（2022—2024年）》等一系列相关政策，为加快构建现代化产业体系、推动经济社会高质量跨越式发展指明了工作方向，明确了工作思路。

二　不同类型的政策

根据社会政策的不同类型来划分，沾益区关于乡村振兴的一系列政策，大致内容包括民生保障、产业发展、文化体育、生态建设等方面的内容

（见表 5-2）。

表 5-2 近五年沾益区出台的有关乡村振兴的政策文件（按类型分）

政策类型	文件名	时间
民生保障政策	《曲靖市沾益区人民政府办公室关于进一步加强残疾人就业保障金征收使用工作的通知》	2019 年 3 月 20 日
	《曲靖市沾益区持续增进民生福祉三年行动计划（2022—2024 年）》	2022 年 5 月 27 日
	《关于进一步加大创业担保贷款支持力度服务保障创业就业工作的通知》	2022 年 8 月 22 日
产业发展政策	《曲靖市沾益区人民政府关于切实抓好 2018 年万寿菊生产的通知》	2018 年 2 月 23 日
	《曲靖市沾益区国民经济和社会发展第十四个五年规划和二〇三五年远景目标纲要》	2021 年 7 月 12 日
	《曲靖市沾益区人民政府关于推进现代农业高质量发展的实施意见（2021—2025 年）》	2021 年 12 月 22 日
	《曲靖市沾益区构建现代产业体系三年行动计划（2022—2024 年）》	2022 年 6 月 13 日
文化体育政策	《曲靖市沾益区人民政府办公室关于推进基层综合性文化服务中心建设的实施意见》	2018 年 1 月 31 日
生态建设政策	《曲靖市沾益区人民政府办公室关于新一轮退耕还林省级陡坡地生态治理建设突出问题限期整改的通知》	2018 年 12 月 31 日
	《曲靖市沾益区生态环境建设三年行动计划（2022—2024 年）》	2022 年 6 月 6 日
	《曲靖市沾益区生态环境突出问题整治三年行动方案（2022—2024 年）》	2022 年 6 月 8 日
	《曲靖市沾益区珠江源生态环境示范区建设实施方案》	2022 年 7 月 20 日
	《云南沾益西河国家湿地公园管理办法》	2022 年 7 月 15 日

资料来源：曲靖市沾益区人民政府官方网站。

党的十九大报告对保障和改善民生做出重大部署，并为基本民生保障确立了原则和方向。在民生保障方面，沾益区结合国家大政方针政策与自身发展实际，出台了《曲靖市沾益区人民政府办公室关于进一步加强残疾人就业保障金征收使用工作的通知》《曲靖市沾益区持续增进民生福祉三年行动计划（2022—2024 年）》《关于进一步加大创业担保贷款支持力度服务保障创业就业工作的通知》等一系列保障和改善民生的政策文件，充分发挥了社会政策在基本民生保障中的兜底作用，对于保护社会弱势群体、增进民生福祉等具有积极意义。

在产业发展方面，沾益区充分发挥自身资源优势，因地制宜，不断探索产业发展新模式，先后出台了《曲靖市沾益区人民政府关于切实抓好2018年万寿菊生产的通知》《曲靖市沾益区国民经济和社会发展第十四个五年规划和二〇三五年远景目标纲要》《曲靖市沾益区人民政府关于推进现代农业高质量发展的实施意见（2021—2025年）》《曲靖市沾益区构建现代产业体系三年行动计划（2022—2024年）》等一系列政策，进一步促进社会资源有效配置，促进产业结构升级，提高经济结构效益，推动沾益区产业多元化、持续化发展。

在文化体育方面，沾益区以保障群众基本文化权益为根本，以强化资源整合、创新管理机制、提升服务效能为重点，出台了《曲靖市沾益区人民政府办公室关于推进基层综合性文化服务中心建设的实施意见》，把服务群众同教育引导群众结合起来，把满足需求同提高素养结合起来，因地制宜推进文化服务中心建设，促进基本公共文化服务标准化、均等化，使基层公共文化服务得到全面加强和提升，为把沾益区建成产城融合发展示范区、珠江源生态文化旅游新区、滇东区域综合交通枢纽提供了强大的精神动力和文化支撑。

在生态建设方面，沾益区立足自身地理优势，坚决筑牢珠江源头和长江上游重要生态安全屏障，为推动全区经济社会高质量跨越式发展，制定了《曲靖市沾益区人民政府办公室关于新一轮退耕还林省级陡坡地生态治理建设突出问题限期整改的通知》《曲靖市沾益区生态环境建设三年行动计划（2022—2024年）》《曲靖市沾益区生态环境突出问题整治三年行动方案（2022—2024年）》《曲靖市沾益区珠江源生态环境示范区建设实施方案》《云南沾益西河国家湿地公园管理办法》等一系列行动计划，为提高沾益区生态环境治理体系和治理能力现代化水平，协同推进沾益区经济高质量发展和生态环境高水平保护指明了行动方向。

第三节　社会政策助推乡村振兴的实现路径

系统理论着眼于分析构成整个系统的各要素间存在的复杂联系和相互关系，以及存在于社会场景和外部环境中的其他相互影响的要素，即各子系统间的相互影响（彭华民，2016）。系统理论认为，一个系统的改变会影响此系统的其他部分。作为实施乡村振兴战略的外部支持，政策的改变能带动子系统之间的相互影响和相互作用，促进各要素之间的协调与互动，能够有效带动社会投资，促进产业振兴和乡村发展。

一　提供政策指引，为乡村振兴指明方向

政策是人类社会发展到一定时期的产物，是阶级意志和阶级利益的体现。党和国家之所以需要制定政策，就是因为政策能帮助其解决所面临的问题，实现一定的目的，达到一定的目标（钮菊生，2001），也正是因此，政策具有导向功能。乡村振兴战略是顶层设计，党和国家结合我国基本国情和现实社会发展情况出台的一系列政策，确立了乡村振兴战略的指导思想和实施方针，为各地深入贯彻实施乡村振兴战略、促进乡村发展指明了发展方向。

（一）提供政策指引

政策指引的作用体现为全面、深入宣传贯彻落实党中央关于实施乡村振兴战略的各类文件，把文件中有关的政策精神具体化并落实到沾益区的实践中来，重点推进产业结构转型升级，为沾益区产业振兴和乡村发展明确了发展方向，在维护公有制基础的根本前提下，推进乡村土地利用的混合化、承包地的资产化和乡村资源的本土化。在党和国家大政方针的指引下，沾益区出台了一系列政策和机制办法，诸如组织动员、要素保障、政策支持、协作帮扶、考核督导等。这些好的政策是实现乡村振兴的关键，将政策落实到具体的发展实践中，才能让群众对政策有更多、更深的了解，全力投入乡村振兴中来，积极参与乡村建设。总的来说，沾益区按照乡村

振兴战略相关要求，研究结合沾益区实际，制定了一系列鼓励性政策，使得农村生产生活条件明显改善，乡村面貌发生了较大变化。

（二）加大产业扶持力度

政府引导，社会参与，是乡村振兴取得成效的关键手段。政府在乡村振兴中发挥着引导和基础建设的作用，不仅要在水、电、路、网、交通等基础设施方面做好配套，也要出台一系列支持发展乡村产业的扶持政策，在土地、资金和配套规划上做好先行准备。政府的作用发挥是否完全，直接影响乡村振兴的发展好坏。一般来说，扶持到位，当地的乡村产业就会发展兴旺。扶持不到位，人才、资源和项目就会流向发展环境更好的区域。政府对产业振兴的作用一般是通过产业政策来实现的。

产业政策是国家制定的，引导国家产业发展方向、引导推动产业结构升级、协调国家产业结构、使国民经济健康可持续发展的政策（吴小节等，2020）。党的十八大以来，产业政策作为政府与市场关系中的一项重要内容，被越来越广泛地讨论，逐渐成为学术界关注的一个焦点。在中国经济转型过程中，为加快产业培育、推动经济快速发展，中央及地方政府都曾广泛积极地调控经济，出台了一系列产业政策。自乡村振兴战略提出以来，这些产业政策更加聚焦于特定产业，多采用财政补贴、税收优惠等倾斜式扶持措施，促进被扶持产业的快速发展（叶光亮等，2022）。产业政策在软硬基础设施方面发挥的引导与协调作用，能够有效克服市场失灵，促进产业升级与发展（林毅夫，2017）。政府通过产业政策自觉进行宏观调控既不是干预市场经济，也不是计划经济，而是市场经济正常运转、产业结构升级、经济可持续发展的必要环节。产业政策对乡村产业振兴和经济发展起着至关重要的作用，只有促进产业变革，才能真正促进产业结构优化，推动经济高质量发展。

二 带动政府投资，为乡村振兴提供保障

政策支持下的政府投资是实现乡村振兴的重要途径之一，通过政府投资可以带动全社会投资，进一步提高产业效益。政府投资主要分为财政投

资和政策性金融支持两种方式。

（一）加大财政投资力度，推动基础设施建设

财政投资是指政府通过财政资金支持农村基础设施建设、农业农村产业发展、乡村旅游等方面的项目。财政投资对于推动农村基础设施建设、提高农村经济发展水平起到了重要作用。据国家统计局发布的数据，2022年全国公共财政预算支出中，农村和农业投资达到1.71万亿元，同比增长9.3%。[1] 其中，农村公路、饮水安全等基础设施建设得到了较大投入，有效提升了农村基础设施水平，改善了农村生产生活条件。

2023年，沾益区财政部门积极筹措资金，为惠民实事、重大民生项目、重点发展领域提供强大财力支撑，全年各类民生支出26.22亿元，占一般公共预算支出33.48亿元的78.34%。围绕《云南省2023年推动经济稳进提质政策措施》提出的7个方面，强化资金保障，千方百计筹集资金5.63亿元投入工业园区基础设施建设，成功申报专项债券8.41亿元提升园区基础设施建设"硬"实力，争取2023年水利专项及城市雨污管网建设国债资金1.7亿元补齐城市基础设施短板。[2] 无论是用于农村基础设施建设的财政资金，还是财政预算安排设立的直接和间接支持乡村产业发展的项目资金，以及各种帮扶项目的实施，都为沾益区乡村振兴和产业发展奠定了坚实的基础，为乡村发展储备了正能量，乡村振兴已经成为推进社会主义新农村建设、解决"三农"问题和全面建成小康社会的一条有效途径。目前沾益区各部门充分发挥自身优势，对发展乡村产业、推进乡村建设做出具体的安排部署，发展各具特色的乡村特色产业，同时还研究和制定了促进乡村发展的财政政策文件，逐步形成推进全区乡村振兴的良好格局。

（二）加大政策性金融支持力度，促进产业发展

政策性金融支持是指政府通过各类金融机构向农村企业、农民等提供

---

[1] 《国家统计局部门预算（2022）》，国家统计局，2022年3月24日，http://www.stats.gov.cn/xxgk/cwxx/bmys/202203/t20220324_1829002.html。

[2] 《曲靖市沾益区人民政府关于沾益区2023年地方财政决算的报告》，曲靖市沾益区人民政府网，2023年10月14日，https://www.zhanyi.gov.cn/index.php/news/czyjs/48417.html。

贷款、担保等金融支持（廖红伟、迟也迪，2020）。政策性金融支持对于推动农业农村产业发展、提高农村经济效益、改善农民生产生活条件发挥了重要作用。根据中国人民银行发布的数据，2022 年末，农村（县及县以下）贷款余额为 41.02 万亿元，同比增长 13.5%；农户生产经营贷款余额为 7.83 万亿元，同比增长 14.5%；农户贷款余额为 14.98 万亿元，同比增长 11.2%。① 其中，扶贫小额信贷、农村电商等得到了政策性金融支持，有效带动了农村产业发展。

2022 年 4 月 11 日，曲靖市人民政府印发的《关于 2022 年稳增长若干政策措施》提到，要推动沾益温氏生猪屠宰加工项目建成投产，农产品加工业与农业总产值比提高到 2.3∶1；大力发展特色农业，积极争取"百亿金融支农行动"资金、中央财政资金和省财政资金支持；要全面推进乡村振兴，支持沾益等地区先行先试，引领带动其他重点帮扶县加快发展，争取沪滇协作资金、集团（定点）帮扶资金不低于 3 亿元，争取中央、省的衔接推进乡村振兴补助资金 22 亿元，同比增长 10% 以上。② 在政策性金融支持下，沾益区温氏生猪养殖产业以及其他特色产业，如迷迭香种植、红露苹果、"农光互补"等都得到了大力发展，在带动自身产业发展、提高产业效益的同时也为周边村庄的农户提供了大量就业岗位，促进农户有效增收。

三　激活社会资本，为乡村振兴注入活力

除了政府投资之外，社会层面的投资激励也是推进产业发展，实现乡村振兴的重要手段之一，通过投资激励可以吸引更多的社会资本投入农村，扩大投资规模，提高投资效益。

---

① 《2022 年四季度金融机构贷款投向统计报告》，中国政府网，2023 年 2 月 3 日，http://www.gov.cn/xinwen/2023-02/03/content_5739947.htm。
② 《曲靖市人民政府关于印发 2022 年稳增长若干政策措施的通知》，曲靖市人民政府网，2022 年 4 月 11 日，https://www.qj.gov.cn/html/2022/szfbgswj_0411/102276.html。

（一）实施税收优惠政策，降低投资成本

政府通过税收优惠政策，可以有效降低企业和个人在农村投资的成本，激发投资热情。对于在农村地区投资兴业的企业，可以给予企业所得税优惠，减轻企业负担，促进投资。此外，对于在农村地区从事农业生产的个人，也可以给予个人所得税减免，鼓励农民投资农业，提高农业效益。

沾益区坚持开源与节流并举，优化财税管控措施，在全市率先建立"互联网+税收监管"模式，净增财税收入 1741 万元，区本级压减一般性支出 1.2 亿元，争取上级补助资金 16.69 亿元，化解存量债务 11.6 亿元。[1] 落实减税降费 3725 万元，退税 1.2 亿元，[2] 民营企业中小企业无分歧欠款实现清零，为企业减负，降低企业投资成本。

（二）实行补贴奖励政策，吸引社会资本

政府通过给予投资者补贴奖励的方式，能够吸引更多的社会资本投入农村领域。政府通过给予农业科技创新、农村电商等领域的企业资金奖励，激励企业增加研发投入，提高技术水平，推动产业升级。此外，政府还可以通过农村土地流转等方式，给予土地流转补贴、生产经营性补贴等奖励，鼓励农民参与现代农业，进一步促进农村产业发展。

沾益区贯彻落实上级惠农补贴兑付，有效调动农民群众种粮积极性。2022 年，全区共兑付耕地地力保护补贴 6985 万元，亩均补贴 62.4 元，受益农户 8.52 万户；兑付对实际种粮农民一次性补贴 3 批次，兑付资金 2874 万元，受益农户 8.38 万户；兑现农机购置补贴资金 873 万元，受益农户 1579 户，补贴机具 2250 台（套），通过农机购置补贴政策推动，实现农机新增动力 24225.158 千瓦。[3]

---

[1] 《2022 年曲靖市沾益区人民政府关于印发政府工作报告的通知》，曲靖市沾益区人民政府网，2022 年 1 月 30 日，https://www.zhanyi.gov.cn/pub/description/25967.html。

[2] 《优惠政策》，曲靖市沾益区人民政府网，2023 年 10 月 9 日，https://www.zhanyi.gov.cn/news/zygk/9721.html。

[3] 《遏制耕地"非农化"沾益区有"方法"》，云南网，2022 年 12 月 26 日，http://qujing.yunnan.cn/system/2022/12/26/032400783.shtml。

（三）加大金融支持力度，推动产业发展

政府可以通过金融支持的方式，促进社会资本向农村领域投资。例如，政府可以设立农村发展基金，向农村企业提供股权投资、债权投资等金融支持，帮助农村企业突破资金瓶颈，推动产业发展。此外，政府还可以通过设立农村信贷担保机构、农村金融服务中心等方式，提高农村金融服务水平，增强农村金融投资的可行性和吸引力。

为了巩固拓展脱贫攻坚成果，助力乡村振兴战略，中国农业银行股份有限公司曲靖沾益支行从 2020 年开始，以农户信息建档的方式向老百姓发放无抵押、无担保、存线上、低利率的信用贷款。沾益农行以行政村为单位建立农户信息档案，由农行建立行政村信息档案，导入"惠农 e 贷"白名单，采取"边建档边放款"的工作方式，在全区范围内大力推广"惠农 e 贷"，加大信贷支持力度，满足新型农业经营主体融资需求，有效支持农户春耕备耕和生产经营，加快乡村产业发展。

农户信息建档和"惠农 e 贷"推广是系统性的工作，农行对"惠农 e 贷"白名单农户进行授信后，农户可通过线上和线下渠道办理贷款申请、签约，签约后通过农行网点柜台、自助设备、惠农支付服务点、普惠金融服务站、网上银行、手机银行等多种渠道办理贷款，做到循环使用，随借随还，方便快捷，节约办贷成本。

综上所述，政策措施是系统外部乡村振兴的支持环境，通过政策引导可以带动全社会投资——政府投资可以改善农村基础设施、促进农村产业发展，投资激励可以吸引更多的社会资本投入农村领域，促进乡村振兴各领域之间的互动和相互作用，进而推动乡村振兴的多方面协调发展。在未来的乡村振兴中，政府需要进一步完善投资政策，提高投资效益，促进农村经济、社会和环境的全面发展，实现乡村振兴的可持续发展。

第四节　政策支持下的乡村发展实践

政策支持对于乡村振兴战略的落地落实有着重要的引导和保障作用，

沾益区将实施乡村振兴战略作为全区上下共同意志、共同行动，在公共财政投入上优先保障，在公共服务上优先安排，在要素配置上优先满足，在干部配备上优先考虑，加快补齐农业农村短板。在乡村振兴的大背景下，沾益区迅速出台了支持乡村振兴战略实施的一系列文件，以"真金白银"的具体政策条款，在区级层面最大限度地解决实施乡村振兴战略中的各种问题，为推进乡村振兴提供要素保障。

沾益区是珠江源头第一城，是曲靖市的北大门、珠江源大城市北部新区。2016年6月1日，沾益撤县设区，区委、区政府提出了建设产城融合发展示范区、珠江源生态文化旅游新区、滇东区域综合交通枢纽的发展定位。沾益区在出台惠农政策上，充分发挥农业资源丰富的优势，在政策规定下选准特色产业、延伸产业链条、打响农业品牌、加强技术创新、激发产业活力，以特色农业发展促进乡村产业振兴。

一　发展生态循环农业，推动资源循环利用

（一）加强技术创新，推动产业持续发展

1. "种养肥"绿色循环农业

2021年，沾益区被选为农业农村部绿色种养循环农业试点县（区），通过公开招投标的方式，选定了3个专业服务企业作为项目实施主体和1个提供粪肥还田服务的社会化服务组织，圆满完成10万余亩农田的绿色种养循环农业试点工作。近年来，沾益区采用"有机肥厂+养殖场"一体化全闭环粪污收集模式，对粪污进行干湿分离和分类处理，促使畜禽粪污综合利用率在95%以上，项目区化肥施用量减少3%，推动"污染源"变成"营养源"，开启绿色生态农业新模式。

沾益区作为全国粮食生产大县（区）和生猪调出大县（区），基础条件优越。沾益区结合绿色种养循环的发展思路和自身实际条件，累计投入资金600余万元，实行"液体粪肥+水肥一体化""液体粪肥+配方肥""固体粪肥+配方肥"3种粪肥还田模式。扶持壮大有一定运营基础的畜禽粪污收集处理企业、专业化服务组织等主体，推动农牧结合、种养循环，

引导种植户、养殖户与企业或社会服务组织签订供销合同，推动畜禽粪污资源化利用和化肥减量"双达标"，有效保护生态环境，促进农业可持续发展。

2. "农光互补"可持续农业

沾益区利用得天独厚的光热资源发展光伏产业，引入华能澜沧江水电股份有限公司在荒山、荒坡建设光伏电站。同时，充分利用光伏支架下部的闲置土地，种植万寿菊、大豆、蔬菜等粮食和经济作物，提高土地利用率，带动周边村民就业和村集体增收，走出了一条经济发展与生态保护的"双赢之路"。菱角农业光伏产业项目是"十四五"期间沾益区首个开工建设的新能源项目，于2021年11月18日正式开工建设，项目投资5.2亿元，占地2300亩，该项目在不改变土地性质的情况下，将太阳能光伏组件铺设在农作物之上，形成"上面发电、下面种植、科学开发、综合利用"的"农光互补"建设模式。

"一地多用、立体开发、循环发展、多方共赢"是发展生态农业的关键。菱角农业光伏产业项目的实施，不仅提高了土地利用率，实现了土地立体化增值利用，也为巩固拓展脱贫攻坚成果与乡村振兴的有效衔接提供了强力支撑，促进了三次产业融合发展，形成了生态效益和经济效益的双赢。

（二）强化质量标准，促进产业提质增效

有了政策扶持，广大人民群众才能放心做好、做大品牌，形成品牌效应。品牌是乡村特色农产品实现市场价值的有效载体。2021年12月，《曲靖市沾益区人民政府关于推进现代农业高质量发展的实施意见（2021—2025年）》指出要坚持品质优先，打造世界一流"绿色食品牌"。① 近年来，沾益区以云南省打造世界一流"绿色食品牌"为契机，依托珠江源头资源优势，突出规划引领，初步形成一批影响力大、竞争力强的道地药材、绿

---

① 《曲靖市沾益区人民政府关于推进现代农业高质量发展的实施意见（2021—2025年）》，曲靖市沾益区人民政府网，2021年12月22日，http：//www.zhanyi.gov.cn/pub/description/23454.html。

色蔬菜、优质蚕桑、新型花卉、生态林果、山地牧业等高原特色地方农产品品牌,助推现代农业高质量发展。

1. 加强农业质量标准体系建设

沾益区不断推进农产品质量安全检测体系和农业标准化生产推广体系建设,全面提升农产品品牌竞争力,积极引导农业经营主体提升品牌质量和形象,激发农产品品牌内在竞争力,实现农产品优质优价。截至2023年1月31日,沾益区累计认证"三品一标"农产品106个,其中绿色食品51个、无公害农产品46个、有机农产品9个。①

与此同时,沾益区也以"打造一个品牌、带活一个产业、富裕一方农民"为目标,用好用足各方面的政策和资金,加大对企业的扶持力度,积极推动现代农业产业园区、示范家庭农场、农民合作社示范社标准化生产,重点打造一批自治区级特色农产品标准化生产基地。健全区域特色农产品质量安全检测体系,完善农产品质量检测制度,确保农产品生产、加工、输送全程质量可控。切实加强产地环境保护和源头治理,搭建互联共享的追溯监管综合服务平台。强化特色农产品品牌培育,形成以区域公用品牌为核心、企业品牌为支撑、产品品牌为基础的农业品牌体系。

2. 科学谋划生产布局

沾益区全面加强统筹,因村制宜,突出市场导向,采取"支部+合作社+龙头企业+脱贫户+基地"模式发展产业,为乡村振兴带来强劲动能。通过组织化推动,坚持党委统筹、政府协同,聚焦"先进制造基地、城乡融合示范区、珠江源生态环境示范区"发展定位一体推进。持续深化"三联三争"机制,建立龙头企业绑定合作社、合作社绑定农户的"双绑"利益联结机制,全覆盖建立区、乡、村三级联动的农林投资开发有限公司147个。

同时以农林投资开发有限公司为纽带,全面加强与各类市场主体的深度合作,将"专业的事情交给专业的人去做",确保产业发展可持续。通过

---

① 《沾益区打造农业特色品牌》,"沾益新闻"微信公众号,2023年1月31日,https://mp.weixin.qq.com/s?_biz=MzU5MDQ0NTc3Mg==&mid=2247598187&idx=1&sn=78b4166a7ddb39363db38364865bae85&chksm=fe3d2dc8c94aa4dec9e04a21f70a5de0d57dc22138936c8649493429e0c64253773cd1e3bb6e&scene=27。

政策引导、资金支持、科技支撑等方式，着力培育新型经营主体，全区共培育、评定龙头企业 77 家，培育合作社 381 家，评定示范合作社 50 个，培育家庭农场 614 个，评定示范家庭农场 30 个，其中国家级示范合作社 2 个、省级龙头企业 4 个。[①]

二　促进人力资本回流，增强内生发展动力

（一）加强基层人才队伍建设

沾益区以队伍建设为关键，选优配强乡镇事业单位工作人员，严格执行乡镇事业单位工作人员最低服务期限，落实艰苦边远地区基层事业单位公开招聘倾斜政策，实施高校毕业生"三支一扶"计划，近三年共招募"三支一扶"人员 13 名，充实壮大乡镇人才队伍，"三支一扶"人员扎根乡村振兴一线岗位，为推动基层经济社会平稳健康发展做出了积极贡献。

1. 增强干部服务乡村振兴的意识

沾益区组织全体党员干部全面系统深入学习贯彻习近平总书记关于"三农"工作重要论述，把支部建在中心、科室，让党员作用发挥在岗位，各支部立足自身优势，结合业务工作实际和具体民生服务事项，持续开展"我为群众办实事"实践活动，扎实做好帮扶工作，了解帮扶对象需求，集中力量解决帮扶对象的急难愁盼问题。同时放宽基层专业技术人员职称评审条件、岗位聘任数额限制，落实职称评价机制，有效解决了基层专技人员和工勤人员评聘高中职够不着、评不上、聘不到的问题，充分调动了基层专业技术人员的积极性，强化了基层经济社会发展建设的人才支撑。

2. 提高干部服务乡村振兴的能力

沾益区实施"农村基层干部乡村振兴主题培训计划"，结合巩固拓展脱贫攻坚成果、全面推进乡村振兴的新部署新要求，打造城乡融合、田园综合、集体经济、产业发展等不同类型的实训基地和现场教学点 7 个，积极探索"理论学习+实践锻炼+成果转化"的培训模式，采取分级负责的方式开

---

① 《【党建】曲靖市沾益区：党建引领趟出乡村振兴新路子》，"珠源先锋"微信公众号，2022 年 10 月 14 日，https://mp.weixin.qq.com/s/sUdtBmdnCoBPW2BeKyM-mg。

展乡村振兴主题培训，组织"珠源大讲堂"，通过岗位培养、选派挂职、跟班学习、轮岗交流等方式，推动年轻干部在乡村振兴一线实践锻炼。同时进一步统一党员干部思想，围绕人社行业服务民生、保障民生的功能，以"农村劳动力转移就业、技能培训百日行动"志愿服务活动和"挂包帮转走访"为载体，积极开展送政策、送服务、送岗位帮扶活动；组织党员干部力量进村入户核查人社行业扶贫政策落实情况，面对面宣传落实城乡居民养老保险、技能培训、跨省务工补助、创业担保贷款等行业帮扶政策，帮助解决实际问题。

3. 激发干部服务乡村振兴的积极性

沾益区围绕"五个规范"全面推行村级组织"大岗位制"，从区级层面整合 22 类岗位，实现每个村（社区）每年不低于 6 万元的绩效奖励，激发村干部担当作为。树立"谁干事就支持谁、谁干成事就重用谁"的用人导向，把一线工作法运用到干部工作中，综合运用蹲点调研、专项调研、年度综合调研等方式，常态化深入乡村振兴一线考察识别干部，区直机关提拔副科级以上领导干部优先考虑具有乡镇工作经历的，公务员年度考核优秀等次比例向乡镇倾斜。在前期 43 个脱贫村每村 3 人、8 个乡村振兴示范村每村 1 人选派驻村工作队的基础上，向 135 个村（社区）全覆盖选派驻村队员 405 名，进一步充实乡村振兴工作力量。选派 15 名优秀干部到 11 个乡镇（街道）。从 2021 年开始，区级财政每年预算 1000 万元作为基层治理专项经费，助力乡村振兴。①

（二）加快培育本土人才

近年来，沾益区始终坚持强化乡村振兴的人才支撑，着力破解基层技术不高、能力不强、作用发挥不明显等问题，凝聚人才为乡村振兴赋能增效。

1. 回引优秀人才

加强党委联系服务专家工作，畅通人才服务绿色通道，探索在医疗、

---

① 《【党建】曲靖市沾益区：党建引领蹚出乡村振兴新路子》，"珠源先锋"微信公众号，2022年 10 月 14 日，https://mp.weixin.qq.com/s/sUdtBmdnCoBPW2BeKyM-mg。

子女入学等方面提供全链条的"一站式"服务，解决人才后顾之忧，营造尊才、爱才、惜才、容才的浓厚氛围。曲靖市沾益区出台了一系列人才引进措施，从全国选拔 17 名优秀人才充实到教育领域。深入开展"干部规划家乡行动"，1008 名沾益籍在外人才、乡贤能人主动回乡参与规划家乡，①为乡村振兴出谋划策。

在 11 个乡镇（街道）建立青年人才党支部，聚焦致富带头人、退伍军人、返乡大学生等"9 类人员"，回引农村优秀人才 137 名，村（社区）党组织书记大专以上学历占比超过 70%。牢固树立"不求所有、但求我用"的引才思路，打破地域、身份、人事关系的限制，大力开展柔性引才。鼓励和支持农业龙头企业依托新产品研发、新工艺应用、新技术推广、新市场开拓等培养人才、使用人才。先后建立省级专家工作站 12 个及其他各类人才工作站 19 个，柔性引才达 93 名，②为乡村振兴产业、教育、医疗发展注入了强大动力。

2. 开展技能培训

沾益区大力实施"万名人才兴万村"行动，坚持招才引智和培育本土人才有机结合，加快培养农村电商、乡村工匠等乡村产业人才，培育乡村振兴服务力量。以新型职业农民和农村实用人才培训为抓手，大力开展绿色证书培训、基层农技人员继续教育培训及各类科技培训。2022 年以来完成农村劳动力技能培训 6025 人，脱贫劳动力参加技能培训 1062 人，完成目标任务的 101.14%。开展订单、定向和定岗式技能培训，培训内容涉及电工、中式面点师、挖机铲运与桩工机械操作司机、保洁员、养猪、蚕桑、魔芋、病虫害防治等，切实提高农村劳动力就业创业技能，让更多的劳动者成为技能型人才，不断拓展就业创业、增收致富空间。③

① 《【党建】曲靖市沾益区：党建引领趟出乡村振兴新路子》，"珠源先锋"微信公众号，2022年 10 月 14 日，https://mp.weixin.qq.com/s/sUdtBmdnCoBPW2BeKyM-mg。
② 《【党建】曲靖市沾益区：党建引领趟出乡村振兴新路子》，"珠源先锋"微信公众号，2022年 10 月 14 日，https://mp.weixin.qq.com/s/sUdtBmdnCoBPW2BeKyM-mg。
③ 《沾益区：党建赋能凝聚人社力量 多向发力助推乡村振兴》，"曲靖人社"微信公众号，2023 年 1 月 17 日，https://mp.weixin.qq.com/s/48xMYRdbyugUszOApoQ3iA。

3. 促进就业安置

沾益区聚焦脱贫劳动力、易地搬迁劳动力、零就业家庭和低收入家庭劳动力,通过促进技能提升转移就业增收一批、推动就地就近创业就业增收一批,着力提升农村劳动力转移就业。2022 年,脱贫劳动力转移就业8633 人,完成目标 8300 人的 104.01%,实现"点对点"集中输出农村劳动力转移就业 25 批 3740 人。[1]

针对"无法离乡、无业可扶、有就业愿望、有劳动能力"建档立卡脱贫劳动力,沾益区人社局在前期通过召开专题会议研究开发工作,开发乡村公益性岗位进行托底安置,激发了脱贫群众改变自我落后生活的积极性,确保了乡村和谐稳定。

4. 引导支持创业创新

沾益区统筹用好创业创新扶持政策,培育了一批农村创业创新群体,实现返乡创业与大众创业、万众创新互促共进和融合发展。支持农民工、高校毕业生等人员返乡创业,积极落实创业担保贷款、脱贫人口跨省务工补助政策。2022 年以来,全区"贷免扶补"创业贷款放款 254 笔 4698 万元,创业担保贷款放款 111 笔 1752 万元,其中放款脱贫户 4 户 80 万元。[2]

三 发展农村三次产业,打造乡村产业集群

(一)立足资源优势,选准特色产业

特色农业是将区域内独特的农业资源转化为名优产品和特色商品的现代农业。沾益工业基础雄厚,农业产业特色鲜明,第三产业发展空间广阔,是国家级新型工业化产业示范基地、全国最大的万寿菊种植加工基地、全国生猪调出大县、全省十大蚕桑核心基地县之一、全省首批高原特色农业示范县、全省首批"云药之乡"。

---

① 《沾益区:党建赋能凝聚人社力量 多向发力助推乡村振兴》,"曲靖人社"微信公众号,2023 年 1 月 17 日,https://mp.weixin.qq.com/s/48xMYRdbyugUszOApoQ3iA。
② 《沾益区人社局:党建赋能凝聚人社力量 多向发力助推乡村振兴》,"曲靖珠江网"百家号,2023 年 1 月 13 日,https://baijiahao.baidu.com/s?id=1754864618861810842&wfr=spider&for=pc。

由于沾益区当地群众自身能力有限，必须依靠产业政策扶持，特别是资金、技术、人才等方面的扶持，帮助农民立足区域自然资源优势条件，发展特色农业。沾益区炎方乡始终坚持把产业发展作为乡村振兴战略的强基支撑，持续加快农业产业结构调整和招商引资步伐，推行"企业+集体+农户"模式，培育了不少新型产业，培养了一大批致富能手，利用闲置土地资源和交通便利条件，补短板，强优势，大力发展绿色农业、品牌农业、质量农业。截至2022年，炎方乡已发展滇黄精2000余亩、蔬菜水果8000余亩、白及1000余亩、鲜切花4000余亩，形成多种特色农业产业，实现农业增效，农民增收。①

（二）创新体制机制，激发产业活力

得益于产业政策的保护，沾益区不断激发"三农"活力。体制机制创新是乡村特色农业永葆活力的重要保证。要认真贯彻落实中央"巩固和完善农村基本经营制度""第二轮土地承包到期后再延长三十年""管好耕地，要遏制'非农化'，同时还要防止'非粮化'"等政策措施，进一步激发农民和新型农业经营主体投资特色农业的激情，提振信心。

为推动农业产业化发展，提高土地效益，沾益区积极推进农村集体产权制度改革，助推土地流转工作，成立了领导小组，采取每周定期召开工作会议，倒逼工作任务的方法，对各村土地承包工作、农村土地法律政策实施情况和农村土地承包经营权流转进行定期、不定期的督查，探索走出农村三次产业融合发展新路，促进农民和村集体实现"双增收"，助力乡村振兴。2022年，沾益区新增土地流转面积1.61万亩，累计流转土地面积达25.52万亩，在保证粮食安全的情况下，推动农业的集约化、规模化、产业化，让土地流转成为乡村振兴的"助推剂"，让沾益区农民成为特色农业发展的参与者、受益者、推动者。在实现集体增收后，合理利用集体经济，改善人居环境，改善乡村面貌，发展乡村旅游，流转土地后，村民不仅有租金收入，还能在"家门口"就业、创业，切实提升村民的幸福感和满意度。

---

① 《玫瑰花开幸福来》，"人民融媒体"百家号，2022年6月13日，https://baijiahao.baidu. com/s? id=1735447153162507644&wfr=spider&for=pc。

（三）推进聚集融合，延伸产业链

在产业政策的支持下，发展乡村特色产业不能只关注特色农产品生产，还应重点关注产业关联性和地域聚集性。2022 年，沾益区印发了《曲靖市沾益区构建现代产业体系三年行动计划（2022—2024 年）》，提到要打造旅游文化和康养产业，以文化旅游和高原体育产业为重点，加快推动全区旅游业高质量发展的步伐，实现以项目带动旅游业跨越式发展。① 沾益区坚持集群化发展理念，引导农业企业向现代农业产业园区集中，推动特色产业迈向价值链的中高端；与"农旅融合发展示范乡"创建相结合，进一步打造乡村振兴新的经济增长点。沾益区德泽乡以优势特色产业为基础，顺应"互联网+"趋势，深入挖掘农业农村的经济价值、生态价值、社会价值、文化价值，加快发展休闲旅游、文化体验、养生养老、农村电商等新产业新业态，打造德庄庄园，集特色农产品销售、农村电商、乡村旅游、文化体验于一体，促进乡村三次产业融合发展。

四　推进精神文明建设，推动文化事业发展

（一）加强普法宣传，提高群众法治意识

沾益区结合实际，及时制定《沾益区普法强基补短板专项行动实施方案》，细化分解工作任务，确定各责任单位普法清单，实施任务清单"销号清零"管理。同时由区委、政法委牵头组成督导检查组，开展"普法强基·十个一"主题法治宣传专项督导检查。截至 2023 年 4 月，11 支专项普法工作队已完成第一轮"送法进村"活动，2 月，12 名执业律师及法律服务工作者对 11 个村（社区）开展法治体检和普法宣讲活动，共计 900 余人参加现场授课，宣讲法律法规 5 部 120 余条，现场解答法律问题 130 余人次，涉及具体法条 60 余条，共汇总 11 个村（社区）法律服务需求 6 个方面 33 条，排查矛盾纠纷 8 件已当场安排组织调解。

---

① 《曲靖市沾益区构建现代产业体系三年行动计划（2022—2024 年）》，曲靖市沾益区人民政府网，2022 年 6 月 13 日，http://www.zhanyi.gov.cn/pub/description/28259.html。

针对不同群体的特点，沾益区通过采用群众喜闻乐见、寓教于乐的方法，多措并举，充分调动群众学法积极性。通过"以案释法"方式统一集中开展"开学第一课"法治副校长法治宣传进校园活动。通过智慧喇叭共播放曲靖老村长普法宣传音频 4 期，进行普法宣传 500 余场次，覆盖全区 40 余万人次。通过"一周一期法治微视频学法律"，在"曲靖 M""沾益 M"开设普法强基补短板专栏，共发布信息 80 期，在微信公众号、抖音等新媒体平台发布宣传信息 30 多期，被"学习强国"APP 采用推广 3 期。通过"一月一次文艺汇演聚法治人气"，让群众在休闲娱乐中学到法律知识，接受法治文化熏陶……

沾益区白水镇还抓住广大外出务工人员返乡过年这一窗口期和机遇期，大力开展普法宣传教育和平安建设工作，通过创新"印象式"制作普法标识、"上门式"宣讲法律法规、"蹲点式"散发宣传资料 3 种宣传模式加大宣传力度，让法律法规根植民心，有效提升广大群众的法治意识和法治观念。在普法活动中，白水镇更本着通俗易懂的原则录制了《普法强基补短板——法治进村声声入心》短视频，向周边邻里、群众宣传普法强基补短板专项活动，号召群众学法、懂法、遵法、守法、用法。①

（二）促进文旅融合，推动文化事业发展

为进一步压实责任，巩固成果，提升质量，确保脱贫成果经得起检验，在全区文旅系统接续开展旅游产业助推脱贫攻坚行动。2020 年，印发《沾益区旅游产业助推脱贫攻坚巩固提升实施方案》，指出要持续推动旅游扶贫示范村创建，并提出景区带动型旅游扶贫模式、城镇依托型旅游扶贫模式、民族特色型旅游扶贫模式、历史文化型旅游扶贫模式、产业融合型旅游扶贫模式五种旅游扶贫模式，为更好地巩固拓展脱贫攻坚成果，推进文化旅游事业发展指明了工作方向。

近年来，沾益区紧紧围绕珠江源生态文化旅游新区建设总体目标，充分利用国家政策与区域发展优势，通过加强旅游基础设施建设，推进旅游

---

① 《曲靖沾益区："五强化"推动普法强基补短板专项行动走深走实》，云南长安网，2023 年 4 月 18 日，http://www.yncaw.gov.cn/html/2023/pfqjzxd_0418/105394.html。

产业发展项目落地，强化旅游形象宣传营销，创建"大珠江源"旅游品牌，以银杏庄园为代表的一批综合性农业庄园发展迅猛，以世纪珠源大酒店为代表的高品质酒店、以霞客草堂为代表的一批精品文化民俗客栈建成投用，沾益辣子鸡、沾益小粑粑、大坡刺绣等名优旅游商品日益丰富，珠江源旅游品牌效益明显。

沾益区坚持以规划引领旅游产业发展，按照全域旅游的发展思路，编制完成了《曲靖市沾益区全域旅游发展总体规划》《珠江源高原体育旅游度假区总体规划》，以及珠江源创建国家 5A 级旅游景区、彩云洞创建国家 3A 级旅游景区、海峰湿地生态文化旅游开发、环九龙片区旅游开发、金龙乡村旅游、德泽乡村旅游等一系列旅游规划，加快构建以全域旅游发展规划为统揽，以重点旅游景区规划为支撑，以乡村旅游规划为补充的旅游规划体系。浑水塘片区、天生洞片区、南盘江周边、珠江源景区周边、海峰湿地片区依托城郊及景区周边区位优势，依托优越的生态资源及交通条件，培育发展了一大批优质农家乐、民宿，丰富了乡村旅游业态。菱角乡玉碗水村建成省级少数民族特色旅游村寨；幸梓山庄、莲花山庄被评为全国首批金牌农家乐；银杏庄园等龙头企业带动农旅融合发展。这些措施极大地改善了乡村旅游接待服务品质。

总　结

政策措施的支持，是巩固拓展脱贫攻坚成果，迈步乡村振兴新征程的重要保障，对于促进乡村产业发展、推进美丽乡村建设具有十分重要的意义。沾益区认真贯彻落实党和国家关于乡村振兴战略实施的重要精神及云南省、曲靖市工作部署要求，在省、市各级部门的指导与支持下，坚持把促进产业发展、推动乡村振兴作为全区重点工作，以扩大政策覆盖面为突破口，落实惠民利企政策，促进产业结构转型升级，助推经济社会平稳健康发展。

党的十八大以来，各级政府按照脱贫攻坚的要求，出台了一系列涉及产业、就业、易地搬迁、生态、健康、教育和综合保障等领域的政策措施，对打赢脱贫攻坚战起到了重要保障作用。进入新发展阶段，坚持巩固拓展脱贫攻坚成果同乡村振兴有效衔接，全面推进乡村振兴，对促进社会公平正义，促进人的全面发展，扎实推进城乡共同富裕有着重要意义。脱贫攻坚与乡村振兴的有效衔接是回应中国贫困质态转轨、共同富裕价值理念以及新发展阶段"三农"工作重心转移的重要举措。实现脱贫攻坚与乡村振兴的有效衔接需要系统探讨衔接机制构建，也需要具体探讨政策体系的安排和调整路径（张明皓、叶敬忠，2021）。

乡村振兴战略"产业兴旺、生态宜居、乡风文明、治理有效、生活富裕"的总要求，与脱贫攻坚总体要求存在一定的契合度，实现二者的统筹衔接，需要在"保持现有政策总体稳定"的基础上，按照"退出、延续、转化"的分类方式，做好政策统筹（张晓磊，2022）。各级政府不仅要建立巩固拓展脱贫攻坚成果的政策体系，同时要研究制定相对贫困的治理政策，既需要继续出台特惠性政策帮扶相对贫困人口，也需要制定系统性、普惠性的社会政策抑制贫困再生，最后还要研究制定乡村振兴的专项政策，根据乡村振兴战略持续时间长、目标定位高、聚焦对象广的特点，制定有利于脱贫攻坚的乡村振兴专项政策。

第六章　衔接与脱嵌——乡村振兴融合发展的经验与不足

第一节　系统理论下的乡村振兴融合发展

一　系统理论视角下的乡村振兴

基于系统理论视角对乡村振兴的推进与发展进行分析，是将乡村视为一个具有整体性的系统，进而探究在推进乡村振兴的进程中，这一系统与外部各系统之间的相互联系、相互影响，以及系统内部各子系统之间的相互融合、相互作用。乡村振兴战略是一项巨大的系统工程，系统理论下的农村社会是一个各组成部分有机联系的整体，开展农村工作要从系统的角度出发，通过对各系统之间关系互动的动态性研究，探究在互动过程中各系统之间的有效衔接与为何会产生脱嵌的问题。

在系统理论视角下，乡村振兴的推进离不开宏观层面国家的战略规划以及政府的政策扶持、制度规范、资金投入等，中观层面基层组织、社会组织、机构、企业等的协调与引导，微观层面各领域人才的带领与示范。将乡村振兴视为一个完整的系统，推进乡村振兴的发展就离不开外部系统的支持与内部子系统的协调。同时，将乡村振兴视为一个系统，要想推动乡村振兴的实现，就必须注重该系统的整体性、层次性、开放性与动态性发展。

通过系统理论视角分析乡村振兴，既能从全局上把握各系统间的相互关系，有效促进不同系统作用的有效发挥，服务于整体；又能关注到系统内部各子系统的融合情况，尤其是对系统整体作用发挥起决定性作用的部分，抓关键、抓要点。

二 乡村振兴中的融合发展

全面推进乡村振兴是新时代背景下我国建设农业强国的重要任务，推进乡村振兴，就要抓好产业振兴、生态振兴、人才振兴、文化振兴、组织振兴五大振兴。习近平总书记指出："实施乡村振兴战略，要按照产业兴旺、生态宜居、乡风文明、治理有效、生活富裕的总要求，推动农业全面升级、农村全面进步、农民全面发展。"[①]

乡村振兴中最为基础的便是产业振兴，产业兴百业兴，推进农业高质量发展，实现乡村振兴必须将产业发展摆在突出位置。实施乡村振兴战略，必须确保将重要农产品特别是粮食供给作为首要任务。习近平总书记强调，只有农业强起来，粮食安全有完全保障，我们稳大局、应变局、开新局才有充足底气和战略主动。[②] 产业振兴是乡村振兴的核心，只有通过发展产业才能带动农村的经济发展，吸引人才聚集和资源聚集，解决农民就业问题实现共同富裕，最终实现"三产融合"，才能使得农业成为有奔头的产业，农民成为有体面的职业，农村成为安居乐业的美好家园。发展乡村产业，最重要的是顺应经济社会发展规律，以满足市场需求为导向，以乡村资源、产业基础、人文历史等优势为依托，因地制宜地选择适合本地的乡村产业。[③] 推动产业振兴，加快构建现代产业农业体系、生产体系、经营体系，推进农业由增产导向转向提质导向。

生态振兴是乡村振兴的重要基石，如果绿色是农业的底色，生态就是农业的底盘。质量兴农、绿色兴农，品牌强农，已成为我国农业生产发展

---

① 《年中经济观察：乡村振兴绘就新图景》，中国政府网，2023 年 8 月 10 日，https://www.gov.cn/yaowen/liebiao/202308/content_6897612.htm。
② 《乡村振兴绘就新图景》，"国家乡村振兴局"微信公众号，2023 年 8 月 10 日，https://mp.weixin.qq.com/s/5sU-iNI5cyHVNnInSlIsjA。
③ 《乡村振兴的三大类型、九大模式》，"河北农业大学乡村振兴研究所"微信公众号，2023 年 1 月 25 日，https://mp.weixin.qq.com/s/rVMnZ7gYlUN2EtCPvDbsyQ。

的目标。生态振兴在各地推进乡村振兴的实践与探索中，正逐步发挥出它的优势，成为推动发展的强劲动力。生态振兴，一方面要与产业振兴相结合，形成绿色的生产方式与产业结构，另一方面要形成绿色的生活方式和营造良好的人居环境。坚持绿色发展，加强农村突出环境问题综合治理，让良好生态成为乡村振兴的支撑点。

人才振兴是乡村振兴的动力所在，乡村振兴，关键靠人。人才是农村创新创业的主角，人才作为一种关键的社会资源，对各方面作用的发挥都有着重要影响，人才振兴能有效带动其他振兴，助推整个乡村振兴。各地区重视人才振兴，积极筑巢引凤，乡村振兴队伍中人才的力量在不断壮大。推进人才振兴，就要把人力资本开发放在首要位置，在乡村振兴进程中形成人才、土地、资金、产业汇聚的良性循环。

文化振兴作为整个乡村振兴中的重要一环，对乡村振兴的整体性推进发挥着不可忽视的作用。文化振兴不光与整个乡村的发展息息相关，与人民精神文化需求的满足更是密不可分。重视文化振兴，加强农村思想道德建设和公共文化建设，有助于培育文明乡风、良好家风、淳朴民风。

组织振兴是推进乡村振兴的重要依托，乡村治理离不开基层组织，乡村振兴的实现同样离不开基层组织。我们要充分发挥基层组织的作用，打造好坚强的农村基层党组织，培养优秀的农村基层党组织书记。

推进乡村振兴，离不开内外系统的协调发展。有学者指出要实现乡村振兴，需动态评价区域内乡村发展水平并且依据相关指标、及时做出战略调整。他们以"产业兴旺、生态宜居、乡风文明、治理有效、生活富裕"5个维度为一级指标，包含20个基础指标，构建了乡村振兴水平评价指标体系，基于此利用熵权法TOPSIS法对合肥都市圈乡村振兴水平进行了比对分析。研究发现，乡村振兴的水平与当地脱贫攻坚成果、经济发展水平和生态环境状况息息相关。合肥都市圈发展整体不均，南北差异明显（孔建强、叶剑鸣，2024）。有学者为补充赋能乡村振兴的研究在微观层面有限、知识服务对乡村振兴影响的研究尚不明确等不足，为扎实推进乡村全面振兴注入数智动能提供理论参考与实践方案，围绕数据、应用和服务梳理赋能基础，从农业生产、农民生活、乡村治理3个层面分析赋能机制，构建了农业智能知识服务赋能乡村振兴的内在机理，内外结合剖析赋能困境，最终提出赋能优化路径（李甜等，2023）。同样是基于乡村赋能的研究，有学者从可行能力视角出发，运用可行能力赋能的价值思维，采用"逻辑理路→现实困境→路径重构"的研究框架，在全面分析可行能力赋能青藏高原地区乡村振兴的内生性赋能、融合式赋能和结构性赋能的逻辑理路基础上，利用省际面板数据构建了可行能力多层级分析框架，深入论述了农牧民15项可行能力指标的差异（陈文烈等，2023）。有学者注意到企业社会责任在实业界已得到高度关注并形成较多实践，但关于央企在乡村振兴背景下动态践行社会责任的过程研究仍显不足（李世杰、刘倩，2024）。

推进乡村振兴，要不断实现系统内部各子系统之间的相互融合。有学者基于西部地区2012~2019年省级面板数据，通过构建耦合协调度模型，实证分析了西部地区乡村振兴与新型职业农民培育的耦合协调发展水平。结果表明，乡村振兴与新型职业农民培育之间的互动耦合作用逐渐增强；乡村振兴与新型职业农民培育的耦合协调程度在时间上呈现波动性和阶段性特征，总体体现为乡村振兴主导型的发展类型，经历了中度失调和轻度失调阶段；乡村振兴与新型职业农民培育的耦合协调程度在空间上呈现区域差异性特征等（田万慧、庞庆明，2023）。为有效激发农牧民振兴乡村的内生动力，有学者提出要着力破解农牧民在参与乡村振兴中表现出的自主性不够、能动性不足和创造性不佳等问题，需要打破农牧民主体角色降格、主体性体认不足、收入分配制度不完善、自身能力较弱等现实藩篱，进而优化农牧民的主体实践空间，增加农牧民与乡村振兴成果的利益黏度，升级乡村人力资源体系的"造血"系统，以此重塑农牧民参与乡村振兴的主体性（陈彦余，2023）。也有学者从时间和空间维度对我国乡村振兴与新型城镇化的耦合协调度展开分析，他们用Tobit计量方法分析影响乡村振兴与新型城镇化耦合协调度的主要因素。结果显示，整体上我国乡村振兴与新型城镇化的耦合协调度逐年上升，但仍存在提升空间，区域差异较为明显，大多数省份处于基本协调状态，处于失调状态的主要位于西部。人力资本、财政支农水平、开放程度、农业机械化水平、创新水平对乡村振兴与新型城镇化的耦合协调度有显著影响（李俊蓉、林荣日，2023）。

三　乡村振兴融合发展中的衔接与脱嵌

（一）衔接：系统间的有机结合

在乡村振兴发展的进程中，不同系统之间以及系统内部各子系统之间联系紧密，相互间的作用得到有效促进与发挥，这便是系统间实现了有机结合。

内外系统的有效衔接。为实现我国现代化强国建设，促进乡村高质量发展，满足人民对于美好生活的需求，国家提出实现乡村振兴的战略目标与要求。在不断推进乡村振兴的进程中，当地政府从实际情况出发，立足具体实践，顺应时代潮流，符合历史趋势，制定与实施相关政策，从外部系统给予强大的支持与帮助。乡村系统则有效借助政府的一系列扶持完成了自身的转型，实现了自身的发展。外部系统的资本不断输入，加上内部系统的积极吸收融合，顺利完成了外部资本的输入与内部生长，带动效能有效施展。内部系统中不适应生产力发展的部分逐步被外部新兴产业取代，产业系统得以转型升级、产业链得以拓展延伸、产业活力被激发，促进了乡村高质量发展。

内部各子系统的有效融合。在乡村振兴中坚持中国共产党的领导，发挥党总揽全局、协调各方的领导作用，能有效凝聚各子系统的合力，调动多元主体参与，促进系统整体功能的发挥。基层组织创新自治实践形式，调动农民的主体性，完善村庄治理。不同组织从中协调，加快各子系统间的联系与合作。精英效应在系统内实现，模范与带头作用有效发挥。

（二）脱嵌：系统间的相互分离

在乡村振兴推进过程中，内外系统不一致、内部各子系统出现脱节现象，对系统整体性、层次性、开放性与动态性发展产生不良影响，这种相互之间的脱嵌问题，表现为系统间的相互分离。

脱嵌导致系统整体性不足。系统内部各地区发展水平不一，导致发展不平衡问题出现且地区之间差距逐渐被拉大，长此以往将不利于整个社会的公平性发展。五大产业之间发展不同步，部分地区出现只重产业振兴，而忽视其他振兴的现象，盲目追求经济效益。在推动产业振兴进程中缺乏科学性，伴随着产业项目的推进，产业内部结构发展不协调问题逐渐显露，难以解决。以维护人民根本利益为目标的乡村振兴战略在实践中出现人民群众利益被忽视、人民主体地位退居次要的问题，乡村振兴部分项目的实施与农民利益关联度不够，农民实际从中获益不显著。外部系统与内部系统契合度不够，二者发展目标出现偏差。

脱嵌导致系统层次性不清。某些地区在发展的进程中，过度依赖外部系统，尤其是政府的帮助与扶持，依靠政府政策、资金、技术、人才等的输入，缺乏内生动力，乡村振兴推进过程中外部系统主导性过高，系统内部自发性不够。

脱嵌导致系统开放性不够。乡村振兴内外系统的有效联动尤为重要，部分地区内外系统的关系过于疏离，缺乏互动，内部产业对外延伸的能力受限，不利于长期发展。

脱嵌导致系统动态性不强。乡村振兴是一个长期的发展过程，内外系统联动应结合当地特色，具体问题具体分析，制定适宜自身发展的道路。同时做到与时俱进，因时而变、应势而变，顺应时代发展变化，及时进行调整。目前一些区域在推进乡村振兴的进程中模式僵化、方式单一、动力不足，未来发展目标模糊，制约着乡村振兴进程的推进。

（三）衔接的维持与脱嵌的弥补

推进乡村振兴这一整体系统的稳步发展，就必须坚持与推动系统间的有效衔接，总结经验，维持好衔接成果。对于系统间出现的脱嵌问题及时发现并解决，不断完善内部系统，填补好脱嵌漏洞。

推动各系统间的有效衔接，离不开内外系统的相互作用。城乡之间、政府与乡村之间、外部资本与内部产业之间、外部产业与内部资源之间等各内外系统间的良性互动、协调联动，是推动乡村发展、实现乡村振兴的重要法宝。

推动各系统间的有效衔接，同样离不开系统内部各子系统间的相互融合。党建系统、组织系统与精英系统等各子系统作为整体系统内的关键部分，影响着整体功能的发挥，抓好关键部分，重视局部作用，以局部的发展带动整体的进步是最终实现乡村振兴的内在要求。

有效解决系统间的脱嵌问题，就必须重视系统发展的整体性、层次性、开放性与动态性。解决系统发展的不平衡问题，重视城乡、地区、不同产业间的协调发展，以维护好最广大人民群众的根本利益为出发点和落脚点。在内外系统的互动过程中，进行科学合理的外部扶持，以激发当地发展的内生动力为主要目标。系统的发展不是孤立的，是内外系统的共同发展。因此，各地要因地制宜探索并制定适合当地的发展模式，创新内外系统联动方式，以系统内部问题的解决促进系统整体的发展，以系统整体的发展带动内部系统的完善。

第二节　沾益区乡村振兴融合发展的衔接与脱嵌

一　衔接有效：沾益区乡村振兴融合发展的经验

（一）内外联动：内外系统相互作用

1. 乡村产业的发展与城市需求的满足

实现乡村振兴的必然选择是扎实推进城乡融合发展。城市和乡村是一个有机体，只有两者均衡发展才能实现城乡一体化的发展目标。大力推进乡村振兴，需要发挥乡村独有的资源优势，因地制宜，科学合理地开发与利用乡村丰富的特色资源，促进乡村产业发展。城市作为消费需求更为旺盛的地区，其市场需求是乡村产业发展的重要指向标。乡村系统与城市系统间形成良性互动，既有利于乡村地区资源的有效开发与产业的转型升级，也有利于城市地区更高层次、更多样化的消费需求的满足。城乡系统间实现有效联动，是缩小城乡差距、促进乡村发展、助推乡村振兴的重要力量。

沾益区金龙街道近年来积极调整农业产业结构，以市场为导向，因地制宜发展花卉种植产业，有效带动了当地村民增收、集体经济增长，助推乡村振兴。承包种植户杜国庆说："一般情况下，一亩地能产 200 捆左右的鲜花，每一捆是 300 枝，我们总共承包了 66.78 亩土地，每年采摘的鲜花无论什么季节都可以销往昆明斗南花卉市场，再由批发商批发到全国各地甚至国外。"① 乡村产业发展的成果以城市市场的吸纳能力为保障，有助于促进乡村产业转型升级与稳步发展。

沾益区老官营村依托当地特色旅游资源，发展休闲产业，开发"农家乐式"旅游项目，产品辐射周边城市。依托 3A 级旅游景区德庄庄园，强化农产品推广、宣传和营销，带动农业产业发展，打造以"农家乐、采摘游"为主的乡村旅游产业，既带动了当地相关产业链的发展，也满足了周边地区人们短途旅行的消费需求。2018 年以来，老官营村分别承办了两届稻米尝新节、一届亲水节，展示了德泽淳朴的风土人情，使游客更好的感受"农旅融合示范乡、温泉康养小镇、牛栏江生态安全重要屏障节点"的独特魅力，享受农家休闲时光、品味乡村特色美食、体验别样乡村风情。②

城市地区资金、技术、人才、发展经验等向乡村地区的输送，也是助推乡村振兴的重要因素。我们通过对当地的实地调研发现，沾益区在促进乡村振兴实践中，村内产业的开发与推进，离不开城市地区的带动与扶持。乡村丰富的特色资源是发展的基础，但因缺少相关发展要素的投入，前期发展起步难、活力弱、动力不足等问题突出，而城市地区各方面发展资源丰富、投资需求旺盛，二者之间的有机结合与有效互动，有助于推动乡村发展。

2. 政府的外部扶持与乡村内部的借力

乡村振兴的推进，离不开内外系统的联合发力。政府层面的一系列扶持措施作为外部系统为乡村内部系统作用的发挥提供了有力的保障和强大的支撑，乡村内部系统充分借助这股力量发展自身，二者之间达成有效互

---

① 《沾益金龙街道：鲜切花铺就乡村振兴新路径》，"沾益发布"微信公众号，2023 年 3 月 28 日，https://mp.weixin.qq.com/s/jRg1Pyd0Fca7JsI5M-fs_g。

② 《德泽乡党建"一村一品牌 一村一主题"——生态休闲老官营》，"德泽温泉康养小镇"微信公众号，2023 年 7 月 31 日，https://mp.weixin.qq.com/s/LlmTC4ukAdo-D-Q9fQoevQ。

动，助推乡村振兴稳定起步，持续发展。

沾益区 2022 年兑付粮食综合直补等各项惠农补贴 1.1 亿元，新建高标准农田 7.69 万亩，完成粮播面积 110 万亩，产粮 37 万吨，同比增 1.5%。发展特色经济作物产业 58.23 万亩，实现产量 68.33 万吨、产值 15.67 亿元。创成国家级标准化养殖示范场 4 个、省级标准化养殖示范场 15 个、市级畜禽"百千万"标准化养殖示范场 21 个，生猪规模化养殖率达 65.01%，肉牛规模化养殖率达 45%。全年出栏肉猪 136.05 万头、肉牛 7.8 万头、肉羊 34.98 万只、家禽 491.32 万只，实现畜牧业产值 52.15 亿元，同比增长 6.72%。①

沾益区龙华街道红瓦房项目，是全市 6 个乡村振兴先导工程之一，有着区委、区政府的政策指导与扶持，在中国农业大学李小云教授团队的专业化指导下开展。截至 2023 年 10 月，该项目一期工程已建成乡村会客厅、医疗救助点、旅游公厕等 4 个服务性业态，共 50 余个景观性业态；投入运营乡村会客厅、红瓦小院、古树商店等 29 个经营性业态。该项目开始营业一个月内，有 15 万人次到过红瓦房进行游览，有 40 余户群众参与经营，据统计群众收益 70 余万元，集体经济收益 20 余万元。② 同时，该项目仍在积极争取国家、省级乡村振兴的专项补助资金，国家、省级人居环境改造补助资金，农村产业融合发展用地保障政策，国家、省级农村农商互联专项补助资金等的支持。③

2022 年，沾益区结合当地实际，印发了《曲靖市沾益区绿美乡村三年行动方案（2022—2024 年）》，安排部署全区绿美乡村建设，规划"十四五"目标任务，明确 2022~2024 年创建 3 个省级绿美乡镇、5 个省级绿美村庄、300 个绿美村庄。在这一政策的指导与规范下，沾益区改建小花园 404

① 《沾益夯实"三农"压舱石推动乡村振兴走深走实》，"沾益农业"微信公众号，2023 年 5 月 6 日，https://mp.weixin.qq.com/s/yQCTvMYnJgSxMCnj-tMaXg。
② 《沾益区：乡村振兴先导示范工程建设绘就幸福乡村新画卷》，"沾益统一战线"微信公众号，2023 年 10 月 18 日，https://mp.weixin.qq.com/s/dCJuUUpwvQP7nDx2AsdH_Q。
③ 《项目推介｜沾益区龙华街道红瓦房市级乡村振兴示范先导工程项目》，"曲靖招商"微信公众号，2023，https://mp.weixin.qq.com/s/VR6xSwt5F7jP_GanMuERKg。

处、小菜园 650 个、小果园 251 个、村内景观 100 处、村内小广场 77 个。2023 年投入资金 2701.9 万元，绿化面积 8.18 万平方米，植树 2.2 万株。截至 2023 年 8 月已投入 1847.95 万元，其中财政资金 798.1 万元、村集体 880.43 万元、群众投工投劳（捐款捐物）169.42 万元，发动群众 11317 人（次），清除残垣断壁 607 处，完成绿化面积 6.2 万平方米、植树 3.22 万株，完成古树名木保护 10 处 102 棵，综合完成率为 85%。①

在沾益区政府的政策指导与资金扶持下，金龙街道新海社区截至 2023 年 5 月高标准改厕 52 户，新建污水管网 3.7 公里，硬化马达村内主干道路 2200 米并进行两旁树木的绿化，对村内新拆除的空闲地进行增绿补绿 1150 平方米，村内"四旁"种植特色果树 265 棵。②

沾益区播乐乡长期以来没有农产品集散中心，给人民的日常生活与村庄的治理、发展都造成了极大的不便。为解决这一难题，播乐乡积极争取财政专项资金 160 万元建设高原特色农产品集散中心。该中心建设面积为 1200 平方米，设置摊位 330 个，于 2023 年 8 月建成，年底投入使用，为播乐乡农产品提供批发销售市场。③

3. 外部资本的输入与内部产业的吸收

部分地区系统内部产业发展受限，自生动力不足，通过与外部系统的有效互动，积极引入外部资本，以资本输入的方式带动系统内部产业的转型升级，推动产业振兴。

沾益区共有药用植物 93 个科 474 种，其中普遍分布的就有 120 余种。2022 年，沾益区大力推进中药材产业规模化、专业化高质量发展，做强做优中药材产业，引进了浙江康恩贝（集团）云南希美康有限公司、云南煜欣农林生物科技有限公司等多家中药材龙头企业；建成云南希美康农业开

---

① 《沾益区建设绿美乡村 扮靓乡村振兴底色》，"文明珠江源"微信公众号，2023 年 8 月 4 日，https：//mp. weixin. qq. com/s/ZRSiU5QamWzQ0ldfeoaxtw。

② 《沾益区抓实"绿美乡村"建设 助力乡村振兴》，"沾益新闻"微信公众号，2023 年 5 月 15 日，https：//mp. weixin. qq. com/s/JdEKl1_ WDGDOht7G37uTxg。

③ 《沾益区播乐乡：告别"以路为市"夯实乡村振兴产业基础》，"沾益新闻"微信公众号，2023 年 7 月 7 日，https：//mp. weixin. qq. com/s/GsOT7OPBRv1YXpoDBskO5A。

发有限公司万亩银杏示范园区、云南煜欣农林生物科技有限公司千亩滇黄精示范园区；累计建成百亩以上中药材种植基地 20 个、千亩中药材示范园区 2 个、中药材专业示范村 15 个、专业合作社 50 余个，扶持示范大户 500 余户；先后与云南农科院药用植物研究所、云南中医药大学等省内科研单位合作，引进中药材专家 16 人，先后成立了刘大会专家基层科研工作站、王晓院士专家工作站、饶高雄院士专家工作站；与农村合作社、种植大户构建了中药材产业发展协作平台，打造全省重要的中药材原料生产基地。①

自 2021 年 5 月以来，中国农业大学李小云教授团队先后确定在罗平县云上花海、陆良县三岔河、麒麟区升官屯、沾益区红瓦房、富源县回隆、宣威市官寨等 6 个村建设乡村振兴实验示范先导工程。红瓦房于 2022 年 11 月开工建设，在专家团队的精心指导下，先导示范村的建设始终围绕"一个中心、四个主体、四个机制"展开。② 沾益区龙华街道清河社区红瓦房居民小组以产业振兴为重点，采取村集体资产入股、群众资产租赁、社会资本引入、专业团队运营等模式，盘活村内闲置资源，突出本地特色，大力培育新型经营主体，丰富商业业态，培育了一批示范带动能力型的强村富民产业。③

彩云社区邓家山村依托废弃多年的老贵昆铁路天生坝四号明峒隧道，积极推进"就在九孔桥"农旅文融合项目的开发与建设，将当地田园韵味与隧道光影融为一体，并在景区内建设彩云隧道夜市配套设施、乡村旅游停车场、游客步道、木栈道、石头路、木屋、露营基地等旅游观光区域，成功激活当地发展活力，带动产业顺利转型。"就在九孔桥"项目是西平街道"一体两翼六节点"旅游发展战略的重要组成部分，项目依托老贵昆铁路隧道遗址、九孔古桥、九龙水库、南盘江等山水历史资源，引进就在云

① 《云南沾益区黄精规模化专业化发展中药材产业》，"黄精网"微信公众号，2022 年 3 月 23 日，https://mp.weixin.qq.com/s/LFSh1GQbIv9Cle-AIqwQpw。

② 《我校曲靖市沾益区红瓦房乡村振兴示范先导工程举行开园仪式》，"中国农业大学国家乡村振兴研究院"微信公众号，2023 年 9 月 30 日，https://mp.weixin.qq.com/s/aOAh49FPCMzmi_iBTWQe2w。

③ 《乡村振兴｜曲靖沾益红瓦房：乡村振兴示范点激活发展新活力》，"沾益发布"微信公众号，2023 年 10 月 12 日，https://mp.weixin.qq.com/s/YLRWVZsOOPu6c408WcMFog。

南文旅集团规划、建设、投资、运营，投资 800 余万元打造全天候、一体化、多业态的农旅文项目，并以此带动西平街道其余 5 个旅游节点共同形成互补式、开放化、全天候、规模化的大景区。①

为了发展壮大集体经济，实现群众辣椒种植收益最大化，改善当地辣椒储备环境和提高库存能力，沾益区金龙街道新海社区盘活社区闲置资源，投资 100 万元，将社区原来的废弃砖厂改建成了 400 平方米的辣椒烘干房，日产干辣椒 7 吨，补齐辣椒储藏难、无加工短板，有效延长产业链、增加产品附加值，助推辣椒产业提档升级。公司和社区签订 400 亩辣椒种植合同，实行保底收购，并投资建设烘干厂房，以形成固定资产的方式来实现社区的可持续发展，在完成辖区烘干任务之外，还能辐射带动沾益区周边县市区的烘烤量，为推动乡村振兴注入动力。②

4. 外部企业的引入与内部资源的整合

部分地区内部缺少有力的本土企业，难以承担带动乡村振兴发展的重任，乡村在推进振兴进程中找不到突破口，发展停滞不前。当地政府与基层组织综合多方因素，立足当地实际，结合当地特色，发掘地区优势，积极引入外部优秀企业，协调内外资源，促进内外系统融合，推动高质量发展，实现乡村经济的增长与人民利益的满足。

2022 年，沾益区新增省级以上农业龙头企业 12 家、市级农业龙头企业 17 家、区级农业龙头企业 32 家。③

近年来，左水冲村因地制宜建设矿泉水厂，发展软籽石榴、黑山羊、淡水鱼等特色种植养殖产业，建设泉甄清田园康养综合体，做大水产业、做优特色种植、做活康养产业，为当地居民提供了大量就业机会。截至 2023 年 10 月，左水冲村共有施工队 6 家、生猪养殖大户 3 家、特色水产养

---

① 《沾益区彩云社区邓家山村：打造隧道旅游景观助力乡村振兴》，"沾益新闻"微信公众号，2023 年 10 月 23 日，https://mp.weixin.qq.com/s/FjF1Z2CiYCWEi1EoCNHW-w。

② 《沾益：烘干线上加工忙"火辣"产业"钱"景好》，"沾益发布"微信公众号，2023 年 9 月 21 日，https://mp.weixin.qq.com/s/_ubiBcdhfgr3aEzOhgGmuQ。

③ 《曲靖沾益区十年奋进乡村振兴结硕果》，曲靖先锋网，2022 年 7 月 14 日，https://zswldj.1237125.cn/html/qj/2022/7/14/78f549ed-d19a-477f-bcd6-f35249855a7a.html。

殖企业1家、矿泉水企业1家、农家乐5家，流转土地发展生态种植产业500余亩，带动当地群众就近就业100余人次，村集体年收入达15万元，人均纯收入17260元。①

沾益区刘家庄村因地制宜发展"农光互补"项目，以"光伏+特色产业"绿色可持续的发展方式，带动群众就近就业增收，走出了一条经济发展与保护生态的"双赢之路"。该项目属于光伏复合项目，以"经济高效、土地集约、生态和谐"为主要特点，电站预计年均发电量为16580万千瓦时。上方发电，下方育苗，一地二用，将太阳能光伏与特色产业进行有机结合，做到板上发电、板下种植循环发展，切实提高土地利用率，实现土地立体化增值利用，在带动当地农民种植、扩大就业和增加当地村民经济收入的同时，真正实现了经济、生态和社会效益的有机统一。项目采取"光伏+乡平台公司+村委会+农户"的合作模式，由村委会统一组织当地群众就近务工增收，平均每亩每年用工15~20人/次，亩均可带动群众增收1500~2000元，每年可增加村集体经济收入100万元以上，真正做到了农光互补，惠利于民。刘家庄村光伏项目规划总容量为35万千瓦，分两期组织实施，一期项目占地约2300亩，共安装33个光伏矩阵，开发容量为10万千瓦，年平均上网电量为12946万千瓦时，年发电产值为3847万元，总投资为5.2亿元。截至2022年5月，已完成土地流转2100亩，完成光伏组件安装1448组，完成总工程量的70%，累计完成投资3.5亿元。②

自2019年以来，大坡乡引进陆良同创合作社，统一流转土地发展水生蔬菜产业，主要种植茭白，带动地方产业发展和群众增收致富成效明显。2021年，茭白产业带动群众流转土地增收240余万元，打工增收600余万元，带动村集体增收30余万元，实现80余户脱贫户就近就业增加收入。同时，大坡乡万寿菊由曲靖博浩生物科技股份有限公司，按照"公司+基地+农户"的模式，实行订单生产。2022年大坡乡万寿菊种植面积为8000余亩，

① 《他山之石丨云南曲靖沾益区：乡村蝶变绘新景》，"秦皇岛美丽乡村"微信公众号，2023年10月16日，https://mp.weixin.qq.com/s/yqPqdJQCT3u8Dj2YEFosCw。
② 《沾益区"农光互补"照亮乡村振兴路》，"沾益新闻"微信公众号，2022年5月30日，https://mp.weixin.qq.com/s/ARVE4DPpp8hPSR-Tm02hlw? forceh5 = 1。

以狠抓万寿菊标准化技术为突破口，引领万寿菊产业提质增效，实现鲜花收购 1.2 万吨，产值达 1560 万元。① 2021 年 10 月，大坡乡将村内荒废多年的 110 亩水田，通过招商引资的办法引进云南腾洋农业科技有限公司进行大闸蟹养殖项目。项目的引进带来了 3 个方面的经济效益：一是让荒废多年的水田产生年均 7.7 万元的收益；二是增加集体经济收入，每年云南腾洋农业科技有限公司上交村集体 3 万元的服务费；三是吸纳 5 名已脱贫户常年在此务工，增加收入，保障脱贫不返贫。②

（二）内部协调：内部系统彼此融合

1. 党建系统对各系统引领作用的有效发挥

办好农村的事情，实现乡村振兴，关键在党，关键在党建引领。要充分发挥基层党组织的政治优势、组织优势和战斗堡垒作用，落好党建引领"关键子"，激发乡村振兴发展活力，利用"小资源"撬动"大发展"，盘活乡村振兴"大棋局"（温梁可、金榕，2023）。党建引领是推进中国特色乡村振兴事业的核心机制。党建与乡村振兴有效互动具有一体两面的鲜明特征，它既是推进乡村全面振兴的关键举措，也是促推党建高质量发展的现实路径，党建与乡村振兴有效互动的内在机理表征为党建与乡村振兴的一致性、党建引领乡村振兴的必然性和乡村振兴促进党建的锻造性（豆书龙等，2023）。在系统理论视角下，党建是乡村振兴系统内部一个关键的子系统，自身具有强大的领导优势，能有效引领与统筹其他子系统为整体作用的发挥而服务。

沾益区强化组织领导，健全农村工作体系，建立健全党委领导、政府负责、乡镇主导、部门参与、国企助力、社会协同、农民主体的多元参与乡村振兴工作机制，形成全区上下合力推进乡村振兴的格局。通过"5+X"模式、"3+X"台账管理、"四个主题年"等推动基层党建整体提升、全面进步，

---

① 《［沾益·大坡］发展多元产业 助推乡村振兴》，"沾益发布"微信公众号，2022 年 8 月 16 日，https://mp.weixin.qq.com/s/ABvOiQmA1aJwU4dOwRAN1A。

② 《［乡村振兴看沾益］系列报道（三十九）膏厚黄肥 大坡蟹农迎丰收 膏厚黄肥 大坡蟹农迎丰收》，"沾益发布"微信公众号，2022 年 11 月 9 日，https://mp.weixin.qq.com/s/N7PY44Z9jo_iIIivkfataA。

基层党支部规范化创建100%达标,"三圈党建"打响"珠源先锋·沾益城市党建"品牌。推行"党建+网格"治理模式。2021年以来,沾益区坚持党建引领将1031个村(居)民小组精准划分为3046个网格单元,选聘了3046名网格员,采取"一网格一党支部(党小组)"的模式,把组织建在格上,构建了"一贯到底"的组织体系,将社会治理、平安建设、民生需求、应急服务等方面的33项事项纳入网格化服务内容,明确专责网格员履行"报送小信息、解决小问题、调处小纠纷、做好小宣传、开展小服务"职能职责,让其充分发挥"眼耳鼻舌"作用。自网格化工作开展以来,沾益全区网格员累计采集上报各类信息1.5万余条,排查消除风险隐患问题5000余个,处理各类民生事项3000余件,搭建起了网格党组织与服务群众的"桥"和"船",真正把基层治理工作做实做细做到群众心坎上。① 彩云社区以"党建网格"为基础,突出综合网格的政治功能和服务功能,积极打造服务基层"一张网",划分5个三级网格和21个责任区域,定期访民情、听民声、解民忧,实现党的组织体系和组织工作对综合网格全覆盖,打通服务群众、党群连心的"最后一米"。②

近年来,沾益区实行区级领导包乡、乡镇领导包村、村社干部包组、小组干部包户的"四级包保"责任制,以"领导带头干、支部推动干、党员示范干、群众跟着干"的方式,组织召开支部会、党员会和户主会,以党建引领,凝聚群众力量,助力乡村振兴。③ 金龙街道通过党工委"领动"、党支部"推动"、党员"带动"、党群"互动"的"党建+"工作模式,推进实施农村人居环境整治工作。④

沾益区播乐乡大力推进"党支部+公司+合作社+农户"的产业发展模

① 《云南曲靖市沾益区:"小网格"托起"大民生"》,"沾益发布"微信公众号,2023年9月28日,https://mp.weixin.qq.com/s/kNjlZo0XpfO9e3H7Cxb5dA。
② 《沾益彩云社区:党建引领聚合力 谱写"乡村振兴曲"》,"文明珠江源"微信公众号,2023年10月10日,https://mp.weixin.qq.com/s/r9ZT1YlFLOFZ0n24bv2Nfg。
③ 《沾益区党建引领纵深推进农村人居环境整治》,"沾益农业"微信公众号,2023年10月8日,https://mp.weixin.qq.com/s/_zgQELV3vO1WQbivfUXR4A。
④ 《【基层党建】沾益区金龙街道:党建+"四动",绘就美丽乡村新画卷》,"珠源先锋"微信公众号,2023年5月22日,https://mp.weixin.qq.com/s/AKuVjdAYgMYLefA1Pt2DtA。

式，用活小海村公司，依托小海村现有资源禀赋，发展水生蔬菜种植 1000
亩以及其他高寒蔬菜种植 600 余亩等，实现村集体经济稳定在 30 万元以上
的同时解决村内留守劳动力的家门口就业问题。① 沾益区西平街道积极开展
学优秀党员先进事迹，做合格党员等活动，推进"萤火之光"党建品牌
创建。②

2. 组织系统对各系统协调作用的推进有力

乡村组织建设之于乡村振兴具有基础性、引领性、保障性作用（陈昱
辰，2023）。乡村振兴战略实施背景下的乡村治理需要充分调动农村基层党
组织、乡镇政府、村委会、各类乡村社会组织和广大村民等各方力量的积
极性，通过多元治理主体间的协同配合形成治理的强大合力（刘玉娇，
2023）。在我国当前"村民自治"的政治制度构架中，村委会作为连接政府
与村民、政治国家与农村社会、治权与财权的枢纽，无疑是最为重要的农
村基层组织（马尽悦，2023）。

系统理论视角下，乡村组织作为系统内部的一个重要组成部分，对乡
村振兴的稳步推进发挥着不可替代的作用。在我国不断完善的基层群众自
治制度体系下，作为自治组织，村委会治理意识的增强、治理能力的提升
与治理水平的提高，能更加有力地引领与协调系统内部其他子系统的发展，
服务于乡村振兴的整体发展大局。乡村振兴是社会治理创新的必然要求，
决定了乡村治理必须调动起基层群众参与积极性，通过主体自愿式的社会
参与，从整体上提高乡村自治能力（《乡村振兴 品牌引领》，2023）。

截至 2022 年沾益区 991 个涉农自然村制定了村规民约，建立和完善了
生活垃圾收集处理、日常保洁制度等；建成云南美丽村庄 19 个，其中省级
2 个、市级 5 个、县级 12 个，创成星级村 369 个。③ 沾益区光华社区王家小

---

① 《【党建引领基层治理】沾益区播乐乡：党建引领基层治理奋力建设新时代"五美"乡村》，
"珠源先锋"微信公众号，2023 年 6 月 13 日，https://mp.weixin.qq.com/s/z6YpN5DoCoMktMp
gWnSXgQ。

② 《沾益：打造"萤火小镇"全产业链助力乡村振兴》，"文明珠江源"微信公众号，2023 年
9 月 19 日，https://mp.weixin.qq.com/s/gtV6SN_xufoTqKIOHbUhpg。

③ 《曲靖沾益区十年奋进乡村振兴结硕果》，曲靖先锋网，2022 年 7 月 14 日，https://zswldj.
1237125.cn/html/qj/2022/7/14/78f549ed-d19a-477f-bcd6-f35249855a7a.html。

村从抓村规民约入手，通过以评促建，创评"文明家庭" 2 户、"新时代十星级文明户" 10 户、"最美家庭" 2 户、"最美庭院" 6 户，充分发挥了典型模范带动作用。① 村委会积极作为，创新基层治理实践形式，带动村民切实参与到村庄文明建设当中来，让村规民约真正内化为村民的日常行为规范，肯定村庄治理中村民的主体地位。2023 年，沾益区白水镇因地制宜开展"十星级文明户""最美家庭"等先进典型评选活动，全镇共评选出"最美家庭" 54 户、"十星级文明户" 130 户，对评选出的"最美家庭"上门挂牌，切实营造有利于"村规民约"执行和落实的良好村庄氛围。另外，各村社还组织开展"守村规践民约"实践活动，对村内好人好事、孝亲敬老、移风易俗等先进典型进行表彰。②

沾益区炎方乡结合实际，探索创新"3354"工作机制，按照"三心合一""九室共建"模式，整合建设"党群服务和社会治理中心"，形成一扇门、一道窗、一张网、一条龙的便民利民工作平台、党群服务和社会治理平台。③

3. 精英系统对各系统模范作用的影响显著

在实施乡村振兴战略过程中，乡村精英所发挥的作用和影响是不容忽视的。2015 年和 2018 年的中央一号文件分别强调要"创新乡贤文化"和"积极发挥新乡贤作用"，乡村振兴战略的实现需要乡土人才的支撑（叶佳琪，2023）。乡村精英可以更好地带动乡村的产业特色化发展，不同地区因为受地理位置、生活环境、民风民俗、自然环境等各方面因素影响，适合发展的特色产业往往也会有所不同。在这样的情况下就需要乡村精英作为引领，利用自身的威望和人格魅力及时并准确地发现满足农村发展需求的产业，进而从个体特色产业变为农村特色产业，再进化为农村的支柱产业，

---

① 《沾益区：西平街道乡风文明润民心 乡村振兴添动力》，"沾益统一战线"微信公众号，2023 年 4 月 17 日，https://mp.weixin.qq.com/s/WXWfTsvmlBO08N0wX6unQg。

② 《沾益区白水镇：多举措修订完善村规民约助推乡村振兴》，"新兴白水"微信公众号，2023 年 9 月 22 日，https://mp.weixin.qq.com/s/ndsYkJDS6oP-QIAtYS1rqw。

③ 《沾益区炎方乡：唱好乡村振兴"三部曲"续写发展谱新篇》，"沾益统一战线"微信公众号，2022 年 8 月 27 日，https://mp.weixin.qq.com/s/SWtvbivDvK8KqMPIHWCtgg。

让农村经济得到有效发展，建构农村独一无二的特色产业（牛敏静，2023）。乡村振兴应立足于乡村自身特点，制定发展规划，利用乡村发展正反馈效应，提高精英参与积极性，从而发挥乡村精英持续助推乡村振兴的积极作用（赖启福等，2023）。

乡村精英作为整个乡村振兴系统内部的一个特殊子系统，对于其他子系统有着天然的模范带领作用，要充分激发乡村精英助力乡村振兴的活力，利用好乡村精英这张"牌"，挖掘潜力、造就优势，带动乡村振兴。

沾益区 2022 年积极组织辅导老师、产业专家等深入大坡、白水、花山、盘江、菱角、播乐等乡镇开展跟踪服务 10 次，开展农民经验交流活动 10 场次，指导高素质农民 20 人次，采取送教上门、实地走访调研等方式，对村民进行农业技能教学与培训，提升农民自我致富能力。①

沾益区德泽乡 2020 年以来，共选聘 86 名"五老"成立 12 个乡贤理事会，修订完善乡贤理事会章程，颁发乡贤聘书，明确乡贤职责，将"五老"和群众紧密联系在一起。② "五老"可以在人居环境整治、矛盾纠纷排查化解、乡村振兴等工作中发挥"润滑剂"作用，将党委、政府的惠民政策传达给群众，切实维护群众利益。

由沾益区医疗保障局和沾益区乡村振兴局派驻干部组成的乡村振兴工作队，自 2021 年 5 月驻沾益区西平街道九龙社区以来，在极大程度上缓解了当地居民"就医难"的问题，补齐了社区在医疗服务上的短板。残疾户张自平家位于下村西大沟边，其农田附近近 200 米的道路年久失修不能通行，本人患有小腿二级残疾，已近 3 年未参与耕作，家里快没有余粮了，工作队在了解并核实情况后，向区民政、区残联申请救助资金 1 万余元，并协调帮助其于 2023 年春耕生产前将道路进行了维修。③

---

① 《沾益区培养乡村人才 助力乡村振兴》，"沾益新闻"微信公众号，2022 年 7 月 22 日，https://mp.weixin.qq.com/s/Rr76bJrqhThDe7162fGUkg。

② 《【经验交流】沾益区德泽乡："五老"退休不褪色 基层治理添活力》，"中共曲靖市委老干部局"微信公众号，2023 年 10 月 20 日，https://mp.weixin.qq.com/s/w5gZKGYTi8SQhI_idAxq_Q。

③ 《沾益：驻村工作队为乡村振兴"蓄势赋能"》，"沾益发布"微信公众号，2023 年 4 月 19 日，https://mp.weixin.qq.com/s/XcSdPjUxIp3oJTXyzHbgVQ。

小海村结合村"两委"换届，将年轻有活力、有开拓精神、有致富带富能力、有文化基础的"四有"人员吸收为村组干部，进一步优化了村"两委"班子的年龄、学历结构，提升了组织的战斗力。①

二　脱嵌：沾益区乡村振兴融合发展的不足

系统理论认为，系统的内部与外部环境之间的互动和交换，使系统的各个组成部分保持了联结状态。系统理论尤为重视所谓的结构平衡和最佳的稳定状态，认为如果一个系统出现了问题，就说明该系统与其他系统之间的平衡出现了问题（万江红、张翠娥，2022）。

有学者基于2011~2020年我国30个省份的面板数据，研究发现我国乡村振兴和新型城镇化水平逐年提高，各省份存在较大差距，乡村振兴的区域差异大于新型城镇化（杨朝娟等，2023）。在推进乡村振兴进程中进行农业智能知识服务赋能的过程中，内部存在用户群体偏向明显和服务内容有所缺失的问题，外部面临基础设施不平衡、主体用户素养偏低的挑战（李甜等，2023）。在乡村振兴战略深入实施过程中，农村电商成为重要助推器，但存在农产品影响力低、宣传能力待加强、创新能力不足、人才流失严重、政府规划和引领不充分等障碍（王佳铠等，2023）。在系统理论视角下，将整个乡村振兴的推进过程看作一个相互影响、相互联系、相互作用的整体，协调各系统间的关系，使得各系统作用得以有效发挥，是实现整体系统稳步推进的内在之义与必然要求。然而，在实际的实践过程中，内外系统、系统内部各子系统之间发展存在的问题往往影响到系统的整体性、层次性、开放性与动态性。系统内部各子系统间存在地区、产业等发展的不同步问题，导致系统整体性不足。外部系统主导性过高，加上内部系统自发性不够，导致系统层次性不清。系统内部各产业发展延伸能力不足，与外部系统耦合度不够，导致系统对外开放性不够。内外系统间的联动模式单一、僵化，未能做到因时而变、因势而变、因地制宜，具体问题具体

---

① 《【基层】"红绿辉映"绘新图——曲靖沾益区播乐乡小海村推进乡村振兴纪实》，"珠源先锋"微信公众号，2022年3月23日，https://mp.weixin.qq.com/s/nQBSprI665iXCKCPecQFcQ。

分析，联动方式不够灵活，逐渐导致系统动态性不强。

（一）整体性不足：系统发展不平衡

1. 城乡系统间发展差距依旧显著

城乡发展差距是实现共同富裕道路上的首要制约因素。城乡融合发展旨在解决共同富裕中"城兴乡衰"、城乡失衡等结构性困境，从而突破西方"富者更富，贫者更贫"的资本主义制度定律（程明等，2023）。中国特色社会主义事业发展进入新时代以来，实施城乡统筹协调发展、城乡融合发展，虽然取得了长足进步，但在推进城乡融合发展实践中仍存在思想意识淡薄、要素流动不畅、公共资源供给不均、产业发展内生动力不足等方面的挑战和问题（赵春青、董姗，2023）。

系统理论视角下看城乡发展，二者是同一发展环境与统一发展体系中的两个相互关联、相互依存、不可分割的系统。城市系统作为乡村系统的外部系统，二者间的发展差距逐步被拉大且未能得到及时调整与弥补，将不利于乡村地区的进步、城乡一体化的发展，久而久之，将对我国社会秩序的稳定、经济的持续健康发展等方面产生重大影响。

笔者基于对沾益区的实地调研发现，沾益区内城市地区、城镇地区与农村地区间的发展差异较为显著，农村地区在基础设施的完善、公共服务的供给以及人民日常生活需求的满足等方面与城镇、城市地区存在较大差距。例如，城市地区交通便利，道路修缮完整，居民日常出行可供选择的方式多样，出行难度较小。农村地区许多道路长期得不到维护甚至部分道路未正式开通，村民可选出行方式较为单一，加上出行距离较远，导致出行难度加大。农村地区超市、快递站、餐饮店、娱乐场所等便民利民点稀少，限制了村民日常生活水平的提高。城乡间显著差异的存在，一方面可能抑制乡村发展的积极性与主动性，另一方面可能会加剧乡村人才、资金等发展要素的外流，制约乡村的进一步发展。

2. 系统内部各地区发展程度不同

经学者研究发现，西部地区乡村振兴发展不存在显著的空间集聚效应（韦敬楠、吴柳芬，2023）。基于我国实现农业现代化的战略目标，国家统筹推进乡村振兴发展，部分地区自身发展优势明显，特色鲜明，发展潜力、动力充足，发展成效显著。然而，部分地区自身发展能力受限，动力不足，最终发展成果不及预期。发展差异不仅存在于大范围的区域之间，区域内部各地区之间发展程度也各不相同。

系统理论视角下，系统内部各子系统之间的差异应控制在合理范围之内，适度的地区差异有利于激发发展活力，形成合理竞争。但差异一旦超出合理范围，反而会抑制发展活力，不加以调节与控制，差异只会越拉越大，将不利于推进乡村振兴这一系统的整体性发展，甚至对系统本身的发展也会产生不利影响。

笔者经过对沾益区的实地考察发现，位置靠近沾益区中心、交通便利、基础设施较为完善的地区，在推进乡村振兴进程中的发展程度要高于远离沾益区中心、交通较为不便、基础设施相对落后的地区。两者不论是在推进产业转型升级、产业链延伸、招商引资的力度，还是在促进内部基础设施的建设完善、人民日常精神文化需求的满足等方面都存在一定的差距。系统内部各地区发展程度上存在的差距，导致落后地区发展越发乏力，发展难度加大，同时落后地区的人民感受到地区之间的差异，外出意愿增强，劳动力与人才进一步流失。

沾益区土桥村村干部在与笔者谈到本村人才流失问题时表示："村庄发展情况不太乐观，目前村庄发展情况难以满足更高层次人才的投资需求，自然也留不住人，更加吸引不到人才过来。"地区之间存在的发展差异，加速了当地人才的流失。而这种人才的流失问题，反过来进一步限制了当地的进一步转型发展。其在实践互动过程中的不断建构与被建构，造就了当地特有的发展困境。

沾益区菱角乡内的菱角村与刘家庄村相距5公里，但菱角村地理位置更靠近中心，发展程度要高于刘家庄村。据观察，菱角村内产业发展类型、交通便捷度、相关基础设施的建设、商品贸易集散地数量、娱乐场所数量等都优于刘家庄村。沾益区刘家庄村某村民向笔者说明自己常年外出务工原因为："村内发展得太慢了，尤其是相比区内其他几个发展得好的村来说，当然是哪里好往哪里去了。更何况自己倒是无所谓，孩子的教育与发展是个问题，外边的资源更好，更有利于孩子发展。"

刘家庄村下辖 6 个自然村，其中块启村作为示范村，相比另外 5 个自然村，产业提质升级更为迅速、村庄环境得到较大改善、基础设施建设更为完备、相关配套设施相对齐全。适度的地区差异是有益的，有利于在"先富带后富"理念指导下逐步实现乡村振兴的整体性目标，但我们也要关注"后富"地区的带动以及差异存在期间怎样去平衡的问题。

3. 系统内部各产业间发展不协调

作为一个整体系统，乡村振兴由产业振兴、组织振兴、文化振兴、人才振兴、生态振兴 5 个子系统组成，各系统之间相互影响、相互依存、相互作用，彼此之间的协调平衡、共同发展，对于整个乡村振兴的最终实现意义重大。全面建设社会主义现代化国家，最艰巨最繁重的任务在农村，关键之举在于乡村振兴，乡村振兴是一项全面系统的工程，需要从 5 个方面构建治理体系：聚焦高质量发展，推进产业振兴；聚焦战略性支撑，推进人才振兴；聚焦一体化服务，推进文化振兴；聚焦关键性因素，推进生态振兴；聚焦政治性优势，推进组织振兴（梅黎明，2023）。但目前部分地区存在只注重产业振兴，而忽视其他振兴的现象，单纯依靠产业振兴带来的经济效益增加来推进整个乡村振兴。在实现乡村振兴的进程中，以经济建设为中心，大力发展生产力无疑是正确的，但一味追求经济效益、促进产业振兴，而不重视其他方面的发展甚至以其他方面的牺牲为代价进行发展，是绝对不可取的。

沾益区青山村以种植土豆、玉米等农作物以及种植烤烟这一经济作物为村内主要产业发展方向，结合当地特色以及市场需求适时进行开发调整，形成了相对完整的产业体系，乡村产业振兴稳步推进。村内基础设施建设、配备逐年完善，村民物质生活水平得到极大提高、物质需求得到极大满足。但笔者通过较长时间的参与式观察发现，青山村村户之间、村民之间日常交流互动不够紧密、相互之间的关联度较弱，青山村作为一个共同体存在，实际缺少传统意义上共同体中本应具有的共同体意识。村民在物质生活得到满足的同时，其精神文化需求却未被重视与满足，乡村振兴中的文化振兴、组织振兴等在一定程度上被忽视。长此以往，系统内部各部分之间的差距将会越来越大，不利于村庄的整体发展与村民各方面需求的满足。

沾益区大德村是少数民族聚居的村庄，是当地的"民族团结示范村"，村内以彝族文化为主的少数民族文化的传承与发展都较为原始、丰富，具有促进与实现当地文化振兴的内在资源优势。但笔者从对村内两位非遗传承人（唐桂存，81 岁，大德村彝族文化第二代非遗传承人；吴树花，66岁，大德村彝族文化第三代非遗传承人）的非正式访谈中发现，村内的民族文化活动从组织到开展都依赖村民自己或由村民组成的非正式团体（一般不超过 15 人），活动形式较为零散、活动过程主观随意性较大。受访者表示："对于彝族传统文化的传承，主要就依靠老一辈的几位艺术家手把手地教愿意学习的下一辈，以这样的形式来尽可能保留这份文化。"吴树花的"徒弟"就是她的两个儿子和小孙子。

大德村内每年都会举行三月属马女人节，最开始这个节日只有大德村一组的妇女会举行并参加，村委会会提供 1000 元的专项活动资金，用于活动的组织与开展工作。该活动延续至今，大德村 4 个组的妇女都会参加该项活动，但却是各组独立组织，并未统一开展，加上现在村委会没有针对该活动的专项经费，参与活动的成员需自行筹集活动资金，不利于该节日的传承和延续。

4. 系统内部各主体获益度不一致

推进实现乡村振兴的根本目的是统筹协调城乡发展，促进国民经济的高质量发展，最终实现全体人民共同富裕，满足人民群众日益增长的物质、精神、文化需求，真正做到发展为了人民，发展依靠人民以及发展成果由人民共享。在乡村振兴实践过程中，应始终坚持以人民为中心这一出发点与落脚点，更好地满足人民群众的根本利益，乡村振兴的推进成果能给人民带来实实在在的好处。部分地区在乡村振兴的实践过程中，对于满足与维护人民根本利益这一原则的落实逐渐出现偏离现象，人民受益度偏低或游离于受益范围之外，甚至有部分产业的发展成果不仅未能给人民带来实质性的好处，还在一定程度上损害了其原有的权益。

通过对沾益区进行实地调研，笔者注意到部分地区的村民对于土地流转的推进实施存在一定的抵触情绪，带有"宁可将自家土地荒废也不愿意进行流转"的想法，该想法的形成一方面出于对该土地政策的不了解与对本村村委会、外来承包企业的不信任，另一方面是在之前土地流转实践中"吃过亏"，在恐惧心理下不愿再次尝试。结合本次乡村大调查，对获取到的村民基本情况进行分析发现，在沾益区内抽取到的 6 个样本村中参与了土地流转的村民，主要能从中获取到的收益便是每年土地的租金，基于土地流转发展起来的产业与村民收益相关度并不高，同时产业发展成果对于村集体经济的助力效果也并不显著。以增加农民收入、拓宽农民增收渠道、发展多元化农业产业体系、促进我国农业生产转型升级为目的，以实现农业现代化发展为目标的土地流转政策，在实际实践过程中逐渐出现了原有的农户本位意识偏离的现象。产业振兴稳步推进、产业得到较大发展，但农民作为乡村振兴的主体力量，实际获益并不明显。

有学者提醒，在乡村振兴尤其是产业振兴的推进过程中要谨防"过度精英依赖"问题。产业运转过程中精英依赖能够更快地把握产业政策，进而推动乡村产业发展，但若过度依赖精英，也可能导致农民处于产业发展的劣势地位（王小蕾，2023）。对沾益区产业发展情况进行分析发现，部分产业存在"过度精英依赖"现象，从产业的引进落地到推进，精英主导力量明显，农民处于相对被动的局势之下，难以真正参与到产业发展当中，也难以真正从中获得持续可观的收入。如此产业发展状况虽然对于推动整个乡村振兴有着一时的成效，但不利于乡村振兴的长久发展、持续推进、最终实现。

（二）层次性不清：系统分工不明确

1. 外部系统的主导性过高

在乡村振兴推进过程中，既需要内部系统的努力，又离不开外部系统的支持，内外系统间的有效协调、共同发力，是实现乡村发展的关键所在。但目前部分地区存在过度依赖外部系统扶持的问题。在乡村振兴实践中，政府部门作为宏观政策与社会规划的制定者与实施指导者，对乡村振兴发展方向的规划、发展总基调的奠定、发展过程的规范都起到基础性的作用，但在具体的实践过程中，政府作用的发挥应是逐步简政放权、充分考虑当前发展形势、结合当地特色与优势、发挥基层组织自治能力、尊重农民主体性地位、激发发展活力，进而建设服务型政府的过程。政府一旦形成对某地区的过度扶持，会使其自身养成对政府资金、技术、人才输送等的过度依赖，自身发展内生动力不足，减少或离开了政府的政策性扶持，发展将会陷入困境、停滞不前甚至导致最终的失败。在产业运转过程中政策依赖能够发挥正面效应推动产业发展，但若过度依赖政策，也可能导致产业运转失灵问题。

国家在推进乡村振兴进程中积极树立典型模范，目的在于发挥其引领带头作用，以示范村的发展带动整个乡村振兴。示范村的确立与建设离不开政府的政策性扶持，离不开政府财政资金的投入、技术与人才的输送等。政府前期如此"输血"式的做法是以激活当地发展潜力、培养自主发展能力、激发内生发展动力为最终目标的。在实际推进过程中，部分地区被确立为示范村后得到了政府部门的大力支持，村内基础设施得以完善、村民收入得以提高、村居环境得到极大改善，人民生活水平在短期内获得了显著提升。政府立足当地客观条件与具体实践，有效挖掘当地发展特色优势，结合市场发展趋向，积极引入适配龙头企业，实现了当地产业振兴的"成功起步"。但我们应明确的一点是，政府在乡村振兴中发挥的应始终是规划、指导、服务、规范与保障的作用，并不能取代乡村实现自身发展的主体性地位，可持续、多层次、全方位、高水平的现代化高质量发展应是乡村自主实践的成果，村民需求的满足应通过村民自己努力奋斗来实现。

部分地区过度依赖政府的政策性扶持，一旦离开这种帮扶，自身发展就会立马陷入停滞状态，无法靠自身能力继续往前推进。某些地区的示范村前期在政府的帮助下奠定了较好的发展基础，形成了相对完善的基础设施条件，开发了适配的产业体系，然而却在离开了政府资金、技术、人才等的支持之后，完全陷入被动局面。面对如此发展困境，政府部门只能再次对其进行"输血"。乡村内生动力无法激发、自主发展能力不足等自身问题得不到有效解决，政府一味加大扶持力度只会进一步加深乡村对外部系统的依赖程度。

笔者通过对沾益区进行实地调研发现，部分村庄初期依靠以政府为主的外部系统的大力扶持，各方面发展成功起步。但在之后的推进过程中，外部系统始终处于主导地位参与乡村建设，农民逐渐被边缘化，农民利益游离于乡村发展之外。外部系统中的政府相关政策、企业经营战略、多元要素投资等主导着当地的发展，不利于乡村振兴整体的持续健康发展。如此发展路径，难以满足系统的层次性需求。部分村民在接受访谈时表示，对于村庄目前的发展状况并不了解，甚至对于正在推进的发展项目并不知情。外部系统的主导性过强，既不利于乡村自身的成长，也会使乡村发展模式僵化，缺乏活力。另外，外部系统有时对乡村内部的发展形势、发展前景、可能出现的问题等的把握与预测不够，相关政策的制定与战略的调整不够及时，无法应对与解决乡村出现的新情况、新问题，出现"制度真空"现象，制约乡村振兴的实现。例如，由于我国高等教育改革发展相对滞后，体制机制还存在一些障碍，其在服务乡村振兴方面还存在服务理念不强、供需不适配、内生动力不足等问题（韩美群、徐梦瑶，2023）。

2. 系统内部的自发性过低

乡村振兴的实现，虽然需要外部系统的助力，但更为关键的是系统内部自身发展潜力的激发、能力的增强与水平的提升，乡村的发展归根到底还是得靠乡村。然而，目前部分地区在具体的实践过程中，农户本位导向逐渐出现偏离，乡村内生发展动力不足，系统无法依靠内部力量完成发展任务。农民作为推进我国农业现代化建设的基础，本应在实现乡村振兴中展现其主体性力量，然而却因各方因素，导致自发性过低。具体表现为参与主体异化为旁观者、成果享有主体异化为局外人、成效评价主体异化为围观者，即农民并未充分参与乡村振兴、农民并未充分享有乡村振兴成果与农民并未充分评价乡村振兴（赵薇薇、马润凡，2023）。系统内部自发性持续走低，将不利于整个乡村振兴系统的层次性发展。

笔者通过对沾益区的实地调研发现，各村内部产业项目大多来自外部系统的介入与扶持，缺少内部"自生"产业。而在外部产业的引入与推进过程中，农民实际接触并不多。出于对引进项目的不了解、外来主体的不信任、自身参与能力不够、参与渠道不畅等原因，农民逐渐被排除在受益范围之外。这种长期游离于乡村发展系统之外的状态，进一步降低了农民参与乡村振兴的积极性与主动性，内部自发性的激发也变得更为困难。

在乡村振兴的实践中，农民对自身定位的偏差与对自身能力的认识不够，也是造成系统内部自发性不足的重要原因。部分村民在访谈过程中表现出对本村发展情况不了解、不能或是不愿意参与其中的想法，未意识到自己才是村庄的主人，是真正实现乡村发展的主体性力量，而是将乡村发展寄托在村庄内部少数精英或是外部系统的扶持上。部分村干部面临村庄发展困境时更多寻求外部帮助，忽视了对内部各子系统力量的调动，尤其缺少对村民参与的充分动员。例如在面临村庄产业发展项目推进困难的问题时，村干部一致认为应该由政府部门加大对该产业的财政扶持力度，增加资金投入。系统内部自发性过低，会加速技术、资金、人才等发展关键要素的流失，而发展要素的流失则反过来会进一步抑制内部自发性的增长。在如此不断地建构与被建构进程中，将会形成恶性循环，成为乡村振兴持续健康推进与最终实现的阻碍。

（三）开放性不够：系统内部对外延伸乏力

系统的发展是内外系统联动有效的成果，是双向互动的发展，不光是内部系统对外部系统的"引进来"，同时也是内部系统"走出去"的一个过程，开放性是衡量系统发展的标准之一，也是关系到系统能否持续发展的决定性因素之一。依据系统的开放程度，系统可分为开放系统和封闭系统。开放系统是指具有开放性的系统，其主要特点是界限周边的事物具有相互渗透性，表现为内部的资料、能力和资源与外部环境发生互动和交换的系统。这种系统的优点是易于与外界取得密切的联系，动力大、活力足，也易于从环境中获取资源（万江红、张翠娥，2022）。然而，目前有些地区存在系统内部发展成效显著，但发展成果辐射范围有限、发展项目过于依赖当地资源、发展产业链难以延伸等问题，系统内部产业与外部交流合作不够，发展的地域性特征过强，总体对外延伸能力不足。缺乏与外界的交流、合作与融合，发展路径得不到拓宽，发展将逐渐脱离市场导向，产业体系更加难以转型，发展就会出现停滞甚至倒退现象。

沾益区产业发展以传统农业与新兴产业相结合的模式进行，在土地流转政策下，基于当地资源优势与发展特色，形成了不同类型、不同规模的产业项目。然而从产业项目发展的辐射范围来看，主要涉及当地与周边地区，发展相对较好的产业涉及省内其他地区，但能再往外延伸的少之又少。部分农产品形成自主特色品牌，但推广范围有限，产品品牌效应发挥不出来。部分新兴产业发展体系较为完善，但宣传力度不够，吸引力不强，难以形成市场竞争优势。

部分地区资源本身独特性不够明显，难以形成发展优势，而对于其中特色资源的挖掘与发扬又不够到位，无法产生规模效应。沾益区大德村中的彝族文化虽难以形成像其他彝族人口聚居地区的文化产业，但其独有的文化活动具有进一步挖掘的潜力。然而当地文化活动的组织主要依靠村民自主进行，参与范围局限于村庄内部，活动方式单一，影响力不大。特色资源无法成为乡村振兴的助力，产业发展能力有限，无法形成与外界的有效互动，导致各子系统的发展局限于系统内部，对外延伸乏力，系统整体的开放性不够。

（四）动态性不强：内外系统联动不够灵活

1. 内外系统联动模式僵化

乡村振兴的最终实现，是内外系统联合发力的结果，但内外系统联动模式的确立应是基于当地具体实践，具体问题具体分析，综合考量下的选择。借鉴发展成功地区的经验是十分有必要的，但千篇一律地照搬却是绝对不可取的。忽视当地发展的客观条件，套用模板化的发展框架来推进发展，可能会获得一时的进步，但随着发展进程的推进，更多不适合、不匹配的问题开始出现，调整不及时，将存在功亏一篑的风险。内外系统的联动模式，应是普遍性与特殊性、统一性与多样性的结合。

沾益区丰富的发展经验，是促进下一步发展的宝贵财富，但部分地区在具体推进过程中，模板化色彩浓厚，忽视了当地的特殊性与多样性，未能充分考虑当地实际发展情况与发展特点，发展过程中出现了许多矛盾与冲突。国家土地流转政策出台后，各地区农村纷纷响应号召，推进政策实施，但部分地区急于产业的引入与推进，在当地发展方向不明确、发展形势不明朗、发展条件不具备等条件下匆匆将农户土地进行流转，使农户权益遭受损失，同时也打击了农户再次参与土地流转实践的信心。在僵化模式下进行的发展，既不能真正实现乡村振兴，还会影响农民对发展的信心与对参与者的信任。如果不能探索出一条适合自身发展的道路，无法找到内外系统有效联动的模式，将会影响整体系统的动态性发展。

2. 内外系统联动方式单一

在乡村振兴推进过程中，内外系统的联动路径一般为从外向内、自上而下，包括从政府相关政策的出台到政策的落地实施、从企业的引入到产业项目的推进、资本的投入、收益的产生等，联动主体一般为政府/企业-基层组织-农民。这样传统的联动方式可以较好地保障国家相关政策规划得到有效落实，基层党组织发挥好战斗堡垒作用和基层自治组织发挥好民主管理效能，农民发挥主体作用，更好地保障农民的根本权益。但这种内外系统联动的方式并不是实现发展的唯一正确方式，在实现乡村振兴进程中，不应只有单一的联动方式。长期采取单一的内外联动方式，可能会使发展陷入僵化境地。

对实践形式、发展途径、内外系统联动方式进行合理创新，是实现系统动态发展的内在要求。创新是引领发展的第一动力，内外系统的联动不再只有单一的方式与路径，联动更加灵活，发展更有活力，系统动态性自然会得到提升。

第三节　系统理论下乡村振兴中的衔接与脱嵌问题

一　乡村振兴融合发展带来的机遇与挑战

全面建成社会主义现代化强国和实现中华民族伟大复兴，潜力后劲与基本支撑在乡村（韩美群、徐梦瑶，2023）。乡村振兴战略是我国抓好"三农"工作的重中之重，是实现共同富裕的强力助推剂（许宁、张贺，2023）。系统理论视角下，乡村振兴是一个整体性的系统，内外系统之间、系统内部各子系统之间的协调发展，对乡村振兴的最终实现意义重大。乡村振兴的融合发展一方面带来前所未有的发展机遇，另一方面也带来全新的挑战。要想实现发展，就必须善于抓住机遇，勇于迎接挑战。

二　系统理论视角下如何实现有效衔接

系统理论视角下乡村发展的实现是内外系统达成有效联动的过程。内外系统之间不断互动，追求双方各自功能与二者整体功能的发挥。城乡系统间资源相互流通，乡村内部借助于政府的政策性扶持，积极吸收外部资本要素，引入外部企业与内部资源进行有效整合，促进产业成功转型升级，大力推进乡村振兴，内外系统实现有效联动。

系统理论同样重视系统内部各子系统间的协调发展。只有系统内部各子系统处于规范、有序的发展状态时，整体功能才会大于部分功能之和。在乡村振兴发展系统中，从主体上看，党建子系统引领作用有效发挥、基层自治组织子系统协调效能提升、精英子系统模范影响力量显著。从内容上看，五大振兴互为基础、相互促进、共同发展，各子系统间相互依存、不可分割，各自作用的充分发挥与相互间的融合发展，使系统内部达致协调。

三　系统理论视角下如何解决脱嵌问题

系统理论认为，内外系统、系统内部各子系统间始终处于相互影响、相互联系、相互作用的状态。在实际发展过程中，某一环节出现问题，都有可能影响系统的整体发展。一个好的发展系统，应是具有整体性、层次性、开放性与动态性的系统。

系统内部各地区发展程度不同、各产业间发展不协调、各参与主体获益度不一致等都会导致系统发展不平衡，影响系统发展的整体性。相关影响如下。外部系统主导性过高，内部系统自发性不足，导致系统分工不明确，降低系统发展的层次性；内部系统对外延伸乏力，系统开放性不够；内外系统联动模式过于僵化、方式趋于单一，联动不够灵活，致使系统动态性不强。

在系统理论视角下解决发展过程中的脱嵌问题，必须增强系统发展的整体性、层次性、开放性与动态性。一是需要统筹各地区发展，在追求发展效率的同时关注发展的公平性问题，缩小地区间发展差距。立足整体，树立全局观念，转换发展思路，转变发展方式，决不忽视五大振兴中的任何一个，促进各产业间协调发展。时刻关注民生，坚定人民立场，做到发展为了人民、发展依靠人民、发展成果由人民共享，乡村振兴的推进应始终以维护人民的根本利益为目标。二是相关政府部门提升对乡村发展趋势动态性把握的能力与水平，增强决策的科学性与民主性，在恰当的时机逐步减少对乡村发展的控制力。明确农民主体性地位，积极推动农民进行自我管理、自我服务、自我教育、自我监督，激活农村发展自发性。三是积极促进内部各产业"走出去"，以市场为导向，加强与外界的交流合作，延长产业链，在增强自身竞争优势的同时获取更多外部助力。四是在不违背发展原则的前提下，创新发展模式与方式，探索多样化的发展路径。

附录 沾益区乡村振兴发展典型案例

案例一 "民心灯"照亮"归家路"：沾益区
菱角村精英治理内在逻辑

一 背景阐述

（一）理论可行：复合精英与多元共治

改革开放后迅速崛起的经济精英改变了集体化时期被政治精英独家垄断的乡村精英格局。随着社会改革与转型持续深入，乡村社会的自主性增强，精英群体再度发生分化，宗族长老等传统道德权威回归，群团组织负责人等逐渐涌现，呈现政治精英、经济精英、文化精英等多元精英并存的格局。乡村精英成为特性与来源多样化、职业与权威多元化的复合型精英。此时，伴随现代社会治理复杂性和风险性大增，传统的精英治理模式与单一的行政主导模式均不足以应对新时期的治理任务和治理需求，大量乡村精英流失也使精英治理在很多地方无法持续。鉴于此，国家与社会通过多元、复合的途径吸纳精英、公众、社会组织等主体参与共治，多元主体借助协商民主、协同治理等平台进入乡村基层权力组织体系，初步形成了多个治理主体协同合作的多元共治模式。多元共治模式以多主体共同参与治理，各司其职，各取所长，实现共建共治共享为特征。该模式大力拓展基层民主，提升治理效能，也极大地规避了精英治理可能产生的民主萎缩和治理风险，具有更强的包容性和民主性。但"多元共治"治理格局的确立，社会不同阶层的治理资源和建构力量被成功吸纳，治理体系内部仍面临各治理主体和要素的激励、组织、协同整合不足以及治理的碎片化、治理生态恶化等问题，对治理模式提出了进一步向"治理共同体"演进的要求，即通过"共同体"理念和形式来强化治理体系的系统性、整体性和协同性，用"共同体"思维和精神改良治理生态，强化社会基础支撑（陈勋，2023）。

（二）政策支持：乡村振兴，关键在人

乡村振兴是当前中国的重要发展战略之一，政策支持是乡村振兴的关键因素之一。但是，单纯的政策支持并不能完全实现乡村振兴，政策支持应注重培养人才和留住人才，只有通过人才的支持和引领，才能真正实现乡村振兴的目标。

第一，2021年，中共中央办公厅、国务院办公厅印发了《关于加快推进乡村人才振兴的意见》，并发出通知，明确了为全面推进乡村振兴提供有力人才支撑。该意见提出要坚持和加强党对乡村人才工作的全面领导，坚持农业农村优先发展，坚持把乡村人力资本开发放在首要位置，大力培养本土人才，引导城市人才下乡，推动专业人才服务乡村，吸引各类人才在乡村振兴中建功立业，健全乡村人才工作体制机制，强化人才振兴保障措施，培养造就一支懂农业、爱农村、爱农民的"三农"工作队伍，为全面推进乡村振兴、加快农业农村现代化提供有力人才支撑。到2025年，要完成乡村人才振兴制度框架和政策体系基本形成，乡村振兴各领域人才规模不断壮大、素质稳步提升、结构持续优化，各类人才支持服务乡村格局基本形成，乡村人才初步满足实施乡村振兴战略基本需要的目标任务。

第二，2023年，中共云南省委、云南省人民政府印发了《关于做好2023年全面推进乡村振兴重点工作的实施意见》（以下简称《实施意见》）。《实施意见》以习近平新时代中国特色社会主义思想为指导，围绕坚决守牢确保粮食安全、防止规模性返贫等底线，扎实推进乡村发展、乡村建设、乡村治理等重点工作提出具体措施，为加快建设特色农业强省，建设宜居宜业和美乡村，全面推进乡村振兴提供了有力政策支撑。《实施意见》提出，要扎实推进宜居宜业和美乡村建设、健全完善党组织领导的乡村治理体系、加大政策保障和体制机制创新力度。[①]

第三，为进一步落实乡村振兴相关政策，大力引进规范复合精英，进一步形成多元共治的格局，菱角乡始终坚持党建引领，组织强化的工作思路，深入推进"干部规划家乡行动"，以"五强化五确保"从严从实推进干部规划家乡各项工作，让干部规划家乡行动接地气、能落地、有实效。

（三）村庄现实：选好领头雁，换届不涣心

民族要复兴，乡村必振兴；乡村要振兴，"领头雁"得配强。2016年前菱角村的发展处于停滞状态，经济基础薄弱、不良民风盛行，民心散乱，村民三五成群、拉帮结伙，基础设施基本空白，连一条硬化的道路都没有，任何帮扶政策与外来项目下到菱角村均以失败告终，久而久之外来企业对菱角村都选择"敬而远之"。2016年，李现友同志在乡土乡情的召唤下回到家乡任职村委会主任，依靠在外打拼的资源和人脉，对菱角村的大村进行基本的道路建设，用实际行动和效果向上级部门、领导和各个企业与乡贤证明菱角村是有转变发展的决心的，再次争取到他们的信任与支持，让他们以尝试性的心态把资源放到菱角村。2021年，菱角村村"两委"进行换届，李现友同志当选村党组织书记和村委会主任，把"真干事，干实事"的村"两委"班子成员提上来。换届后，菱角村形成了以李现友村党组织书记、主任"一肩挑"为核心的领导班子，自此菱角村才开始真正发展起来。在李书记的带领下，菱角村争取到了以兰总为代表的乡贤们和云维集团人财物的大力支持与帮扶，截至2022年，将原来脏乱差的典型的水井坪、牛泥塘和大村，分别改造成了区级乡村振兴示范点、区级人居环境提升示范点、人居环境提升示范点，并且实施饮水安全、民族团结、产业基础设施、村内道路硬化等项目，争创水井坪省级美丽村庄建设。

[①] 《〈中共云南省委、云南省人民政府关于做好2023年全面推进乡村振兴重点工作的实施意见〉政策解读》，云南省人民政府门户网，2023年3月28日，https://www.yn.gov.cn/zwgk/zcjd/bmjd/202303/t20230328_257023.html。

二 案例简介

（一）村庄概况，科学规划和布局

菱角村位于云南省曲靖市沾益区菱角乡，北侧紧邻该乡政府所在地，距离约 1 公里，交通便利，距离沾益区 43 公里。全村共分为 8 个村民小组，拥有 888 户 3542 人，以汉族为主。菱角村总面积为 41.46 平方公里，属于大块平整耕地，这也是该村的主要优势，但旱季缺水较为严重。随着 2022 年黑滩河水库工程的实施，干旱的问题得到解决。水库建成后从牛栏江支流黑滩河引水至曲靖坝区，从而缓解菱角村旱情。

在现任书记的带领下，菱角村通过与企业、乡村精英等合作，结合本地平坦广阔的耕地面积优势，土地集中管理，发展特色农业，进行农业现代化改革，因地制宜制定发展规划和策略，制定了《曲靖市沾益区菱角乡菱角村实用性村庄规划》手册，从发展目标与定位、村域规划、自然村规划和规则实施保障四大方面围绕村庄政治、经济、文化、社会和生态文明对菱角村 2021~2035 年大村、中村、小石桥、小铺子、牛泥塘、水井坪六个自然村进行规划。

（二）书记上任，菱角旧貌换新颜

李现友，现任菱角村党组织书记和村委会主任，党员，菱角村本地人。2016 年回到家乡，在回乡之前主要在外地从事建筑的基建行业。在外打拼的时间长，经历也很丰富，他看到其他与菱角村同级别的行政村日新月异的发展，感触很深，同样的山区同样的资源，为什么菱角村发展得这么落后，甚至连一条水泥路都没有？用书记的话来说："作为一个土生土长的菱角人，看到这样的差距有一份不甘与失落，所以下定决心，回到家乡，有一分光发一分热，带领本村发展。"

自 2016 年书记回村后（当时任村委会主任），就决心从最差的水井坪村开始治理，这个村子在当时是脏乱差的典型，用书记的话来说就是，民心最散，脏乱差最突出，两房（危房、空房）最多，旱厕最多，基础设施不完善，没有水泥路，李主任带领班子亲力亲为、夜以继日，在水井坪仅有 102 户 279 人的情况下，在不到三个月的时间里拆除了大小两房 98 间。上级部门视察时看到这样的成果都很震撼也很感动，大力支持这个村的发展，将道路硬化的项目给了这个村，支持该村的道路建设。

2021 年，李现友同志当选书记，村"两委"换届后，村居建设与治理上就形成了固定的由四个部分构成的资金来源，政府出资路面硬化部分，而村庄的美化、绿化、亮化部分由村集体出资、村民自筹及乡贤资助，对于村民自建房粉墙刮白、换瓦等美化则是农户自己出一些。同时，为了保存村里的乡愁记忆和共同奋斗的经历，拆除两房中的材料被拿来变废为宝打造公共空间的装饰性栅栏。

人在环境中，环境与人是相互影响的。村居环境焕然一新，带动着群众思想的转变与更新，首先改变的是人的思想，其次就是言行结果。一户住路旁的人家，之前那户户主的老人穿得很邋遢，不注意形象，在基础设施美化工程建设完毕以后，她自己也觉得自己的衣着与周围的环境格格不入，现在每天她都要梳洗头发，穿衣整洁，家门口也打扫得干干净净。在对村委会干部的访谈中，干部们也提到："从前这些群众的思想很杂很乱，三个一帮，四个一群，项目、企业都很难落地下来。以前，村委会对这个村研究有什么政策，政策还没到村上，对策就已经想好了。而现在，可以说这个村已经达到了产业兴旺，目前这个村引进产业了，村集体经济也壮大了。"

以水井坪村为代表的曾经脏乱差、思想最涣散的"事多村"，成为现在的"区级乡村振兴示范点"，菱角村的牛泥塘和大村，也都分别改造成了"区级人居环境提升示范点""人居环境提升示范点"，2023 年正式开始打造小铺子村，即规划区域内的六个自然村在五年时间里已经完成其三，正在进行第四个村子的改造。

（三）精英回归，新乡贤共谋发展

自李现友同志带头返乡建设家乡以来，菱角乡多措并举推进工作落地见效，通过微信群广泛发布《致广大菱角村外出公职人员及乡贤的一封公开信》，以浓浓乡情呼唤游子，激发在外公职人员的"反哺情怀"，召集在外干部乡贤 100 余人回乡参加村庄规划建设座谈会，为家乡建设建言献策、贡献力量，邀请规划设计专家"一对一"进行专题培训，厘清工作思路，明确工作重点和工作方法，聚焦产业、人才、文化、生态、组织等核心必要元素，结合各村民俗、景观、特色等自选项的元素，确保规划设计做到因地制宜，达到规划美丽村庄、规划发展村庄的目标。

兰靖就是新乡贤的代表人物之一。兰靖作为土生土长的菱角乡菱角村人，1964 年出生于云南省沾益县，博士，中共党员，全国工商联第十二届执委，全联民办教育出资者商会（全国工商联教育商会）副会长，云南省第十届、第十一届、第十二届政协委员，云南省工商联第十一届、第十二届副主席。1987 年研究生毕业留云南师范大学任教；1996 年创办云南南方青年进修学院；2000 年创办云南师范大学商学院；2006 年依托云南师范大学商学院创办云南文化产业学院；2010 年创办云南财经中华职业学院；2011 年创办云南省温暖工程慈善基金会。现为云南南方教育投资集团董事长、云南南方青年进修学院董事长兼院长、云南财经大学中华职业学院理事长、云南培华教育投资有限公司董事长、红河鸡蒙公路开发经营有限公司副董事长。①

菱角村的村民们更习惯称呼兰靖为"兰总"，每年兰总都会对菱角村 60 岁以上的老人进行慰问，坚持了 10 余年。同时，兰总对家乡的事务和发展也特别关心，看到书记村庄改造的效果后，对家乡基础设施的建设给予了资金和物资的支持，村里的"同心池"、路灯、道路硬化、村庄休闲设施建设等，都能看到他的支持。他对家乡付出，从来是默默无闻的，也并未做过宣传报道，是一份家乡情、家乡爱，让他几十年如一日地坚持关怀家乡，反哺桑梓。

三 治理逻辑

（一）建组织："两委"换届注入新鲜血液

我们通过访谈和其他相关资料了解到，换届前，菱角村的党组织存在

---

① 兰靖，百度百科，https://baike.baidu.com/item/%E5%85%B0%E9%9D%96/9860761？fr=ge_ala。

诸多问题，如涣散软弱、党员结构老化、党员发挥带头作用不明显等问题，党员教育活动、民主生活会、民主评议等活动松散；村党支部团结战斗力不强，引领农民群众发家致富的能力下降，过多考虑个人利益，工作担当意识不够，群众基础弱化的问题。更有一些"村霸"、宗族势力参与村民自治，严重影响党组织作用的发挥，导致村民自治内部结构失衡，村民自治功能无法有效发挥。

2016年李现友同志返回家乡担任村委会主任，带领几个村干部开始慢慢摸索建设村庄，2021年菱角村村"两委"进行换届选举，将"真干事，干实事"、"双好双强"、村民认可的村干部选拔上去，那些不适应和不符合要求的干部调整下去，形成了以李现友村党组织书记主任"一肩挑"为核心的领导班子，换届后菱角村才开始真正稳步发展起来。16年之前，菱角村甚至没有一条水泥路，路上杂草丛生，到处都是牲畜的粪便、生活垃圾，没有路灯，村民夜间出行不便，拉帮结伙，彼此之间充满了戒备，每当提到上一届的"两委"班子，村民也都是笑笑说"不好说"，不愿意透露信息。但是当问起现在的领导班子，又都是赞不绝口，特别是对书记，总是能听到"有能力""有威信""真做事""有魄力""能拉来钱"等这些话。

（二）定制度：书记引领规划未来图景

在完善基层社会治理体系，推进乡村治理体系和治理能力现代化的进程中，自治是目的。乡村是否振兴，治理是否有效，要看基层治理能力行不行、强不强，"领头雁"是实现基层治理的关键一环。

李书记作为返乡精英，在各级部门带领和群众积极性的感召下也极大地发挥了自身作用：能够主动团结村"两委"干部，有效地激发了村党员干部参与村庄事务的积极性，让村党员干部成为村党支部书记的得力助手；能够团结好驻村工作队这一"外来"亲人，"拧成一股绳"，充分利用好驻村工作队这副"良性催化剂"；用先进的工作理念和创新的工作方法，为基层治理出谋划策，为村庄自治添砖加瓦。

在李书记的带领下，菱角村开始了大刀阔斧的改革，首先就是从规章制度开始。"制度"是指一系列规范主体行为的规则，既包括正式文本界定的法律、政策等正式制度，也包括人们实际遵循的一些习俗、惯例、规则等非正式制度（戴玉琴，2017）。

在菱角村更多的"制度"是给村"两委"干部指定的，"真干事、干实事"就是书记对他们的要求，在此项要求下，以乡村振兴为出发点，围绕"产业兴旺、生态宜居、乡风文明、治理有效、生活富裕"二十字方针，以党建引领为核心，在政府的领导下，以书记为中心的菱角村委会，多次征求专家、乡贤和村民们的意见和建议，分别制定了 2021~2035 年《曲靖市沾益区菱角乡菱角村实用性村庄规划》《活动场所管理制度》《市民教育计划》《科普宣传室计划》《普法教育计划》《"四德"教育活动方案》《菱角村委会亮网工程项目建设实施方案》《菱角村产业结构调整实施方案》《菱角村民会议制度》《菱角村委会开展文明优质服务主题活动实施方案》《菱角村委会党群服务中心建设实施方案》《菱角乡网格员考核奖惩管理制度》《菱角村新型农民培养工作方案》等。坚持"保护优先，绿色发展；注重特色，美丽宜居；全域覆盖，多规合一；以人为本，尊重民意"的规划原则，对 2021~2035 年除城镇开发区外的菱角村行政区范围，即大村、中村、小石桥、小铺子、牛泥塘、水井坪六个自然村进行近期为 2021~2025 年，远期为 2026~2035 年，规划基期年为 2020 年的规划。

（三）合思路：乡贤回归共商统一步调

胡鹏辉和高继波（2017）将新乡贤的主体定位为居住在乡村的复合型精英，他们认为不管是经济精英，还是政治精英，抑或公共事业的领导者，都要求具备高尚的道德品质，这是其获得权威的不可或缺的基础，也是其号召力（吸引力）的源泉。

乡贤回归后参与村庄治理主要有两种类型。一类被"体制"完全吸纳进村民自治框架，担任村主职干部，或进入村民议事会、村民理事会、村民监事会等村级权力组织，菱角村的李书记就是这一类乡贤。另一类是相对松散型的公共参与，通过专门的乡贤组织或协商议事平台参与村庄建设和治理，兰靖即为这一类乡贤。他们怀着对家乡的一种"情"，一份"热爱"，一份"热情"，以不同的形式回归乡土、反哺桑梓。

　　2016 年以前，兰总对村里的 60 岁以上的老人和一些贫困学生、优秀学生每年给予支持和帮助。李书记于 2016 年通过其他方面协调的项目和资金把大村的道路进行了硬化，2017 年准备建设牛泥塘的时候，他去找兰总进行汇报牛泥塘的建设思路，请兰总参观之前的建设成效，进行了多次座谈，协商未来菱角村的建设方向与道路。兰总看到成果，感受到李书记的决心、脚踏实地的作风和为民服务的真诚，他们才有信心把资金放下来，投资了村里的亮化工程、美化工程等。我们到村民家里访谈的时候，一位村民指着他家外面的路灯特别兴奋地说："他（李书记）还是有规划的，有一天他（李书记）指着我家这个路灯，就是那块电线杆上面的那个，说它弯得好啊，我说这是'民心灯'，能不好吗？人（现任书记）是挺热情的，性格挺直爽的，他该做事做事，现在就是村支书嘛，你必须爱戴你的村民嘛，是不是啊？"

　　"你们知道兰总吗？这是个大好人啊，每年都给我们村里的老人、学生捐钱捐东西，但是李书记上来人家才愿意投资这些路灯，他们都是有本事的人。这些硬化路全部都是李书记搞起来的。李书记上来是干这些事，真的感觉整个村的生活水平都上去了，六个村的水泥路全部都是书记带的，就这两年才行啊，还有小石桥那条水泥路，也是去年（2022 年）书记弄的。大村那边的路灯全部都是他带来的，当时就说，那你回来的路，你必须得给我修这个。所以李书记对这些事情还是厉害的。"[1]

　　"应该说这个兰总也是我们本村地地道道的企业家，加之 2016 年以前，他对我们的菱角村各方面发展也特别关心和支持，对家乡这个情也很重，这些村改我也上去找兰总多方面的对接、协调，得到他的关心和支持。兰总这个人呢，一是情，对家乡的这份热情，也很热爱，二是他也有这个实力，他有一个最大的特点，你必须真干事，干真事，干实事，他要看得到效果，那么他才会慷慨解囊，全方位地投入。……作为村党支部书记，我对整村进行了通盘考虑。按年度规划各村民小组的发展，向实地考察的政府干部、

---

　　①　村民 A，2023 年 2 月 5 日。

企业家汇报发展思路，大家也实地考察过，这些确实贴合实际、接地气。从 2016 年起，我们真抓实干取得成效，积极协调各方资源，为大村争取项目与资金投入，让大村的面貌大为改观，此前大村与鲁洞河状况相似，如今已旧貌换新颜，我们会秉持这种实干精神，持续推动整村在各方面不断发展进步。"①

（四）立规则：村规民约激活村庄自治

2018 年 1 月，中共中央、国务院发布《关于实施乡村振兴战略的意见》，该意见明确完善"乡村治理体系"是乡村振兴的一个目标任务，强调"乡村振兴，治理有效是基础"，必须坚持"农民主体地位"原则，换言之，乡村振兴的根本在于乡村主体的内因驱动。村民自治是此种内因驱动的根本载体，离开自我管理与约束，村民就没有行为的主动性、积极性；村民自治的外延则集中于村规民约的生成与践行。由此，村规民约成为村民践行乡村振兴战略的行为准则之一，意义重大（罗鹏、王明成，2019）。在实施乡村振兴战略的过程中，村规民约的德治功能可以为现代乡村德治建设提供资源和智慧，充分挖掘村规民约传统道德文化资源的当代价值，用现代治理理念实现现代化转换，通过村规民约把社会主义核心价值观融入民心，转化为人们的道德情感认同和行为习惯，能够为乡村振兴提供强大精神支撑（高艳芳、黄永林，2019）。

在完成菱角村初步的基础设施建设后，菱角村的村民真真切切地看到自己生活了这么多年的环境卫生改变了，之前的"压迫"没有了，也不用"战战兢兢"地防备着过日子了，村民们逐渐恢复了对村委会的信任。李书记带着"两委"班子和驻村工作队一家一户的走访也真正打开了村民的心房，村民愿意配合村委会的工作，有能力的村民也愿意为村庄的建设出谋划策，在村委会、工作队、乡贤和村民共同的努力下，重新制定了《菱角村村委会村规民约》，通对菱角村"道德风尚""移风易俗""尊老爱幼""社会治安""消防安全""邻里关系"做出规定，同步召开村民代表大会

---

① 菱角村村书记，2023 年 2 月 14 日。

开展"我推荐、我评议身边好人""学习宣传道德模范和身边好人""绿色家庭"等活动，逐步提升了村民的自治能力，促进了邻里和谐、家庭和睦，同时采用壁画、广播、入户、小册子等"有声"与"无声"宣传方式达到"润物细无声"的效果。为了加大执行和监督力度，设立"红黑榜"定期公示和"评分体系跟踪问效"机制，党员带头执行，"亮身份、做表率"，通过包户责任制进行"红榜"积分和"黑榜"扣分，进一步引领各基层党组织从"推着干"向"比着干""争着干"迈进，逐步推进形成共建共治共享的社会治理格局。

（五）引资源：资本下乡助力乡村振兴

从国家赋予的体制内资源来看，李书记将组织资源链接至乡村，主动掌握最新政策信息，因人而异、因地制宜地选择政策为民所用、为村所用，进一步提高了国家政策资源在乡村的配置效率，获得了村民对政府和基层组织的信任。

李书记作为精英回归，通过个人能力与眼界，联结外部资源，利用国家资源、社会资源、个人资源为乡村谋福利，搭建沟通交流平台，引领村民主动参与特色产业发展，带动村集体经济发展，让各类优质资源更好地服务乡村建设，提高乡村治理效率。

菱角村在李书记的带领下完成初步的建设后，云维集团调研队作为结对帮扶企业，在对菱角村建设完成和准备建设的村小组进行村容村貌建设情况、人居环境提升情况、党建引领乡村振兴等考察后，向菱角村委会捐赠了八万元帮扶资金，用于菱角村委会水井坪村乡级示范村建设。在种植和养殖所需的人才和资源上，李书记通过自己之前积累的人脉和菱角村蒸蒸日上的建设环境吸引企业的苏总带着资源"回流"，进行玉米制种的农作物生产，苏总作为返乡精英，除了自带的资源还有经验与眼界，他们不仅仅承包土地进行种植，还有自己的产业链，"生产—加工—销售"一条龙服务，消除了村民的后顾之忧。

李书记在谈到人才引进方面时说："苏总他们在消息、人事、眼光上是非常有前瞻性的。所以从返乡人才这个身份来看，他们还是很成功的。我想在人才引进这一块，再进一步地扩大一下。将我们在外的人才吸引回村。可能从前我们村营造的环境还有群众的素质都不是那么好，所以即使我们本地有那么多自然优势，他们都不愿意返乡，但是经过这两年的发展，像苏总从去年（2022年）开始主动地就把玉米制种的产业放到我们这里做。所以下一步，重点还是把土地资源利用起来，从土地上谋发展。"

关于未来的发展思路，李书记说："渠道方面的话，苏总是做深加工的，有上市公司，他有玉米制种的企业，有自己的产业链，从生产、加工到销售一条龙。所以玉米制种是我们村的重点产业，这个产业也是我们引进乡贤，再通过乡贤引进来的。围绕玉米制种这个产业，土地有效地利用起来了，农民从土地流转上得到的收入也增加了。我现在更多的是想把这个企业带来的产业稳定下来，让农民在企业里打工，也让农民自己去学习更多的技术，下一步就可以让农民利用自己的土地自己生产、自己管理，提高收入，从而让村集体经济壮大起来，我们的最终目的是要实现村的长远发展。如果讲高大上的，引进企业、促进企业的发展这些，说实话是不结合实际的，引进外地的企业，我们之前尝试过，但是说实话，商人还是以赚钱为主，可能在这个村发展一两年，自己赚得盆满钵满就走了，农民自己再搞一个替代产业，是需要很长的时间的，而且外地企业进来，风险也大，农民接受它们进来的程度也不一样，所以难以发展。综合考量下来，我们还是想重点围绕土地，结合我们村的实际，把我们的乡贤能人找回来，让他们把项目带进来，培养我们村民的能力，把村民发展成下一代乡贤，毕竟还是本村人做本村事更有一份家乡情，也更有热情，更能实现长远发展。"①

四　菱角村精英治理逻辑分析

"民心灯"不仅是菱角村道路两旁为民而亮的路灯，更是菱角村村民对美好生活的向往，对未来生活充满期盼的希望之灯，一盏盏"民心灯"的亮起，不仅驱散了村民夜晚回家的黑暗，更照亮了菱角离乡游子的"归家路"。

---

① 菱角村村书记，2023年2月14日。

　　2016 年，李现友同志在乡土之情的召唤下回到家乡担任菱角村委会主任一职，由于资金、能力有限和前期村民与其他部门及企业的不信任，让他只能通过自身在外积累的个人资源，举步维艰地进行村庄建设，李现友同志通过"点—线—面"的方式，先从"最难啃"的水井坪开始，进行试点改造和初步建设，初见成效后，李现友同志邀请上级部门、企业以及本土乡贤兰靖进行参观、考察，争取和吸引正式资源的支持和帮助，试点村庄的初步改造获得了正式资源的认可与信任，上级政府将道路硬化的项目放到了水井坪，云维集团通过定点帮扶捐赠帮扶资金，兰总出资建设村庄的"亮化""美化""绿化"工程，最后将水井坪建设成为"区级乡村振兴示范点"。

　　水井坪这个自然村"点"的成功给予了参与群体莫大的信心，也让村民真正看到了发展的希望，知道了谁是"为民服务"的好干部。2021 年菱角村换届选举，李现友同志当选村党支部书记一职，形成了以李现友书记为核心的村"两委"领导班子，加之驻村干部的助力，重构后的干部队伍，在书记的带领下重新规划菱角村未来发展方向，制定《曲靖市沾益区菱角乡菱角村实用性村庄规划》手册，成立乡贤理事会，召开村民大会，制定村规民约，吸引离乡精英返乡发展，在党建引领下形成复合精英、多元共治的治理格局（见图 1-1）。

　　菱角村精英治理的关键在于"复合精英，多元共治"格局的形成（见图 1-2），书记作为精英人才回归带领村"两委"换届后重构的干部队伍以"真干事、干实事"获得了村民和乡贤的信任，基于信任，乡贤愿意投资建设，村民愿意参与到村庄建设与管理中来，上级政府部门和相关企业也愿意给予政策和资金支持，村庄的基础设施建设和村居环境得到了极大的改善，村集体经济也同步发展，从而吸引更多的企业带资下乡和技术人才返乡发展，形成了稳固的三角发展态势。在此循环中，李书记通过组织各种讲座、开展相关培训、树立榜样型人物，进行人才培养和相互学习，并积极将有才能、有技术、有资金的人才吸纳到村"两委"班子中，不断壮大菱角村的"能人""精英""人才"队伍，通过人才振兴，促进乡村振兴。

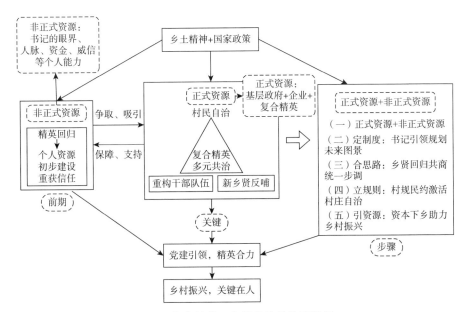

图1　复合精英、多元共治的治理格局

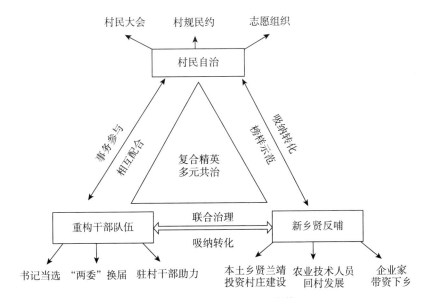

图2　参与乡村治理的多元主体

五 治理成效

（一）盘活资源共同富裕

党的二十大报告提出："巩固和完善农村基本经营制度，发展新型农村集体经济，发展新型农业经营主体和社会化服务，发展农业适度规模经营。"发展壮大村集体经济是新时代推进乡村振兴战略和促进共同富裕的重要举措，对优化收入结构、拓宽农户增收渠道、盘活农村集体经济和实现农业农村现代化发展具有重要作用。

菱角村按照农村产业革命"八要素"要求，立足当地自然资源禀赋，坚决把低效籽粒玉米调减下来，精准选择烤烟、蔬菜、中药材、精品水果等高效替代作物，把调减区域建成特色优势产业带。坚持"强龙头、创品牌、带农户"，做强做大龙头企业、优势产业，推动产业融合发展，创新产销对接机制、利益联结机制，推进滇货出山，实现产业带动贫困户全覆盖，进一步带动更多农户增收致富。

菱角村通过多种措施促进产业发展，实现农民增收，拉动集体经济增长。2022年，菱角村所在的菱角乡完成土地流转6000亩以上，大力培育现代农业经营主体，推动规模化经营；完成2022年绿色种养循环农业工作，配合完成高标准农田建设20300亩，粮食总产量达5497万公斤；完成烤烟产值1亿元以上，谋划引进农业龙头企业，发展娃娃菜、辣椒等特色山地蔬菜和百香果、草莓等特色水果20000亩，万寿菊5000亩，中药材6000亩。依托温氏、神农等龙头企业的引领带动，实现肉牛、生猪出栏21万头，家禽55万只，肉类总产量达2.3万吨，畜牧业产值达5.91亿元；持续推进华能100MW"农光互补"项目，探索风电项目，实现集体经济收入200万元以上。①

---

① 《菱角乡围绕三年行动目标狠抓产业体系构建》，"沾益新闻"微信公众号，2022年5月25日，https://mp.weixin.qq.com/s?__biz=MzU5MDQ0NTc3Mg==&mid=2247586380&idx=4&sn=104e1affa037b2527f65549dfef8caff&chksm=fe3dffefc94a76f91c0ecd1fef04d6aa9d3da608a6df3eee5dfd1bb797a8dd80218a096e9a80&scene=27。

菱角村村书记在谈到如何实现村民的共同富裕时提出了自己的思路，他说："就像我那天跟你说的，靠拉动投资的做法就像化缘一样，这个不能长远发展，有钱才是硬道理，还是要让乡贤能人返乡创业，把村集体经济壮大起来，让农民富起来，这才是长远的。我们现在就思考联系我们的乡贤能人，把外面的人吸引回来，把本土能人调动起来。我们因地制宜，结合我们村的实际，最好的发展渠道就是在土地上做文章，进行产业结构调整、土地规模流转。也不要讲那些高大上的，比如说引进企业、创办企业这些，我个人认为可以想，但是结合实际那个是不可行的，因为我们自己有那么多的土地，土地的基础设施现在应该是改进很多了，我想还是从土地这块，来利用土地、开发土地，从土地的种、养两方面把我们有这方面能力的乡贤能人吸引回来。"①

（二）美丽菱角生态宜居

菱角村委会为落实以建设"七彩云南、宜居环境、美丽家园"为主题，以城乡规划为纲领，以提升居民生活品质为核心的任务，按照要求在农村开展了改路、改房、改水、改电、改圈、改厕、改灶和清洁水源、清洁田园、清洁家园的"七改三清"行动。着力改善城乡环境质量、承载功能、居住条件、特色风貌，努力建设生态宜居、美丽幸福家园，满足人民生活更健康、更美好的要求，坚持政府主导、社会参与，乡村并重、属地管理，充分发动群众充当人居环境提升行动员、宣传员、保洁员、监督员、信息员五大员的作用，治理重点区域脏迹，全面开展辖区内公共厕所、集贸市场、街巷院落、河道沟渠、建筑工地等重点区域环境整治，消除卫生死角、边缘盲区的脏迹，给人民群众创造干净卫生整洁的居住环境，整合现有资源，积极争取项目，围绕人居环境提升全面开展工作，以点带面从思想上、认识上改变提高村民意识，在政府、村"两委"班子、村集体经济组织和乡贤的支持下，截至 2022 年已打造好水井坪"区级乡村振兴示范点"、牛泥塘"区级人居环境提升示范点"、大村"人居环境提升示范点"，实施饮

水安全、民族团结、产业基础设施、村内道路硬化等项目，创建水井坪省级美丽村庄建设。

（三）村风民貌焕然一新

菱角村经全体村民讨论通过了菱角村村规民约，旨在推进村民主法治建设，维护社会稳定，树立良好的民风、村风，创造安居乐业的社会环境，促进经济发展，建设文明卫生新农村。

在家风家教上，结合争创全村"最美家庭"活动，推动全社会形成注重家庭、注重家教、注重家风的共识，以好家风促进好政风好民风。通过广泛开展"注重家庭、注重家教、注重家风"主题活动，引领全村广大党员干部廉洁齐家，传承好家训、培育好家风、传递社会正能量，发挥好全村党员干部在家庭建设中的示范带头作用，借家风影响党风政风，打造风清气正的干事氛围。在全村开展"绿色家庭"创建评选活动。

在丰富村民文化生活上，完善农村电影放映"2131"工程和农村有线广播"村村响"工程，不断丰富群众精神文化生活。以中华传统节日——清明节、端午节、中秋节、重阳节、春节与现代节日——五四青年节、建党节、教师节、国庆节等为切入点，在各团总支开展丰富多彩的学习经典、经典诵读、节日民俗、文化娱乐和体育健身活动，推动"我们的节日"主题活动在全村深入开展。深入开展"我推荐、我评议身边好人"活动，广泛宣传好人好事，营造学习、崇尚、关爱、争当道德模范的浓厚氛围，促进好人好事不断涌现；建设广大群众推举、评议"身边好人"的长效机制，通过生动具体的道德实践活动，切实贯彻社会主义核心价值观，推进全村公民思想道德建设。

在文明环境上，在全村开展以"清垃圾、扫厕所、勤洗手、净餐馆、常消毒、管集市、众参与"为主题的"7个专项行动"，做出具体部署。菱角村按照划分的责任片区开展大扫除活动，将各村的每个角落打扫得干干净净；志愿者走上村头，用实际行动带动市民参与爱国卫生运动；在公共区域分别建设卫生厕所、安装洗手台、配备洗手液。菱角村提出以"任务清单+广泛宣传+强力推进+督查追踪"4个环节抓好"7个专项行动"的落实。同时组织专项司的督查组，对各职能部门工作落实情况进行月抽查、季督查，确保任务落实。组织驻村工作队、扶贫暖心团等工作人员进村，以多种方式加强宣传爱国卫生"7个专项行动"，同时组建志愿宣传服务小分队，积极面向基层群众开展其喜闻乐见、生动形象的宣传宣讲活动。2022年7月以来，干部群众及志愿者等60余人走进各村，按照划分的责任片区开展大扫除活动，将各村的每个角落打扫得干干净净。进行家庭和村庄、工作场所等乡村环境卫生大扫除和病媒生物防制：按照属地负责的原则，以村为工作单元，采取网格化管理、包片包干、分区域推进等方式，做实做细相关工作，并建立长效机制。"爱国爱家，守望相助""人人动手，美好家园"从推进人居环境整治到农村城市同步推动爱国卫生"7个专项行动"，形成了全民参与的良好局面。

（四）乡村治理井然有序

菱角乡菱角村委会8个村民小组34名网格员，总支包全程，班子包到片，村组干部网格员是包户包人，充分利用党群服务中心作用，发挥网格员"地熟"的优势，利用"早饭前、晚饭后""农闲"时间错时串门，使得"人好找""门好进"；发挥网格员"人熟"的优势，适时串门，入户摸底，随时掌握"第一手"社情民意，把政策"第一时间"传达给群众，把小困难小问题解决在当场、把小矛盾小纠纷化解在现场；发挥网格员"情况熟"的优势，结合重点工作，定时串门，全面摸清情况，掌握群众最关心的问题，全面提高为农户办事效率，进行各方面的矛盾调解工作，用书记的话说就是"从头包到尾，不能落下一个人，各项工作都是包到户包到人，总之说是各个身上都有担子，人人肩上都有责任。"

为切实发挥网格员的作用，服务中心工作，服务群众，加强对网格员队伍的管理，菱角乡还制定了网格员考核奖惩管理制度，根据网格员工作情况实行量化考核，由村委会党总支对网格员进行量化打分，核定网格员补助，每分3.39元。形成"小事不出村、大事不出乡"治理态势，矛盾纠纷、信访案件等明显下降，群众的获得感、幸福感、安全感明显增强。

六　治理经验

（一）党建引领，不忘初心

菱角村党总支部共有党员 130 人，下设 8 个支部，根据上级要求，主动参与党支部规范化建设，每月固定时间开展主题党日和"三会一课"活动，同时开展党的二十大精神宣讲工作。

在李书记的带领与驻村工作队的配合下，菱角村积极开展基层党组织分类晋级和软弱涣散基层党组织摸底排查。在整改过程中，首先配齐党支部书记和村民小组长，其次针对群众反映强烈的问题，驻村工作队与村"两委"综合分析制定方案，于固定日期召开户主会，定期开展组织生活会、民主评议党员会议，优化村民小组党组织设置，增强村民小组党支部政治功能和组织力。进行菱角村党群服务中心改造，按照实际统一标准要求，变隔离式办事柜台为开放、互动的窗口服务，优化功能区设置，营造了温馨亲民的办公氛围。

菱角村不断推进民生事业，8 个自然村实用性村庄规划的编制全部完成并通过市、区、乡、村联合审查，建立健全退役军人服务体系，保障水平不断提高，落实好各项强农惠农政策，关心关爱妇女、儿童、老年人、残疾人等特殊群体做到动态管理、应保尽保。持续落实全民参保计划，公共服务体系更加健全。

常态化开展扫黑除恶斗争，命案防控、禁毒防艾人民战争扎实有效，信访积案化解成效明显，群众安全感、满意度不断提升。安全生产平稳有序，深入落实安全生产"十五"条硬措施，紧盯护林防火、防汛抗旱、交通、消防等重点行业领域，集中开展安全生产大排查、大整治工作。组织群众开展应急转移避险演练，确保关键时刻"方向对、跑得快"，最大限度减少人员伤亡。全年无较大及以上安全生产事故。基层治理稳步推进，全面实施基层民主"阳光工程"，落实村级工作准入清单、为民服务事项清单，完成村规民约制定。结合"小微权力"清单，对村级重大决策、工程建设、民生扶贫领域、代办事项进行梳理和规范。

（二）因地制宜，宜农则农

村"两委"依据菱角村实际情况明确发展思路、发展定位、发展战略，大力发展现代农业，根据市场需求因地制宜发展山上经济、林下经济，夯实产业根基，聚力打造特色优势产业，加强产业项目库建设，紧盯健康发展的优势产业，落实项目推进"三项制度"，充分发挥菱角村土地优势，坚持"乡村振兴，产业先行；以农为本，三产联动；绿色发展，生态驱动；政府引导，主体推动；市场导向，开放带动"，争取投资项目，进行产业结构调整，推动产业项目良性发展，带动群众增产增收。

首先，坚持"能退尽退"的原则，坚决把坝区、25度以上坡耕旱地、50亩以上集中连片种植区域、生态环境保护区、生态环境脆弱区、重要水源保护区等区域的低效籽粒玉米调下来，实现镇域内低效籽粒玉米零种植；其次，秉持"效益优先"的原则，因地制宜优先发展比较优势突出、市场需求量大、发展基础较好的产业，把玉米调减与培育区域特色农业紧密结合，将资源优势转化为产业优势、产品优势和竞争优势；最后，要"尊重农民意见"，不得侵害农民切身利益，不搞强迫命令，不搞"一刀切"，积极引导农民主动投身到种植业结构调整工作中来。

因地制宜调整产业种植结构分两阶段进行，第一阶段的任务如下。第一，明确责任主体。村"两委"主要负责同志要亲自研究种植业结构调整工作，安排部署好低效籽粒玉米调减工作。第二，完成图斑制作。根据省、州、县农业农村部门的统计数据，对2022年籽粒玉米种植面积造册登记，明确到村到组到户、到田间地头，明确四至界线，标注图斑，建立台账。第三，落实替代作物种植。以村为单位，统一做好替代高效经济作物种植规划；以户为单元，分片确定具体的种植方案，具体到种植品种、种植时间、收获时间、目标市场、预期效益等。第四，落实"包保责任"。实行层层包保、压实责任、一包到底，村包到图斑，网格员包到农户、到地块，确保每个地块的低效作物调减、替代作物种植均有专人负责。第五，加大宣传力度。一是积极向辖区内的种子经营户宣传调减玉米种植的意义，引导种子经营户减少低效籽粒玉米种子购进，优化销售品种。二是利用农民讲习所、院坝会、板凳会等形式，加大对玉米种植农户的宣传引导力度，让广大农户了解调整优化玉米种植结构的重大意义，帮助农户算好结构调整经济账，引导其发展蔬菜、水果、中药材等高效经济作物。第六，强化物资储备供应。按照"本地育苗、就近供应"原则，及时做好种子、种苗、肥料、农膜、农机具等物资储备和调剂供应，及时开展替代作物育苗基地建设，确保不误农时。同时对外调种苗要严把质量关和植物检疫关，确保质量安全。第七，加大执法检查力度。加强农资市场综合执法检查，整顿农资市场秩序，依法打击无证生产经营和制售假劣种子、种苗、农药和坑农害农等违法行为，保证农资质量。第八，加强技术培训。因地制宜根据高效替代作物计划种植情况，开展技术指导和培训工作，加大科技支撑和技术服务力度，帮助解决农民不会种的问题。

第二阶段的任务则是以下两个方面。首先，明确品种标识。鲜食玉米种植地块"插牌注明"（青贮玉米要"合同约定"），明确种植主体、种植品种和收获时间；其次，强化产销对接。积极与县农业农村局对接，帮助推动农产品进机关、进学校、进社区、进医院、进企事业单位、进超市"六进"活动，进一步提高全村农产品市场占有率，建立稳定的直销渠道和直供关系。

为了确保因地制宜调整的农产品从种植到销售每个阶段和环节的顺利衔接，菱角村委会分别从组织、部门、资金、示范引领、督促指导上进行了制度保障。

（三）多方参与，共建共管

菱角村以党建引领，明确责任主体，进行精准网格化管理，成立乡贤理事会，通过多种方式积极引导从农村走出去的农民工、知识分子、工商界人士、退休干部等乡村精英回乡参与乡村治理，建立村（社区）文明实践志愿服务小队参与乡村治理，唤醒村民主人翁意识，形成多方参与，共建共治共享的乡村治理格局。

第一，菱角村结合自身实际情况，主动、自觉履行抓党建责任，充分发挥党建引领作用，夯实支部战斗堡垒作用，以促进"基层党建、产业培育、人居环境提升、三务公开"四个示范乡建设为重点，牵头专题研究，督促班子其他人履行一岗双责；开好总支班子会、村组干部会、支部会，把上级各项会议精神、相关政策及时准确贯彻执行到户、到人，让各项工作有人抓，有人管；对照村级事务"阳光工程"要求，对于与群众利益相关的重要事项，协助村委会健全完善"四议两公开"议事决策机制，落实三务公开制度。村中按照"乡镇党委—村级党组织—村民小组党支部—党员—中心户"5 级网格体系建设要求，开展规范优化网格设置工作，以村民小组为单位设立网格，整合党建、综治、城管、应急等工作，确定网格员，明确网格职能，充实网格力量，推动基层治理发展。

第二，成立乡贤理事会，通过多种方式积极引导从农村走出去的农民工、知识分子、工商界人士、退休干部等乡村精英回乡参与乡村治理。菱角乡多措并举，通过"发出一封公开信、开展一次动员会、组织一次乡贤座谈、开展一轮实地走访、建一个微信群"等方式，以浓浓乡情呼唤游子，激发在外公职人员的"反哺情怀"。充分发挥网格员力量，全面动员定点帮扶单位人员和菱角籍公职人员、专业技术人员、务工经商人员、乡贤能人，为规划家乡建言献策。根据乡贤工作、学识、专长、技艺等特长和特性积极引导群众参与到乡村振兴、产业发展、项目建设、人居环境整治等工作当中，在商讨处理重要事项、矛盾纠纷时，邀请乡贤代表参加，通过乡贤理事会的及时介入，有效地促进矛盾就地化解。

第三，建立村（社区）文明实践志愿服务小队，书记担任队长，发挥党员先锋模范作用，村"两委"和驻村工作队党员走在前列，广泛吸纳在家无职党员、村民代表、入党积极分子、村级后备人才等先进分子、爱心村民参加，确保选优配强服务队员。服务队坚持因地制宜、自主自愿，不强制要求参与，服务队不设人数限制，坚决不搞"一刀切"，以身体健康、自觉自愿报名、服从管理、能够长期持续参加志愿服务的人员为主，确保队员真参与、有能力、可服务，以"我为群众办实事"为志愿服务理念并持续探索，李书记带领志愿者队伍聚焦解决群众"急难愁盼"等问题，构建广泛和活跃的志愿服务队伍，唤醒村民参与村庄治理的主人翁意识。

七 治理方向

（一）促进信息人才培养，推进数字乡村建设

结合《关于加强和改进乡村治理的指导意见》提出的，"到 2035 年，乡村公共服务、公共管理、公共安全保障水平显著提高"的目标，以及《数字农业农村发展规划（2019—2025 年）》提出的建设乡村数字治理体系的要求，乡村治理数字化的实现形式应聚焦于公共服务治理、公共管理、公共安全治理三个方面，分别对应乡村公共服务治理数字化、乡村公共管理与公共事务治理数字化、乡村公共安全治理数字化。在数字乡村建设中，产业是基础，人才是根本，数字乡村的发展离不开专业人才队伍的建设。

在与菱角村村书记的沟通过程中我们了解到，菱角村大量青壮年劳动力从农村流向了城市，留存的人口年纪偏大，受教育水平偏低，导致其对数字技术兴趣较低，故难以提升数字素养和技能，在村"两委"班子中，能熟练使用电脑的人都很少。此外，乡村经济发展相对落后，基本公共服务资源相对匮乏且质量不高，这导致乡村无法吸引人才尤其是数字人才来引导农村居民参与数字化建设，帮助农村居民提高数字素养与技能。

因此，为了解决菱角村信息人才缺乏的现象，首先，改善硬件设备，提升乡村网络设施水平，加快农村宽带通信网、移动互联网、数字电视网和下一代互联网发展，补齐农村公共服务短板，推动"互联网+社区"向农村延伸，提高村级综合服务信息化水平；其次，加大对村干部信息技术使用技能的培训力度，利用寒暑假等节假日采用志愿学时的方式方法邀请大学生等群体对村干部基本电脑操作进行培训，一方面提高村干部的技能，另一方面加深大学生的家乡情。

（二）提高干部综合素质，扩大后备干部来源

菱角村村干部队伍后继乏人，培养干部难。村干部队伍普遍文化水平较低、年龄偏大。就笔者所在镇，村党支部书记、村委会主任大部分 40 岁以上、不会用电脑，村文书因需要熟悉使用电脑的人员都是比较年轻的，但此部分人员又面临待遇低的问题，待不长久，导致村干部队伍不稳定、

人才留不住的情况。稳定队伍中大部分为年龄较大的人，文化水平较低，常用老经验办事，适应不了新形势下的工作要求。若从本村选拔人才，大部分青壮年外出打工，优秀的年轻人才通过读书离开了本村，大批农村有文化青年转向"城镇"，村里剩下"老、弱、病、残、幼"，干部队伍后继乏人。

第一，加强培训，提高村干部综合素质和工作水平。"上面千条线，下面一根针。"村干部就是这穿针引线人。做好脱贫攻坚与乡村振兴有序衔接，要求村干部必须有过硬的"绣花"功夫，才能"编织"出经得起历史和人民检验的幸福生活。现实中，村干部年龄偏大、文化水平偏低、能力偏弱、后继乏人等却是不少菱角村面临的境况。为此菱角村需要坚持岗位培训与学历培训并举、到外地参观学习与到产业基地实践相结合原则，抓好村干部市场经济、农业技术、法律法规、村务管理等学习培训，组织和推荐村干部去大专院校、州县党校、电大、农广校等参加致富技能知识培训，聘请市县各级农业科技专家来村举办农技知识讲座，培养一批有能力、懂技术、会经营的村干部，使村干部成为农村发展的领路人、组织创业的带头人，提高村干部带领群众致富示范能力。同时，通过抓培训提素质，教育引导村干部适应农村工作转变和形势变化，学会用企业经营理念和市场。

第二，扩大德才兼备及年轻高素质后备干部来源。首先，要推行"两推一选"，在本地区范围内公开、公平、公正地选拔村干部，将德才兼备且带领群众致富能力强的人充实到村"两委"班子。其次，菱角村打破常规束缚，不断拓宽选配"村官"路子，坚持既可以从乡镇党政机关及所属部门选派，也可从县所属部门或先进村中选派；既可公开向社会招聘，也可以从大中专毕业生中选拔。选拔靠得住、有本事、群众公认、公道正派的中青年和农村能人担任村干部，为班子和干部队伍补充新鲜血液。重视后备村干部队伍建设，把返乡务工青年、返乡大中专毕业生、退伍军人、科技专业人员吸纳到农业农村工作中来，增强服务群众的意识和本领，勇于开拓创新，因地制宜，带领群众发展产业，想方设法带领群众增收致富。

将培养教育与发展农村党员联系起来，建立一支年富力强、素质优秀的后备村干部队伍。

（三）完善公共空间建设，强化村庄集体记忆

乡村公共空间是村民可以自由出入，进行各种社会交往活动的公共场所，具有愉悦身心、提供公共服务、促进社会整合等多重功能。近年来，党和政府高度重视乡村建设，提出乡村发展要"让居民望得见山、看得见水、记得住乡愁"（张诚、刘祖云，2019）。

菱角村的村庄规划中提出对村庄公共空间的规划，其中提到，健身广场、农家书屋、综合服务中心、篮球场等基础休闲设施也都要具备，还要建设专门的老年服务中心。在这些建设过程中李书记也特别注重对"乡愁"和"记忆"的保存，用砍下来的竹子和树干做成篱笆、栅栏和亭子，"同心池""同德亭"等就来源于此。但是仍旧存在设施少、场地小、使用率低的问题，最大的问题就是这些公共空间缺乏活力和人气，村民很少使用也不关心其发展，针对菱角村的实际情况如何才能在资金有限的前提下提高公共空间的利用率呢？经过调研与文献查阅，笔者得出如下结论。

第一，以村民的集体需求为导向。乡村公共空间的建设来源于村民集体生活的需要，是为村民服务，而不是一项政治任务。在公共空间建设可召开村民大会、座谈会等，征求村民意见和建议，多问多看多观察，了解村民对公共空间建设的真正需求。例如在调研中，笔者发现，使用率最高的是居委会前面的篮球场，孩子和少部分年轻人会在那里打篮球、骑车、玩游戏，偶尔也会有妇女老人带着孩子过去，大多是"席地而坐"，由此可见桌椅板凳和遮阳亭是缺乏的。菱角村以老人、妇女和儿童为主要构成群体，夜晚男人们会聚集到某一家喝茶，妇女们则会跳跳广场舞或者在家休息，孩子们大多数和母亲、老人待在一起，这样的情况是否可以考虑，利用广场播放幕布电影，建设棋牌室和茶水间、儿童书屋等。

第二，综合考虑地理和文化因素。乡村公共空间建设的地理位置应结合专家意见和村民的实际需求寻找"最优解"，设施和规划也要充分考虑乡村特殊的自然环境、社会风俗、生活习惯等因素。例如，菱角村的"三六

九"群体其实运动需求并不大，更需要舒缓的建设或者是有趣的游戏，并且在该村还存在一棵百年"神树"，被认为是村庄里的"守护神"，逢年过节娶妻生子都会在树下上香敬酒，那么是否可以考虑在进行广场等建设时，在社会主义核心价值观的指导下通过壁画、照片等的形式对村民的行为进行约束或者增加该公共空间的吸引力。同时通过老歌、壁画、宣传语、照片、村民的手工制作等，展示菱角村的特色农作物、特色建筑、有杰出贡献的人物等，唤醒村民心中的乡情乡愁，进一步深化村民的集体记忆，增强村庄凝聚力。

第三，培育乡村多元主体，构建公共空间共治机制。多元主体作用在这里指的是广大村民的主体性作用、乡村精英的权威性作用和乡村社会组织的建设性作用。因为广泛的社会参与是实现社会共治的必要条件，也是维护和实现空间公共性的内在要求，所以只有多元主体积极参与，才能发挥乡村公共空间的议事协商、舆论监督、公共服务、秩序建构等公共性作用。共治机制则是指乡村协商机制和舆论监督机制。通过定期的村民大会、座谈会等协商平台，将乡村公共空间管理权逐渐转交给村庄的社会组织和村民，并且通过舆论监督机制，如"红黑榜"等对村民的行为进行规劝、约束和监督，实现公共空间的协商共治。

案例二　大德同心：多元产业"彝"起富

一　背景阐述

党的二十大报告提出，全面建设社会主义现代化国家，最艰巨最繁重的任务仍然在农村，并强调要发展新型农村集体经济，全面推进乡村振兴（李志东、王媛媛，2023）。在 2022 年中央农村工作会议上，习近平总书记指出，产业振兴是乡村振兴的重中之重，要依托农业农村特色资源，向开发农业多种功能、挖掘乡村多元价值要效益，向三次产业融合发展要效益，强龙头、补链条、兴业态、树品牌，推动乡村产业全链条升级（陈军，2023）。对于广大农村地区特别是脱贫地区来说，发展新型农村集体经济有着更为重要的现实意义。

近年来，曲靖市委、市政府高度重视村级集体经济发展，坚持党建引领、典型引路、因地制宜、因村施策，大力实施"消薄脱壳"三年行动、村集体经济强村工程，成绩斐然（郜晋亮，2022）。曲靖市沾益区多方位探索发展农村经济，因地制宜谋划集体经济发展模式，分类推进村集体经济提质增效。其中沾益区白水镇始终把发展壮大村集体经济作为增加群众收入、巩固拓展脱贫攻坚成果、推进乡村振兴的重要途径，因地制宜、一村一策，在实践中大胆探索，着力激活"资源、产品、人力"三大要素，通过健全机制、完善制度、加强培训、因地施策等方式千方百计壮大集体经济。截至 2021 年底，已实现村（社区）集体经济全覆盖，全镇实现村集体经济总收入达 423.15 万元，其中收入最高村（社区）达到 62.97 万元，收入最低村（社区）达到 5.85 万元，平均收入达到 32.55 万元，经营性收入超过 20 万元的村（社区）达 10 个。2022 年总收入均为 7 万元以上，平均收入达到 35 万元。[①]

白水镇大德村山地居多，水资源匮乏，过去以种植玉米、洋芋等传统作物为主，村民经济收入较低。为壮大村集体经济，带领村民增收致富，大德村调整产业结构，积极发展特色产业，通过整合土地资源、发展特色种植，蹚出了一条农民钱袋鼓起来、集体家底厚起来、企业效益提起来"三方共赢"的农村产业发展道路，实现从脱贫村到示范村的"蝶变"。

二 案例简介

（一）村庄概况

大德村是一个典型的彝汉聚居的民族村，距白水镇 13 公里，总面积为 39.98 平方公里，全村辖 7 个村民小组，有农户 810 户 3303 人（其中，彝

---

① 《沾益区白水镇党建引领实现村均集体经济收益 32 万元》，"沾益新闻"微信公众号，2022 年 9 月 26 日，https://mp.weixin.qq.com/s?__biz = MzU5MDQ0NTc3Mg = = &mid = 2247594279&idx = 1&sn = b3f2f06d99139458db6e62f7bdee4366&chksm = fe3d1c84c94a9592a4eb1a196b753de56b170a2082fef725c8dad1910174045ad47f71a0ceae&scene = 27。

族、回族、苗族等少数民族 214 户 1692 人）。2021 年，全村人均可支配收入为 10500 元。大德村是一个以"德"命名的多民族聚居村，民族文化源远流长。党的十八大以来，大德村按照习近平总书记提出的"铸牢中华民族共同体意识""中华民族是一个大家庭，一家人都要过上好日子"（习近平，2019）的要求，积极争取资金 2000 余万元，实施各类民生工程，有效改善了各族群众的生产生活条件，为大德村民族融合、团结进步打下了坚实基础。大德村也曾获评"全国文明村""中华孝心示范村""省级民族团结进步示范村"等荣誉称号。

作为强根基、稳增收的重要手段，大德村以产业振兴作为乡村振兴战略的重要抓手，牢固树立以高质量党建引领高质量发展的理念，强力实施集体经济强村工程。大德村多次召开班子会议研究产业发展定位，立足自身地理位置优越、土地资源优势、气候适宜等条件，种植工业辣椒、迷迭香；利用资源平台，引进龙头企业京福养殖场、云南湘菊农业发展有限公司，不断完善"党总支+贫困户+合作社+龙头企业+项目"的资产收益产业扶贫模式，以龙头企业带动产业发展，促进群众增收，大德温氏"五方聚力"是全省产业扶贫典型模式。到 2022 年 12 月 15 日为止，大德村共引进种植迷迭香 1000 余亩、种植蔬菜 800 余亩、经济林果 200 余亩，建设大德温氏养殖小区 1 个、养殖场 2 个、腐殖土加工厂 1 个、人工菌种植基地 1 个，成功引进龙头企业 2 家，实现村集体经济收入 100 余万元，带动村民稳定增收人均 1000 余元。2021 年，大德村集体收入达 82 万余元，人均可支配收入为 1.86 万元；2022 年村集体经济收入达 95 万元。①

（二）发展实践

1. 还田技术新模式，种养循环可持续

据了解，我国畜禽粪污排放量大，每年排放量约 38 亿吨，这些粪污成为农业面源污染的主要来源。排出物中含有大量病原微生物和寄生虫卵，会产生病原菌危害、臭气等污染，直接还田容易造成土壤污染，达不到理

---

① 《大德村委会 2022 年工作总结》，大德村内部资料，2022 年 12 月 15 日。

想的效果。畜禽粪污用则利、弃则害，它能够产生沼气、生物天然气等清
洁、可再生能源，还可以加工成有机肥料。可以说，畜禽粪污是"放错了
地方的资源"，利用好它们，对于改善广大农村的生产生活环境、改善土壤
生产能力、治理农业面源污染具有非常重要的实际意义。

为实现粪肥就近就地还田，推动农业绿色高质量发展，沾益区以项目
带动区域内粪肥还田利用，在实行"液体粪肥+水肥一体化""液体粪肥+配
方肥""固体粪肥+配方肥"等绿色种养循环技术模式的基础上，创新技术
模式，大胆尝试新的喷施方式，不断补齐液态粪污"出路"短板，降低运营
成本，提高规模效益，促进"污染源"向"营养源"转变，打通种养循环堵
点，突破化肥农药减施增效难点，稳步推进绿色种养循环农业的试点工作。

大德村积极探索绿色发展的新路子，于2018年引进曲靖康庄肥业有限
公司，曲靖康庄肥业有限公司通过对养殖场的粪污收集，经过固液分离，
对尿液进行有氧发酵，除臭和肥料化技术处理还田，真正实现化肥减量增
效，促进农业绿色循环发展，进一步保障生态环境安全。除此之外，曲靖
康庄肥业有限公司带动了农户10户50人流转土地50亩，价格为800元/
亩，共计4万元。集体每亩50元，共计2500元。每年带动800余人次就近
务工，价格为100元/（人·天），共计8万元。白水镇大德村委会党总支
书记张爱仓说："粪肥还田不仅解决了大德片区5家养殖场粪污处理的难
题，而且增加了我们当地2万多亩土地的肥力，让我们800多户3000多老
百姓享受到了项目带来的实惠。"

（1）创新粪污收集机制，构建养殖粪污全闭环的绿色收储模式

根据周边现有的3家规模化养殖场的实际，按照就近处置加工的原则，
采取"有机肥厂+养殖场"一体化全闭环粪污收集模式，通过直接架设管道
的方式将粪污输送到公司粪污收集池，进行干湿分离和分类处理。通过全
闭环粪污收集，在解决养殖场粪污排放难题的同时，将养殖粪污闭环收集，
有效杜绝了养殖废弃物排放的风险。

（2）创新粪污处理机制，构建粪肥科学高效生产的绿色利用模式

加强粪肥利用技术研发，在规模化利用固体粪肥生产优质商品有机肥、

生物有机肥等产品的基础上，把液体粪污处置加工作为技术研发重点，经过不懈努力研究出液态畜禽粪污好氧发酵制肥工艺技术，并在生产实践中运用，取得了较好成效，为批量化处置液体粪污开辟了全新的途径。

（3）创新质量控制机制，构建粪肥安全有效的绿色产品模式

针对生产的系列固体液体粪肥产品，规范生产工艺、强化质量管理，在保证粪肥养分充足的前提下，严格控制粪肥中的有害物质。生产的粪肥产品在严格自检的基础上，积极配合相关部门进行质量抽检，坚决杜绝不合格产品进入田间地头。

（4）创新粪肥利用机制，构建粪肥高效利用的绿色还田模式

在实施绿色种养循环区域内，结合沾益区农业产业结构发展布局，围绕粮食、蔬菜、水果、中草药等作物种植，积极配合区农业农村局，将生产的粪肥产品施用与测土配方施肥、水肥一体化施肥、有机肥替代化肥等措施有机结合，积极探索粪肥施用技术模式和还田标准，走出了一条节本增效的粪肥高效利用新路子。

曲靖康庄肥业有限公司坚持践行绿色生态发展理念，着力探索绿色、低碳、循环、可持续发展新路，以"改良土壤、提高品质、增产增收"为主攻方向，专注于生物有机肥料的研发，专业解决作物生长根际环境，从根本上解决食品安全和有机肥"用量大、见效慢"的两大难题，年综合处理农作物秸秆、畜禽粪污等农业废弃物40万吨，年产生物有机肥20万吨，推动大德村乃至沾益区的农业绿色可持续发展。

2. 土地流转地生金，迷迭香飘致富路

迷迭香可用于制作香水、精油、香料等，具有耐旱、抗病性强、少虫害、易种好养、见效快、一次栽种可多次收获的生长特性，为农户减少了栽种成本，并且每亩产值可达4000余元，农户种植成本低，收效快。2022年大德村引进云南湘菊农业发展有限公司，该公司法人赵立志流转农户的150余亩土地自己种植迷迭香，盘活腐殖土加工厂，租金每年6万元，用于建设加工迷迭香，租赁养老活动中心，租金每年8000元，用于生活区。

大德村委会同时动员村组干部和农户带头种植200余亩，实行"企业+

基地+农户"的发展模式，由云南湘菊农业发展有限公司统一提供种植嫩苗、专业技术指导、保底收购价，免去种植户运输售卖的后顾之忧，实现了种植、收购、初加工"一条龙"发展。大德村通过引进该企业，带领老百姓种植迷迭香，将土地资源充分利用起来，在为大德村的老百姓增收增产的同时也提供了大量就业岗位。2022 年该基地流转土地种植的 150 余亩迷迭香，除了每亩土地流转资金收入外，还带动 100 余名村民就业，每人每年增加就业收入 4500 元。

下一步，大德村将动员更多农户参与迷迭香种植，盘活土地资源，增加经济收入，走出一条特色产业助力乡村振兴之路。接下来大德村计划扩大迷迭香种植面积 1000 亩，每亩产量达到 3000 公斤，集体经济预计增收 45 万元。

3. 产业扶贫见成效，生态养猪助扶贫

大德村有着一个现代化、高效化、标准化生猪养殖示范小区，这是大德村立足产业扶贫，于 2016 年 11 月与全国知名生猪养殖企业广东温氏集团"联姻"，整合各方资源建设而成的项目。该项目闯出了一条绿色生态、循环持续的产业扶贫新路，实现了企业、村集体、贫困户的多方共赢。

大德温氏产业扶贫示范项目采取"党支部+合作社+贫困户+龙头企业+项目"的资产收益扶贫新模式，由村党总支牵头、全村 52 户建档立卡贫困户加入，成立大德生猪养殖专业合作社，由温氏集团统一提供仔猪、饲料、技术服务和实行最低保护价回收支撑。项目采用"委托职业经理人+贫困户"的经营管理模式，在温氏集团养殖模式框架下进行养殖经营管理，培训聘用有意愿、有能力、有责任心的贫困户进行科学养殖，确保高效率管理、高效益产出；建立科学合理的收益分配机制，政府扶持资金形成的资产归村集体所有，产生的收益由贫困户和村集体分成；村小组以土地流转折资入股分红收益，职业经理人薪资采用保底工资加提成的方式，收益扣除管理成本，剩余部分按 6∶4 的比例分配，实现企业、村集体、贫困户多方共赢。

现代化养猪场改变了传统农户散养的模式，成为精准扶贫的新模式，为企业和农户带来了可观的经济效益。村委会通过引进龙头企业，培植致富产业，不仅让全村 17 户 50 人脱贫摘帽，还壮大了村集体经济（袁海毅，2018）。据了解，生猪养殖年出栏 6000 头，带动农户 12 户 60 人流转土地 32 亩，价格为 500 元/亩，共增收 16000 元，每年带动贫困户务工 1500 余人次，价格为 80 元/（人·天），共计 12 万元。集体经济增收 48 万元/年。[1]

4. 返乡种植人工菌，自主创业促发展

乡村振兴，人才是关键。近年来，大德村充分发挥乡贤人才在推进乡村振兴、促进基层治理中的积极作用，深入挖掘乡贤资源，畅通乡贤沟通渠道，推动形成乡村治理"共谋共建共治"的良好局面。大德村于 2020 年回引本村优秀人才孙买方在海子头创立云南拓新农业科技有限公司，引进人工菌种植，发展平菇、榆黄菇等多个品种的人工菌种植。

大德村投入 150.5 万元建设大棚 20 个种植人工菌，按照"公司 + 村委会 + 贫困户"的模式，吸纳村里 40 户 136 人建档立卡贫困户，在平菇种植基地务工分红增加收入，在带动贫困户增收的同时，每年为村集体增收 3.6 万元。[2] 平菇不但产值高，而且劳动强度不大，尤其方便了当地群众务工，自开始栽培食用菌以来，经过不懈努力，2022 年，该基地全年可产平菇 100 吨，总产值 50 万元，有效利润 25 万元，[3] 为村民增添了一条增收致富的路子。

三　发展成效

（一）多元产业融合发展，推动村庄建设

产业兴旺是乡村振兴的重点。随着产业转型升级的进程不断推进，产业多元化在现代经济发展中也占据着重要地位。产业多元化会影响区域经济发展的机制，推动区域产业结构的多元化进程，有效预防某一产业危机的到来，同时也保障了大多数人的就业（郭莹，2020）。多元产业集聚既是产业融合发展的空间现象，也是产业融合发展的重要平台（陈怀锦、周孝，

---

① 《大德村委会 2022 年工作总结》，大德村内部资料，2022 年 12 月 15 日。
② 《大德村委会 2022 年工作总结》，大德村内部资料，2022 年 12 月 15 日。
③ 《大德村委会 2022 年工作总结》，大德村内部资料，2022 年 12 月 15 日。

2019）。近年来，沾益区围绕乡村振兴战略，多措并举，立足市场需求，科学规划产业布局，不断调整优化农村产业结构。大德村积极响应沾益区产业发展战略，始终坚持以高质量党建引领高质量发展的理念，千方百计盘活闲置资源，不断明确大德村产业发展定位，立足自身地理位置优越、土地资源优势、气候适宜等条件，因地制宜发展多元产业。

作为强根基、稳增收的重要手段，大德村以产业振兴作为乡村振兴战略的重要抓手，近几年立足自身优势，通过招商引资和土地流转等多种方式，发展多元产业，推动产业结构多元化，在发展村庄经济的同时也给当地的农户提供了就业岗位，促进农民有效增收。

1. 改善农民生活水平

2016 年以前，大德村无集体经济收入，2016 年大德村引进温氏集团，村集体每年可收益 10 万元，后因养殖技术限制和非洲猪瘟影响，委托给温氏集团进行经营管理，每年收益 48 万元。结合"三联三争"工作，截至 2023 年，大德村已发展红露苹果、迷迭香、特色蔬菜等多种特色产业，同时充分利用资源平台，与温氏集团、康庄肥业等合作，打造多元产业体系，2022 年村集体经济收入达 95 万元，并将农村集体经济发展壮大取得的红利惠及广大人民群众，群众收入明显提高，农民幸福感明显提升。① 大德村坚持把扶持壮大村集体经济与巩固拓展脱贫攻坚成果、推动乡村振兴、促进农村增收有机结合起来，坚持以市场为导向，根据各村资源情况和产业发展现状，探索村集体经济多种发展途径，实现村集体经济稳步增收。

（1）红露苹果

以村民王岳峰、张春为代表，发展红露苹果 90 亩，每亩产值为 1 万元。带动村内 100 人就近务工，增收 1 万元；大德村小组和大水井村小组流转土地 90 亩，增收 4.5 万元。②

（2）温氏养猪

2017 年引进龙头企业温氏集团，建设大德生猪养殖小区，年出栏 6000

---

① 《大德村委会 2022 年工作总结》，大德村内部资料，2022 年 12 月 15 日。

② 《大德村委会产业发展概况》，大德村内部资料，2023 年 2 月 28 日。

头，带动农户 12 户 60 人流转土地 32 亩，价格为 500 元/亩，共增收 16000 元，每年带动 1500 余人次务工，价格为 80 元/（人·天），共计 12 万元。集体经济增收 48 万元/年。[①]

（3）康庄肥业

2018 年引进曲靖康庄肥业有限公司，带动农户 10 户 50 人流转土地 50 亩，价格为 800 元/亩，共计 4 万元。集体每亩 50 元，共计 2500 元。每年带动 800 余人次就近务工，价格为 100 元/（人·天），共计 8 万元。[②]

（4）人工菌

2020 年回引本村优秀人才孙买方在海子头创立云南拓新农业科技有限公司，引进人工菌种植，共建设大棚 20 个，集体流转土地 18 亩，价格为 800 元/亩，共 14400 元，村集体入股 12 万元，每年收入 2 万元，镇级公司入股 25 万元，每年收入 5 万元。每年带动 800 余人次务工，价格为 100 元/（人·天），共计 8 万元。

（5）迷迭香

2022 年引进云南湘菊农业发展有限公司，种植迷迭香，带动农户 61 户 300 余人种植 240 亩，每亩产值 3000 元，共计带动农户增收 72 万元。流转土地 160 亩，价格为 850 元/亩，集体收入为 100 元/亩。从种植、中耕管理、收割，共带动 1000 余人就近务工，价格为 100 元/（人·天），共计 80 万元。盘活了大德村腐殖土加工厂，每年租金 6 万元；成立老年活动中心，每年租金 8000 元。

（6）养牛场

2022 年引进了云南京福农业有限公司，发展养牛产业，带动农户 7 户 35 人流转土地 32 亩，价格为 850 元/亩，共计增收 27200 元，每年带动 800 余人就近务工，价格为 100 元/（人·天），共计 8 万元。下一步带动农户种植青贮饲料 1000 亩，预计农户每亩增收 1500 元，共计 150 万元。

---

① 《大德村委会产业发展概况》，大德村内部资料，2023 年 2 月 28 日。
② 《大德村委会产业发展概况》，大德村内部资料，2023 年 2 月 28 日。

（7）特色蔬菜

2022 年引进蔬菜种植户，带动农户 70 户 350 人流转土地 196 亩，价格为 500 元/亩，共计增收 9.8 万元。集体每亩 300 元，共计 5.88 万元。每年带动 1600 余人次就近务工，价格为 100 元/（人·天），共计 16 万元。

2. 完善基础设施建设

习近平指出："要把好乡村振兴战略的政治方向，坚持农村土地集体所有制性质，发展新型集体经济，走共同富裕道路。"［《习近平谈治国理政》（第三卷），2020］农村集体经济是我国社会主义公有制经济的重要组成部分。党的二十大报告强调"巩固和完善农村基本经营制度，发展新型农村集体经济，发展新型农业经营主体和社会化服务，发展农业适度规模经营"（习近平，2022）。因地制宜、结合地区实际探索发展新型农村集体经济，是深化农村改革和全面推进乡村振兴的重要手段，对于改善农民生活水平、推进基础设施建设具有重要作用。

与传统的农民合作社分红模式并不相同，大德村的集体经济收入大多用于村庄的基础设施建设。为全面落实乡村振兴"产业兴旺、生态宜居、乡风文明、治理有效、生活富裕"的工作方针，大德村用活用好村集体经济，从解决群众最关心、最现实的问题入手，把改善基础设施与农村人居环境整治相结合，大力实施农村基础设施建设工程，将村集体经济用在群众最关心的问题上，如建设老年活动中心、开办爱心超市、修建同心广场、实施道路硬化等。据了解，大德村下一步还将利用村集体经济收入，继续打造壮大"种养肥"循环农业示范园。随着村集体经济的日益壮大和村内基础设施的不断改善，村集体为群众办实事的能力也越来越强，群众思想素质不断提升，大德村于 2017 年创建为"全国文明村"，2020 年复检蝉联"全国文明村"。

（二）生态农业循环发展，实现种养循环

生态循环农业是现代农业发展过程中的一种新的农业发展模式，能够实现生产过程各个环节的有效衔接（宋路平，2022）。"坚持绿色发展、循环发展、低碳发展"是推进循环农业发展的根本。《"十四五"全国农业绿色发展规划》要求加强农业生态保护修复，提升生态涵养功能；打造绿色低碳农业产业链，提升农业质量效益和竞争力；健全绿色技术创新体系，强化农业绿色发展科技支撑；健全体制机制，增强农业绿色发展动能。①

2018年，大德村引进曲靖康庄肥业有限公司，以农业农村部绿色种养循环农业试点项目为契机，结合村庄实际，围绕养殖粪污收集、粪肥加工处理、粪肥还田利用等环节推进机制创新，强化技术引领，真正实现农业生产的经济效益、社会效益与生态效益的有机结合。

1. 种养结合，增产增收

曲靖康庄肥业有限公司利用好氧发酵技术把养殖畜禽粪污变粪肥，液体粪肥通过设置好的加液口压送到遍布田间地头的农田管网。生物有机肥在种植业中的推广使用，既能促进农作物增产增收，又能够改善农田土壤肥力、提升农产品品质，发展生物有机肥产业能变废为宝，实现农牧业废弃物资源化利用，通过生物有机肥在农牧业废弃物和种植业间搭建起一座桥梁，走出一条"种养肥"循环的高品质现代农业发展道路。

2. 科学还田，循环发展

在2021年绿色种养循环项目试点的过程中，康庄肥业在粪肥还田三种技术模式的基础上充分利用现有的农田基础设施，利用管道安全科学有效地进行还田，真正实现了还田范围宽、还田效果好。2022年，沾益区分别在菱角、播乐、白水等7个乡镇布局实施粪肥还田10万亩，康庄肥业作为绿色种养循环农业试点项目实施中的重要推手，大力推进畜禽粪污资源化利用，不断提升耕地质量，带动畜禽养殖场粪污综合利用率达到95%，项目区化肥施用量减少3%，粮经作物增产5%以上，有效促进农业绿色低碳循环发展。

3. 文化事业蓬勃发展，彰显民族特色

（1）完善公共文化体系

大德村是一个彝汉混居的村，有彝族、回族、苗族等少数民族214户

---

① 《农业农村部等6部门联合印发〈"十四五"全国农业绿色发展规划〉》，中国政府网，2021年9月9日，http://www.gov.cn/xinwen/2021-09/09/content_5636345.htm。

1692 人，主要居住在大德村民小组。彝族火把节、女人节、毕摩、图腾崇拜……勇敢、善良、智慧、勤劳的彝族人民将这份厚重的彝族文化、迷人的彝族风情代代相传。为满足新时期农村文化建设的需要，大德村持续推进农村公共文化体系建设。

针对村民日益增长的物质文化需求，在白水镇党委政府的支持和配合下，大德村充分利用项目资金和村集体经济，建设了彝族文化传习所，传习所从农户的家中收集了大量彝族文化特色展品，按照类别分成了节祭庆典、民族服饰、生产劳动 3 个板块。

为了满足人民群众日益增长的精神文化需要，大德村建设了综合文化服务中心和新时代文明实践站，改造升级现有乡镇文化站场所，配置高标准音响、电脑、桌椅等办公活动设备，农村文化服务中心功能逐步完善。大德村还建设了农家书屋，配备各类报刊书籍千余种，配备专职管理员，农家书屋免费对外开放，为村民读书学习提供服务；建设面积达 23 亩的同心广场 1 个，并配备 12 种体育健身器材、1 座老年门球场，为农村群众开展文体活动提供了场地，且定期开展文艺、科技、农业及实用技能培训，农村公共文化服务能力大幅度提升。

除此之外，大德村还建立了妇女刺绣小组，为传承彝族刺绣文化提供了场所；建立了未成年人活动室，并针对未成年人免费开放；建设起居家养老服务中心，为老年人提供娱乐休闲场所，并开办老年人幸福餐桌，后因疫情影响虽然未继续开办，但将其租给云南湘菊农业发展有限公司，租金作为集体经济的一部分投入村庄建设中来，大德村的文化服务体系日渐完善。

（2）丰富公共文化活动

2022 年 8 月 16 日，中共中央办公厅、国务院办公厅印发了《"十四五"文化发展规划》，指出要广泛开展群众文化活动，健全支持开展群众性文化活动机制，加大对基层的扶持引导力度，拓展群众文化参与度。① 近年来，

---

① 《中共中央办公厅 国务院办公厅印发〈"十四五"文化发展规划〉》，中国政府网，2022 年 8 月 16 日，http://www.gov.cn/zhengce/2022-08/16/content_5705612.htm。

大德村常态化开展新时代文明实践站活动及志愿活动，并结合该村的民族特色，开展彝族火把节系列活动和大德村独有的三月属马女人节活动，进一步唱响独具魅力的大德村优秀彝族文化特色，充分展示大德村"全国文明村"和"民族示范村"的良好印象，不断巩固提升"民族团结进步示范村"创建成果，积极开展创建活动。

大德村党群服务中心积极指导各自然村群众开展农民丰收节、广场舞等丰富多彩的文体活动，还定期开展道德讲堂、党课宣讲、法治知识宣讲等宣教活动，不仅丰富了群众的文化生活，也普及了法治教育，提高了群众的道德与法治素养。不仅如此，大德村每年还会评选"孝老爱亲示范户""五星示范户""清洁卫生示范户""遵纪守法示范户""自立自强示范户""诚实守信示范户"，并对获评优秀称号的各位户主进行表彰，激励、引导受表彰的群众充分发挥好示范带动作用，通过"一人引领一户、一户带动一片"的方式，让更多家庭自发参与支持各项工作开展，以此激发广大群众比、学、赶、超的内生动力，推动发展，助推乡村振兴。

四　经验推广

（一）党建引领，激发产业发展活力

作为典型农业村，为巩固拓展脱贫攻坚成果同乡村振兴有效衔接，白水镇大德村坚持以党建引领产业发展，通过强化组织带动、整合土地资源、引入龙头企业，在壮大村集体经济的同时，不断带领群众增收致富，跑出乡村振兴的"加速度"。

1. "党建+土地流转"，提供基本保障

大德村充分发挥基层党组织的战斗堡垒作用，把服务农村土地流转作为党建工作的突破口，由村党总支牵头、党员干部包户，积极入户走访做好土地摸排、宣传动员、政策解答，引导群众主动参与流转；秉持"平等、自愿、有偿"的原则，将"四议两公开"制度贯穿于土地流转的全过程；农户将承包土地有偿委托给村"三联三争"公司，再由村公司统一规划、统一调配、统一引进经营主体，为发展规模化农业铺平了道路。

2. "党建+龙头企业"，助推农户增收

大德村积极探索企业引领产业、产业致富百姓的致富增收路径，通过村党总支严格把关，引进多家龙头企业，建设红露苹果、迷迭香、特色蔬菜等种植基地，由企业统一提供技术指导、统一收购、统一销售。村民在获得土地流转租金收入的同时，还能就近参加劳务增加务工收入。一方面，村集体通过提供管理服务和劳务信息，从公司收取一定服务费用，进一步拓宽集体经济收入来源；另一方面，企业通过将劳务转包给附近农户，有效解决了用工问题。

3. "党建+特色产业"，扩大产业规模

通过探索"党总支+龙头企业+基地+农户"的特色种植产业，大德村形成了多元产业融合发展的特色农业，实现土地年租金收入98万元，带动群众就近务工，为村集体经济增收。在逐步壮大产业规模的同时，为了让更多群众受益，白水镇大德村进一步拓宽产业发展思路，先后试种成功红露苹果、山地蔬菜等特色农产品，以"多元化"的产业布局助推乡村振兴。

通过整合土地资源、发展特色种植，白水镇大德村初步蹚出了一条"农民钱袋鼓起来、集体家底厚起来、企业效益提起来"三方共赢的农村产业发展道路，实现了从脱贫村到示范村、从空壳村到实心村、从问题村到文明村的转变。

（二）生态循环，促进产业持续发展

2018年，大德村引进曲靖康庄肥业有限公司，生产的有机肥主要是利用农作物秸秆、养殖场粪污、牛骨渣、农产品加工废料等农业废弃物，使其变废为宝，经过科学加工，生物发酵成对农作物有益的有机肥产品，走生态循环农业路子，推动农业可持续发展。

1. 变废为宝，促进农业可持续发展

我国畜禽粪污排放量大，这些粪污是农业面源污染的主要来源。在农村，农作物秸秆和畜禽粪便往往被视为废弃物，处理起来麻烦，弃置又会造成环境污染，一直是困扰农村发展的大难题。康庄肥业将废弃的农作物秸秆、畜禽粪便和牛骨渣等集中起来，经过粉碎、混料、发酵、成化等工艺，把农业废弃物变为有机肥。变废为宝后，既能向农作物提供多种有机养分，提高土壤肥力，又能改善土壤板结，降低作物病虫害的发生，达到节本增收的效果。在农村人居环境提升过程中，沾益区围绕无处安放的秸秆、畜禽粪便这一难题，树立绿色发展理念，扶持康庄肥业，利用有机肥生产技术，将秸秆和畜禽粪便等农业废弃物转化为优质生物有机肥，让农业污染变身绿色资源，为当地农业废弃物无害化处理和循环利用探索出了一条新路，促进循环农业的可持续发展。

2. 创新模式，提升农业资源利用率

康庄肥业通过对养殖场的粪污收集，经过固液分离，对尿液进行有氧发酵，创新粪污处理和利用机制，构建了新的"种养肥一体化"循环产业链，提升农业资源利用率，真正实现化肥减量增效，实现种养产业科学循环，减少环境污染，提高农产品的品质与产量，促进农业绿色循环发展，进一步保障生态环境安全。

（三）民族团结，助推产业高质量发展

大德村以铸牢中华民族共同体意识为主线，以各民族共同团结奋斗、共同繁荣发展为主题，全面巩固提升民族团结进步创建工作，将民族团结进步优势转化为推动产业发展的资源优势，将民族团结创建工作与乡村振兴深度融合，走出了一条民族团结进步引领产业发展、产业发展促进民族团结进步的发展新路子。

大德村是一个以"德"命名的彝族民族村，民风淳朴，彝族文化源远流长，区域特色鲜明，有着深厚的彝族文化底蕴，曾被评为"中华孝心示范村""省级民族团结进步示范村"，村里还有汉族、苗族等多个民族。大德村委会紧紧围绕"民族团结进步，共同繁荣发展"这一主题，以"民族团结进步示范村"创建工作为平台，结合镇政府"七改三清"的要求，持续开展拆"两房"、清"四堆"、变三园、改户厕工作，2021年6月9日，建成"四堆"集中堆放点1个、畜禽养殖粪污处置中心1个，配备简易垃圾箱100余只，新建垃圾焚烧炉1座。人居环境整治行动开展以来，共发动党员群众1000余人次，清理河道沟渠 3000 公里、清理"三堆"1000 余堆、拆除老旧危房 180 间、改户厕 200 余个、硬化道路 20 公里、种植行道树 1700 株、建花台 6 个、修葺围墙 1000 米、拆墙透绿 60 余米、建设"三园"60 余个、村内绿化 3000 余平方米、涂刷外墙 1770 平方米、美化亮化村庄墙体彩绘宣传图画 200 余平方米。① 在人居环境提升的同时也为产业发展提供了基本保障,各族群众也在共同的生产生活中互相交往交流交融,不断推进民族团结进步事业。

> 就基本平时开什么会、整什么活动,只会以组来分,比如说我是大德村,你是小黑石头(村),我是大黑石头(村),你是大水井(村),我是哪点(哪里),或者我是大德一组、二组,只会以这种组来分,不会说你是彝族,我是汉族或者咋个些(其他的),不会以民族来分。②

大德村各民族之间始终保持着良好关系,真正做到了各民族交往交流交融,这不仅体现在日常生活中,还体现在产业发展上。大德村坚持把项目建设作为促进民族团结进步创建的重要支撑和有力抓手,积极招商引资,为推动重点产业链建设提供了强劲动力。同时以增进各族群众获得感、幸福感为出发点,积极争取项目建设资金,重点围绕国家产业政策和投资导向,重点支持文化保护传承利用、高标准农田建设等项目,为发展生态循环农业提供了重要前提,为村庄民族工作和经济社会高质量发展提供了重要保障。

五 建议

(一)规范土地流转程序,维护农户基本利益

通过土地流转,可以实现规模化生产,从而成为乡村振兴中发展农村经济的保障(朱敏霞,2020)。土地流转能够有效提高土地资源配置效率,

---

① 《大德村委会人居环境提升工作总结(2018—2020 年)》,大德村内部资料,2021 年 6 月 9 日。
② 大德村妇联主席,2023 年 2 月 2 日。

激活农业剩余劳动力的转移，为农业规模化、集约化、高效化经营提供广阔空间。但笔者在走访中了解到，目前村里仍有许多农户并不清楚土地流转的具体程序，从而出现了一些不规范流转土地的行为，导致土地承包关系混乱，并因此产生经济纠纷，引发矛盾。

在发展规模化产业的过程当中，不可避免地要实现连片种植，需要进行土地流转，因此建立健全土地流转的长效工作机制是重点。首先，可以通过加大法律法规宣传引导力度规避风险，进一步做好相关法律法规、政策文件宣传解读，引导镇村干部和农户在土地流转中知法、懂法、用法。其次，规范土地流转合同签订程序，制定统一合同示范文本，还要严格执行土地流转审查备案制度，合同签订后，严格按照相关政策要求上报审批备案，切实保护农户在土地流转中的利益。

（二）增强风险防范意识，切实保障农户增收

大德村地形以山地为主，地势高，水资源匮乏，过去农户主要种植玉米、洋芋等传统作物，村民经济收入较低。如今为壮大村集体经济，带领老百姓增收致富，大德村调整产业结构，积极发展特色产业，通过土地流转引进多元产业，改变了村民原本单一的收入结构，但在产业快速发展的同时农户也面临更多的生产风险。在对村干部的访谈中我们了解到，之前曾出现过因为气候影响导致蔬菜种植缓慢，上市时间滞后，价格急剧下降的情况，给农户带来了极大的市场风险。因此，增强村干部和农户的风险防范意识，做好风险预案，对于降低农户生产损失、保障农户切身利益是十分重要的。与此同时，政府应出台鼓励政策性农业保险和商业性农业保险互补的政策体系，创新农业保险产品，通过价格保险和灾害保险等手段分散农业生产经营风险（张明皓、叶敬忠，2021）。

（三）拓宽产业融合层次，促进产业融合发展

目前来说，虽然我国农村产业融合模式多样，但都存在的普遍问题是各个产业之间的融合层次较低，融合程度大多停留在初级阶段（杨建利、邢娇阳，2017）。以农业产业链延伸而言，农业产业链延伸是指在农村完成农产品从生产、加工到销售的一系列环节，并且在每个环节中提升农产品

附加值，进而使农民获得更多增值收益。大德村现阶段的很多农产品加工大多只是对农产品进行最简单的初级加工，如迷迭香只是进行简单的烘干、脱叶、装袋，后续的深加工以及分销都未涉及，融合链条短，产品附加值低，价值链难以提升，农户所获增值收益的空间也有所受限。

以农业多功能性拓展而言，农业可以与教育、康养、文化及旅游等多种产业进行深度融合，不断拓宽产业融合层次，衍生出新的产业。同时也可以根据农村产业融合发展需要，培育生产经营型、专业技能型、专业服务型等新型农民，发挥其在推广新技术、打造新业态等方面的引领作用，使新型农民培育与农村产业融合发展模式紧密结合、相互支持，进一步推进农村产业融合，促进农村产业高质量发展。

参考文献

著作：

彼得·蒙德尔、丹尼·迈尔斯、南希·沃尔、罗杰·勒鲁瓦·米勒，2000，《经济学解说》（第三版），胡代光等译，经济科学出版社。

邓伟志主编，2009，《社会学辞典》，上海辞书出版社。

斐迪南·滕尼斯，1999，《共同体与社会》，林荣远译，商务印书馆。

费孝通，2012，《乡土中国》，北京大学出版社。

黄安永、叶天泉主编，2004，《物业管理辞典》，东南大学出版社。

金炳镐，2007，《民族理论通论（修订本）》，中央民族大学出版社。

库少雄主编，2014，《人类行为与社会环境》（第二版），华中科技大学出版社。

黎熙元主编，2007，《现代社区概论》（第二版），中山大学出版社。

鲁洁主编，2001，《教育社会学》，人民教育出版社。

吕方等，2020，《脱贫攻坚与乡村振兴衔接：组织》，人民出版社。

《马克思恩格斯选集》（第四卷），1995，人民出版社。

《马克思恩格斯选集》（第一卷），1995，人民出版社。

彭华民主编，2016，《人类行为与社会环境》（第三版），高等教育出版社。

沈传亮，2017，《全面深化改革：十八大以来中国改革新篇章》，人民出版社。

宋晓东主编，2015，《西方经济学（宏观部分）》，北京航空航天大学出版社。

陶行知，2022，《陶行知全集（新编本）》（第六卷），华中师范大学出版社。

万江红、张翠娥主编，2022，《农村社会工作》（第二版），复旦大学出版社。

王佳主编，2019，《小组社会工作理论与实务》，上海交通大学出版社。

王珏编著，1998，《重读〈资本论〉》（第一卷），人民出版社。

王思斌，2006，《社会工作概论》（第二版），高等教育出版社。

习近平，2019，《在全国民族团结进步表彰大会上的讲话》，人民出版社。

习近平，2022，《论"三农"工作》，中央文献出版社。

《习近平谈治国理政》（第三卷），2020，外文出版社。

于显洋主编，2016，《社区概论》（第二版），中国人民大学出版社。

张海鹰主编，1993，《社会保障辞典》，经济管理出版社。

中共中央党史和文献研究院编，2019，《习近平关于"三农"工作论述摘编》，
中央文献出版社。

中共中央党史和文献研究院编，2021，《习近平关于尊重和保障人权论述摘
编》，中央文献出版社。

《中共中央国务院关于实施乡村振兴战略的意见》，2018，人民出版社。

J. P. Kretzmann，J. L. McKnight，1993，*Building Community from the Inside
Out: A Path Toward Finding and Mobilizing a Community's Assets*，Evanston，
Illinois.

P. Bourdieu，L. D. Wacquant，1992，*An Invitation to Reflexive Sociology*，The
University of Chicago Press.

P. Torres Lima，L. M. Rodriguez Sanchez，2000，*Mexico City: The Integration of
Urban Agriculture to Contain Urban Sprawl, Growing Cities*，Germany：Proff
Offsetdruck，Eurasburg（InWent）.

P. Bourdieu，1996，*The State Nobility: Elites Schools in the Field of Power*，Cam-
bridge：Polity Press.

S. Han，1979，*Park Chung-hee，Saemaul: Korea's New Community Movement*，
Seoul，South Korea：Korea Textbook Co. Ltd.

期刊、论文和报纸：

巴沂晋、李晴，2022，《乡村产业振兴的"四维一体"路径研究——基于福
鼎市白茶产业的考察》，《福建茶叶》第 12 期。

本刊编辑部，2022，《中共中央办公厅 国务院办公厅印发〈乡村建设行动实
施方案〉》，《金融科技时代》第 6 期。

蔡建明、杨振山，2008，《国际都市农业发展的经验及其借鉴》，《地理研究》第 2 期。

曹立、石以涛，2021，《乡村文化振兴内涵及其价值探析》，《南京农业大学学报》（社会科学版）第 6 期。

常江、朱冬冬、冯姗姗，2006，《德国村庄更新及其对我国新农村建设的借鉴意义》，《建筑学报》第 11 期。

陈怀锦、周孝，2019，《溢出效应、城市规模与动态产业集聚》，《山西财经大学学报》第 1 期。

陈军，2023，《新型农村集体经济促进乡村产业振兴》，《北京观察》第 3 期。

陈磊、曲文俏，2006，《解读日本的造村运动》，《当代亚太》第 6 期。

陈丽芳、董蕾，2021，《乡村振兴背景下少数民族地区文化产业高质量发展的路径》，《云南民族大学学报》（哲学社会科学版）第 4 期。

陈丽晖、谢梓婷、黄铄仪、赖利明，2019，《基于资源禀赋的乡村振兴规划研究——以广东省封开县平凤镇为例》，《江西农业》第 23 期。

陈文烈、李娜寿、金杰，2023，《从"振兴乡村"到"乡村振兴"——基于青藏高原地区乡村可行能力建设的思考》，《青海民族大学学报》（社会科学版）第 3 期。

陈勋，2023，《精英吸纳、融入性协同治理与乡村治理共同体建构》，《观察与思考》第 3 期。

陈彦余，2023，《赋能增益造血：农牧民参与乡村振兴的主体性重塑——基于内蒙古小甲赖村的考察》，《内蒙古农业大学学报》（社会科学版）第 4 期。

陈怡希，2023，《传承"魁阁精神"扎根云岭大地》，《云南日报》4 月 2 日。

陈昱辰，2023，《乡村振兴视角下我国村民委员会组织建设问题研究》，《农村经济与科技》第 16 期。

程军，2019，《共性引导与分类推进：新型村庄共同体的重构》，《云南社会科学》第 5 期。

程明、方青、吴波，2023，《城乡融合赋能共同富裕：逻辑关联、理论阐释与实践进路》，《西南金融》第 11 期。

程欣，2023，《新发展理念下数字经济赋能江苏乡村产业振兴研究》，《商业经济》第 1 期。

戴玉琴，2017，《农村民主治理的制度内卷化分析》，《江苏社会科学》第 4 期。

豆书龙、刘欢颜、胡卫卫、常亮，2023，《新时代党建与乡村振兴有效互动的理论逻辑与实现路径》，《西北农林科技大学学报》（社会科学版）第 6 期。

杜龙、刘友田、刘旭，2023，《乡村振兴背景下乡村共同体的新解释》，《山东农业大学学报》（社会科学版）第 1 期。

范建红、梁肇宏、赵亚博、金利霞，2020，《资本、权利与空间：日本社区营造的经验与启示》，《城市发展研究》第 1 期。

范美师，2023，《对曲靖市沾益区集中式供水水源地保护的思考》，《云南水力发电》第 4 期。

范思凯、邓泉国，2012，《结构与关系：村民自治与居民自治组织体系比较研究》，《中共福建省委党校学报》第 1 期。

范周，2022，《推进文化事业和文化产业全面发展》，《红旗文稿》第 9 期。

冯海发，2018，《推动乡村振兴应把握好的几个关系》，《农业经济问题》第 5 期。

冯华，2002，《可持续发展理论在中国的思想渊源考察》，《复旦学报》（社会科学版）第 4 期。

冯山，2020，《一花四叶：社区发展理论及其实践流派初探》，《社会福利》（理论版）第 5 期。

高艳芳、黄永林，2019，《论村规民约的德治功能及其当代价值——以建立"三治结合"的乡村治理体系为视角》，《社会主义研究》第 2 期。

郜晋亮，2022，《强筋骨 兴产业 建机制》，《农民日报》7 月 5 日。

顾瑶、伊全胜，2021，《乡村振兴背景下巴尔虎蒙古特色历史文化与旅游融合发展研究》，《黑龙江民族丛刊》第 5 期。

郭莹，2020，《产业多元化对区域经济发展的影响实证测度》，《商业经济研究》第 23 期。

韩美群、徐梦瑶，2023，《高等教育服务乡村振兴的机理、困境和路径》，《山西师大学报》（社会科学版）第 1 期。

贺雪峰，2018，《关于实施乡村振兴战略的几个问题》，《南京农业大学学报》（社会科学版）第 3 期。

贺雪峰，2021，《乡村振兴的前提是农民组织起来》，《决策》第 7 期。

胡建军，2023，《民族团结进步的临沧实践》，《社会主义论坛》第 2 期。

胡鹏辉、高继波，2017，《新乡贤：内涵、作用与偏误规避》，《南京农业大学学报》（社会科学版）第 1 期。

胡月、田志宏，2019，《如何实现乡村的振兴？——基于美国乡村发展政策演变的经验借鉴》，《中国农村经济》第 3 期。

黄季焜，2018，《四十年中国农业发展改革和未来政策选择》，《农业技术经济》第 3 期。

贾康、柯锦华、党国英、王晓毅、赵秀玲、左停、邓磊，2023，《中国农村研究：乡村治理现代化（笔谈）》，《华中师范大学学报》（人文社会科学版）第 2 期。

蒋所昌，2023，《西平街道：党建引领聚合力 民族团结谱新篇》，《曲靖日报》7 月 24 日。

解安、林进龙，2023，《中国式现代化对西式现代化的超越：乡村发展视域的解释》，《理论探讨》第 1 期。

金炳镐、文兵、张娇，2017，《中国"民族团结进步"实践的内涵、历程和特点——民族团结进步理论与实践研究系列之五》，《黑龙江民族丛刊》第 3 期。

孔建强、叶剑鸣，2024，《环合肥都市圈乡村振兴评价研究——基于熵权 TOPSIS 法》，《重庆文理学院学报》（社会科学版）第 3 期。

拉马帕蒂·库马尔，2014，《"稻壳能源系统"——印度之光》，《公益时报》8 月 19 日。

赖启福、药露娇、张慧琳、魏梅仙，2023，《"两山转化"视角下乡村精英
　　助推乡村振兴研究——基于永泰县芹草村的实践》，《福建农林大学学
　　报》（哲学社会科学版）第 4 期。

雷明、于莎莎，2022，《乡村振兴的多重路径选择——基于产业、人才、文
　　化、生态、组织的分析》，《广西社会科学》第 9 期。

李敢，2018，《"社区总体营造"：理论脉络与实践》，《中国行政管理》第 4 期。

李广京，2023，《发展乡村旅游助推乡村振兴》，《南方农机》第 1 期。

李海金，2023，《"外源内生"：乡村人才振兴的实现路径》，《人民论坛》
　　第 17 期。

李静，2018，《农地确权、资源禀赋约束与农地流转》，《中国地质大学学
　　报》（社会科学版）第 3 期。

李俊蓉、林荣日，2023，《乡村振兴与新型城镇化耦合协调度的测度与影响
　　因素研究》，《浙江农业学报》第 10 期。

李培林，2023，《乡村振兴与中国式现代化：内生动力和路径选择》，《社会
　　学研究》第 6 期。

李庆、周照兴、邱培磊，2020，《英法美三国社会企业发展比较研究与启
　　示》，《北方经济》第 2 期。

李实、李玉青、李庆海，2020，《从绝对贫困到相对贫困：中国农村贫困的
　　动态演化》，《华南师范大学学报》（社会科学版）第 6 期。

李世杰、刘倩，2024，《乡村振兴背景下央企社会责任实践路径与新模式研
　　究——华侨城 1996—2021 年纵向案例研究》，《农业经济问题》第 1 期。

李甜、赵瑞雪、鲜国建、寇远涛，2023，《农业智能知识服务赋能乡村振
　　兴：内在机理与困境纾解》，《农业图书情报学报》第 8 期。

李小云、马阳，2022，《中国现代化语境下乡村振兴的实现路径》，《理论与
　　改革》第 4 期。

李彦伦、王定宇、沈子扬，2016，《基于资源禀赋的美丽乡村休闲旅游发展研
　　究——扬州市渌洋湖村、泰州市徐周村的个案调查》，《农村经济与科技》
　　第 22 期。

李正雄，2023，《同心共绘团结进步繁荣发展新画卷》，《云南日报》1 月 16 日。

李志东、王媛媛，2023，《富民产业"加速跑"乡村振兴"活力足"》，《榆林日报》3 月 21 日。

李卓、郭占锋、左停，2017，《"后乡村精英"时代的乡村如何治理？——对既有研究文献的梳理与反思》，《西北农林科技大学学报》（社会科学版）第 5 期。

梁阿妹，2017，《基于资产为本的社区发展模式的运用》，《中国社会工作》第 12 期。

廖红伟、迟也迪，2020，《乡村振兴战略下农村产业结构调整的政策性金融支持》，《理论学刊》第 1 期。

林毅夫，2017，《产业政策与我国经济的发展：新结构经济学的视角》，《复旦学报》（社会科学版）第 2 期。

林毅夫、沈明高，1991，《关于我国农业科技投入的选择》，《科学学研究》第 3 期。

刘芳，2011，《社会学视域下"共同体"概念的发展与流变——兼论中国乡村社会学的共同体研究》，《理论界》第 11 期。

刘凤萍、李海金，2023，《自主性与组织力：农村社会组织参与乡村治理的形态与效能研究——基于赣南 F 村 4 个社会组织的比较分析》，《地方治理研究》第 3 期。

刘建，2008，《管理学的预言：福莱特的政治管理哲学》，《国外社会科学》第 5 期。

刘丽，2009，《理论联系实际讲解区位含义》，《地理教学》第 1 期。

刘平养、袁云志，2023，《乡村振兴背景下农村人居环境治理的问题与展望——以长三角地区为例》，《南京工业大学学报》（社会科学版）第 2 期。

刘学锋、王华、孟浩、纪祥龙、刘娟，2023，《绿色食品推进乡村产业振兴功能作用与对策研究》，《农产品质量与安全》第 4 期。

刘延东，2017，《大力提升民族团结进步创建工作水平》，《中国民族》第

7 期。

刘玉娇，2023，《乡村振兴战略背景下乡村协同治理研究》，硕士学位论文，西安理工大学。

柳颖、陈静，2022，《乡贤能人带动乡村产业振兴的效应分析与问题规避——基于乌兰察布市和兴安盟的田野调查》，《内蒙古社会科学》第 6 期。

吕方，2021，《乡村振兴与中国式现代化道路：内涵、特征、挑战及关键议题》，《杭州师范大学学报》（社会科学版）第 5 期。

罗鹏、王明成，2019，《村规民约的内涵、性质与效力研究》，《社会科学研究》第 3 期。

罗艳，2023，《乡村振兴背景下村民自治组织的作用机制研究》，《农村·农业·农民》第 7 期。

落志筠，2020，《乡村生态振兴及其法治保障》，《贵州民族研究》第 1 期。

马尽悦，2023，《基于村委会视角的政策性金融服务乡村振兴路径探析》，《江苏农村经济》第 9 期。

马兰、张曦，2003，《农业区位论及其现实意义》，《云南农业科技》第 3 期。

毛绵逯，2019，《村庄共同体的变迁与乡村治理》，《中国矿业大学学报》（社会科学版）第 6 期。

梅黎明，2023，《乡村振兴的治理体系构建》，《中国井冈山干部学院学报》第 5 期。

孟祥夫，2023，《以组织振兴引领乡村振兴（金台潮声）》，《人民日报》1 月 3 日。

孟祥海、沈贵银，2022，《畜禽养殖业种养结合：典型模式、运营要点与推广路径》，《环境保护》第 16 期。

孟鑫，2020，《中国式现代化道路的显著特征》，《科学社会主义》第 4 期。

闵学勤，2018，《社区营造：通往公共美好生活的可能及可为》，《江苏行政学院学报》第 6 期。

南铭扬、陈军，2023，《以科学思维方法推进乡村产业振兴》，《特区经济》第 7 期。

牛敏静，2023，《乡村振兴背景下农村精英培养措施研究》，《中国集体经济》第 29 期。

牛瑞芳、常石明，2021，《坚定自觉贯彻新发展理念 奋力谱写新时代中原更加出彩的绚丽篇章》，《人大建设》第 2 期。

钮菊生，2001，《论现代公共政策的功能与特点》，《江海学刊》第 5 期。

潘安敏、李文辉，2009，《论城市资源系统》，《兰州学刊》第 9 期。

彭震伟、陆嘉，2009，《基于城乡统筹的农村人居环境发展》，《城市规划》第 5 期。

钱忠好、牟燕，2020，《乡村振兴与农村土地制度改革》，《农业经济问题》第 4 期。

乔彦斌、龙粤泉，2022，《以特色产业振兴推动乡村振兴高质量发展》，《中国发展观察》第 4 期。

时立荣、王安岩，2019，《中国社会企业研究述评》，《社会科学战线》第 12 期。

舒伯阳、马静，2019，《中国乡村旅游政策体系的演进历程及趋势研究——基于 30 年数据的实证分析》，《农业经济问题》第 11 期。

宋路平，2022，《乡村振兴战略下生态循环农业发展模式与实践分析》，《农业经济》第 11 期。

苏彩云，2022，《乡村生态旅游助力乡村振兴的案例研究》，《山西农经》第 7 期。

孙玉娟、孙浩然，2021，《构建乡村治理共同体的时代契机、掣肘因素与行动逻辑》，《行政论坛》第 5 期。

汤玉权、黄丹，2021，《健全"三治结合"的乡村治理体系——基于村级治理组织架构的分析》，《三晋基层治理》第 2 期。

汤兆，2022，《新时代乡村旅游产业振兴发展研究》，《现代商业》第 34 期。

田慧生、张广斌、蒋亚龄，2022，《中华优秀传统文化融入课程教材体系的理论图谱与实践路径》，《教育研究》第 4 期。

田万慧、庞庆明，2023，《西部地区乡村振兴与新型职业农民培育的时空耦合研究》，《管理学刊》第 4 期。

仝志辉，2002，《农民选举参与中的精英动员》，《社会学研究》第 1 期。

王峰、王桂芝，2022，《推进马克思主义基本原理同中华优秀传统文化相结
合：成就、逻辑与经验》，《北京联合大学学报》（人文社会科学版）第
4 期。

王佳铠、范晨、陈久红、陈孝均、刘旭东，2023，《农村电商影响乡村振兴
的机制分析、障碍及对策建议——以广州市花都区为例》，《南方农机》
第 21 期。

王家庭、梁栋，2021，《中国文化产业效率的时空分异与影响因素》，《经济
地理》第 4 期。

王同昌，2019，《新时代农村基层党组织振兴研究》，《中州学刊》第 4 期。

王小蕾，2023，《乡村产业发展中"政策—精英"双重依赖的生成逻辑与破
解路径》，硕士学位论文，南昌大学。

王勇、刘佳佳，2021，《基于资源禀赋的乡村振兴政策工具研究——以福建
省永泰县春光村为分析个案》，《石家庄铁道大学学报》（社会科学版）
第 2 期。

韦敬楠、吴柳芬，2023，《西部地区乡村振兴发展水平差异及空间相关分
析》，《广西职业技术学院学报》第 1 期。

韦柳霞，2022，《中华优秀传统文化现代性转换的本质、价值与路径》，《中
学政治教学参考》第 23 期。

温梁可、金榕，2023，《落好党建引领"关键子"盘活乡村振兴"大棋局"》，
《来宾日报》10 月 21 日。

吴彬、徐旭初、徐菁，2022，《跨边界发展网络：欠发达地区乡村产业振兴
的实现逻辑——基于甘肃省临洮县的案例分析》，《农业经济问题》第
12 期。

吴春宝，2022，《增权赋能：乡镇政府公共服务能力提升及其实现路径》，
《广西大学学报》（哲学社会科学版）第 1 期。

吴理财、解胜利，2019，《文化治理视角下的乡村文化振兴：价值耦合与体

系建构》，《华中农业大学学报》（社会科学版）第 1 期。

吴小节、马美婷、杨尔璞、汪秀琼，2020，《中国产业政策研究综述》，《华东经济管理》第 5 期。

吴业苗，2020，《乡村共同体：国家权力主导下再建》，《人文杂志》第 8 期。

习近平，2021，《中共中央关于党的百年奋斗重大成就和历史经验的决议》，《人民日报》11 月 17 日。

习近平，2022，《高举中国特色社会主义伟大旗帜　为全面建设社会主义现代化国家而团结奋斗——在中国共产党第二十次全国代表大会上的报告》，《党建》第 11 期。

《乡村振兴　品牌引领》，2023，《世界农业》第 10 期。

萧子扬，2020，《社会组织参与乡村振兴的现状、经验及路径研究——以一个西部留守型村庄为例》，《四川轻化工大学学报》（社会科学版）第 1 期。

谢保鹏、屈雯、杨洁、陈英，2021，《基于 SOM 的乡村振兴基础条件分区研究——以甘肃省天水市为例》，《中国农业资源与区划》第 9 期。

辛瓊怡、于水，2020，《主体多元、权力交织与乡村适应性治理》，《求实》第 2 期。

邢颖、张文磊、耿粉祝、许玉凤、蔡铭，2023，《乡村振兴背景下我国山地旅游资源禀赋度研究——以黔南州各县市为例》，《中国资源综合利用》第 1 期。

徐阳、苏兵，2012，《区位理论的发展沿袭与应用》，《商业时代》第 33 期。

许宁、张贺，2023，《普惠金融高质量发展支持乡村振兴与共同富裕同向同行》，《云南民族大学学报》（哲学社会科学版）第 6 期。

许吴飞、马衍明，2022，《乡村振兴背景下农家书屋助力乡村文化发展研究》，《图书馆工作与研究》第 1 期。

颜奇英、王国聘，2021《乡村生态振兴的实然之境与应然之策——基于江苏美丽乡村建设的研究》，《江苏农业科学》第 23 期。

杨朝娟、贺高祥、程莉、文传浩，2023，《乡村振兴与新型城镇化时空演化及耦合关系研究》，《统计与决策》第 21 期。

杨歌谣，2019，《资源禀赋视角下农业与旅游业融合发展路径研究》，《南宁职业技术学院学报》第 3 期。

杨建利、邢娇阳，2017，《我国农村产业融合发展研究》，《中国农业资源与区划》第 9 期。

杨玉珍、黄少安，2019，《乡村振兴战略与我国农村发展战略的衔接及其连续性》，《农业经济问题》第 6 期。

杨召，2022，《资源匮乏地区乡村振兴的发展路径探索》，《城市建设》第 16 期。

叶光亮、程龙、张晖，2022，《竞争政策强化及产业政策转型影响市场效率的机理研究——兼论有效市场与有为政府》，《中国工业经济》第 1 期。

叶佳琪，2023，《新乡贤参与乡村振兴的角色作用及其实现路径研究——以 J 省 F 县为例》，硕士学位论文，江西财经大学。

叶敬忠、张明皓、豆书龙，2018，《乡村振兴：谁在谈，谈什么?》，《中国农业大学学报》（社会科学版）第 3 期。

于爱水、李江涛、汪大海，2023，《习近平乡村振兴战略观的基本内涵、理论贡献与实践路径》，《学术探索》第 5 期。

于春海，2005，《构建执行力文化提高政府行政效率》，《河北学刊》第 3 期。

于水、王亚星、杜焱强，2019，《异质性资源禀赋、分类治理与乡村振兴》，《西北农林科技大学学报》（社会科学版）第 4 期。

袁海毅，2018，《大德村养猪"龙头"带动脱贫》，《致富天地》第 1 期。

张琛、孔祥智，2021，《乡村振兴与新型城镇化的深度融合思考》，《理论探索》第 1 期。

张诚、刘祖云，2019，《乡村公共空间的公共性困境及其重塑》，《华中农业大学学报》（社会科学版）第 2 期。

张高军、易小力，2019，《有限政府与无限政府：乡村振兴中的基层政府行为研究》，《中国农村观察》第 5 期。

张红宇，2018，《中国特色乡村产业发展的重点任务及实现路径》，《求索》第 2 期。

张力文，2023，《中华优秀传统文化助力乡村振兴的内在逻辑与实践路径》，《北方民族大学学报》第 3 期。

张明皓、叶敬忠，2021，《脱贫攻坚与乡村振兴有效衔接的机制构建和政策体系研究》，《经济学家》第 10 期。

张琦，2021，《如何实现城乡融合发展和乡村振兴互促互进》，《国家治理》第 16 期。

张晓磊，2022，《脱贫攻坚与乡村振兴有效衔接的三重路径》，《乡村振兴》第 7 期。

赵超、董峻，2018，《坚决打好污染防治攻坚战 推动生态文明建设迈上新台阶》，《光明日报》5 月 20 日。

赵春青、董婳，2023，《新时代加快推进城乡融合发展路径研究》，《焦作大学学报》第 4 期。

赵薇薇、马润凡，2023，《赋能与认同：乡村振兴中农民内生动力的实现机理》，《南方农机》第 20 期。

赵薇薇、马润凡、孙国栋、王艺蓉，2023，《乡村振兴中政府主导与农民主体有机统一的内在机理、实践困境与化解路径》，《智慧农业导刊》第 16 期。

赵小凤，2023，《数字经济赋能乡村文旅产业振兴的理论机理、现实困境与实现路径》，《智慧农业导刊》第 14 期。

《中共中央国务院关于实施乡村振兴战略的意见——（2018 年 1 月 2 日）》，2018，《人民日报》2 月 5 日。

周红云，2003，《社会资本：布迪厄、科尔曼和帕特南的比较》，《经济社会体制比较》第 4 期。

周建华、贺正楚，2007，《法国农村改革对我国新农村建设的启示》，《求索》第 3 期。

周林洁，2022，《以产业振兴推动乡村振兴》，《光明日报》9 月 5 日。

周文、司婧雯，2021，《乡村治理与乡村振兴：问题与改革深化》，《河北经贸大学学报》第 1 期。

朱敏霞，2020，《乡村振兴战略下农村土地流转存在的问题与路径研究》，《农业经济》第 7 期。

朱卫卿，2022，《党建引领乡村生态治理创新的逻辑维度与实践理路》，《北方民族大学学报》第 1 期。

朱晓哲、马恒运，2023，《基于注意力经济学的乡村产业振兴与要素流动关系研究》，《河南农业大学学报》第 4 期。

卓娜、柴智慧，2023，《乡村生态振兴背景下农业绿色发展路径研究——基于农业绿色发展先行区的案例》，《农业经济》第 7 期。

政府文件：

菱角乡党政办公室，2022，中共曲靖市沾益区菱角乡委员会文件，《曲靖市沾益区菱角乡巩固拓展脱贫攻坚成果同乡村振兴有效衔接三年行动计划（2022—2024）》（菱党发〔2022〕24 号）。

曲靖先锋，2022，《聚焦产业振兴，促进农业高质高效》。

沾益区白水镇大德村委会，2022a，《白水镇大德村党建引领基层治理示范村申报材料》。

沾益区白水镇大德村委会，2022b，《大德村干部讲堂提纲》。

沾益区白水镇大德村委会，2022c，《沾益白水大德村：种植迷迭香"香飘"致富路》。

沾益区白水镇大德村委会，2022d，《大德党总支五年来工作总结》。

沾益区白水镇政府，2022a，《沾益区白水镇 2022 年政府工作报告》。

沾益区白水镇政府，2022b，《沾益区白水镇 2022 年政府工作计划》。

沾益区菱角村党总支书记，2022，《菱角村委会 2022 年终总结报告》。

沾益区菱角乡刘家庄村委会，2022a，《刘家庄村概况》。

沾益区菱角乡刘家庄村委会，2022b，《刘家庄村推进乡村振兴成果展示——产业振兴部分》。

沾益区菱角乡刘家庄村委会，2022c，《刘家庄村委会 2022 年工作总结及工作计划》。

沾益区炎方乡青山村委会，2022，《青山村委会滇黄精产业振兴案例介绍》。

后　记

　　本书是"中国乡村社会大调查（云南）"（以下简称"大调查"）在曲靖市沾益区的县域调研成果。该项目是云南大学 2022 年设立的重大专项课题，其宗旨是更好地服务中国乡村振兴国家战略，推进云南省全国民族团结进步示范区建设。大调查以县域为研究视角，从云南省的 129 个县中抽取了 42 个县展开调查研究，沾益区是样本县之一。沾益区位于云南的东部，是珠江的发源地，也是重要的交通枢纽，被称为"入滇锁钥"，区位特征突出，同时，沾益区在曲靖市也有工业重镇的定位。

　　按照大调查项目的统一安排，沾益区课题组于 2023 年 1 月 29 日展开了为期 20 天的村居调查和入户调查。在这次调查中，课题组除了对县乡两级与乡村振兴有关的政府部门、社会组织和企业等进行实地访谈外，还采取了分组驻扎样本村的方法。调查组成员住在村委会或村民家里而不是访问完就离开村庄，这样做既方便调查组成员真切感受乡村振兴的日常工作，也方便其随时和村民接触，这一做法确实提高了研究的效率，课题组既完成了定量部分的家户问卷和村居问卷，又完成了质性资料的收集。随后课题组又在 2023 年 8 月和 10 月小规模组织了重点访问，收集了更丰富的资料。

　　按照大调查项目的统一安排，沾益区共抽取了 6 个行政村，每个行政村随机选取 2 个自然村（村民小组），每个样本村随机抽取 26 户居民家庭开展入户问卷调查。最终共完成村居问卷 6 份，个人问卷 156 份。

　　作为"中国乡村社会大调查（云南）"县域调查的最终成果，本书结合定量和定性的研究方法，以社区研究中的系统理论为分析框架，综合分析乡村振兴的融合发展。全书围绕乡村产业振兴、组织振兴、文化振兴、人才振兴和生态振兴五大方面，综合分析乡村（社区）系统内部各要素在乡村振兴中的作用及其关系、乡村（社区）系统内部与外部支持系统之间的关系，探索乡村振兴融合发展中的经验与不足，对乡村振兴融合发展中的衔接与脱嵌问题进行深入讨论。最后，本书呈现了项目中2个样本村乡村振兴的典型案例。

本书是沾益区调查组全体师生的成果，除了2位带队老师，共14名社会学和社会工作专业的硕士研究生和本科生参与了调查资料收集和整理工作，他们是社会学2022级硕士研究生王建萍，社会工作2022级硕士研究生韩自兰、何美、李然、刘林林、马琳、汪潇、肖晓、熊光港、徐碟、曾柯欣、赵枝伟（按姓氏排序），以及社会学2021级本科生林翠青和2020级本科生李剑云。这些同学驻扎在样本村，深入村民家里完成问卷，在田间地头观察和访谈村民，参与村委会的工作，付出了很多，也收获了成长，在此对他们的辛苦工作表示感谢！

值此著作出版之时，要特别感谢沾益区乡村振兴局、文化和旅游局、民政局等政府部门以及白水镇、炎方乡、菱角乡、大坡乡、德泽乡5个乡镇及下属村庄大德村、青山村、菱角村、刘家庄村、大坡村和老官营村的相关领导和工作人员对本项调查研究的大力支持！没有他们的支持，本项调研很难顺利完成，质量较难得到保证。在沾益区开展调查的每一个工作日甚至非工作日，我们亲眼见证了乡村振兴背景下县、乡、村干部更加复杂化和专业化的工作情境，参与了村委会的各项日常工作，包括整理档案、迎接检查、入户、开展服务、扑灭山火……在此过程中，课题组成员与他们建立了友谊，加深了对乡村振兴的理解。

乡村社会大调查沾益区课题组

2024年1月20日

图书在版编目(CIP)数据

乡村振兴融合发展的系统化思路:基于云南曲靖市沾益区的调查研究/余翠娥,袁娥著.--北京:社会科学文献出版社,2025.4.--(民族地区中国式现代化调查研究丛书).--ISBN 978-7-5228-4599-9

Ⅰ.F327.744

中国国家版本馆 CIP 数据核字第 2025MW3451 号

民族地区中国式现代化调查研究丛书

乡村振兴融合发展的系统化思路
　　——基于云南曲靖市沾益区的调查研究

著　　者 / 余翠娥　袁　娥

出 版 人 / 冀祥德
责任编辑 / 孙海龙　庄士龙
文稿编辑 / 王　敏
责任印制 / 岳　阳

出　　版 / 社会科学文献出版社·群学分社 (010) 59367002
　　　　　　地址:北京市北三环中路甲 29 号院华龙大厦　邮编:100029
　　　　　　网址:www.ssap.com.cn
发　　行 / 社会科学文献出版社 (010) 59367028
印　　装 / 三河市龙林印务有限公司

规　　格 / 开 本:787mm×1092mm　1/16
　　　　　　印 张:20　字 数:296 千字
版　　次 / 2025 年 4 月第 1 版　2025 年 4 月第 1 次印刷
书　　号 / ISBN 978-7-5228-4599-9
审 图 号 / 云 S(2024)12 号
定　　价 / 128.00 元

读者服务电话:4008918866